Joel Osteen

Guten Morgen!

Der beste Start in den Tag
365 Andachten

Über den Autor

Joel Osteen ist Hauptpastor der *Lakewood Church* in Houston, Texas. Diese ist derzeit Nordamerikas größte Gemeinde. Er ist mit Victoria Iloff Osteen verheiratet, die selbst gelegentlich in der Gemeinde predigt, normalerweise aber die Frauenarbeit in Lakewood betreut. Victoria und Joel haben zwei Kinder, Jonathan und Alexandra.

Joel Osteen

Guten Morgen!

Der beste Start in den Tag
365 Andachten

Aus dem Englischen übersetzt von
Martina Merckel-Braun

GerthMedien

MIX
Papier aus verantwortungsvollen Quellen
FSC® C014496

Die amerikanische Originalausgabe
erschien im Verlag FaithWords
unter dem Titel „Your Best Life Now – Begins Each Morning“.

Soweit nicht anders angegeben, sind die zitierten Bibelstellen
der Übersetzung „Neues Leben. Die Bibel“ entnommen.

Dieses Werk wurde vermittelt durch die Literarische Agentur
Thomas Schlück GmbH, 30827 Garbsen.

Neuauflage 2022
Bestell-Nr. 817809
ISBN 978-3-95734-809-8

Umschlaggestaltung: Kathrin Steigerwald
Umschlagfoto: Getty Images / Jan-Peter Westermann
Bearbeitung: Inge Frantzen
Satz: Die Feder GmbH, Wetzlar
Druck und Verarbeitung: GGP Media GmbH, Pößneck
Printed in Germany

www.gerth.de

Höre meine Stimme am Morgen, Herr.
Früh am Morgen trage ich dir meine Bitten vor
und warte voll Ungeduld.

PSALM 5,4

Vorwort

WENN SIE JETZT das Beste aus Ihrem Leben machen wollen, ist der wichtigste Schlüssel dazu die Einstellung, mit der Sie jeden Morgen beginnen. Denn Sie haben nur den heutigen Tag. Sie können nichts an Ihrer Vergangenheit ändern, und Sie wissen nicht, was Ihnen die Zukunft bringt. Aber wenn Sie heute Morgen aufwachen, können Sie die Entscheidung treffen: *Ich werde mein Bestes tun, um meinen Tag zu genießen. Ich werde nicht zulassen, dass irgendetwas, das geschieht oder nicht geschieht, mir meine Freude raubt und mich um das Leben im Überfluss bringt, das Gott für mich bereithält.*

Beginnen Sie Ihren Tag nicht damit, dass Sie sich in Schuldgefühlen ergehen und sich all die Fehler ins Gedächtnis rufen, die Sie gestern gemacht haben. Wenn Sie Fehler gemacht haben, dann bitten Sie Gott einfach um Vergebung, und gehen Sie weiter vorwärts. Vertrauen Sie darauf, dass Gott Ihnen in dem Moment vergibt, in dem Sie ihn darum bitten. Sie sind bereit für eine tolle Gegenwart und eine strahlende Zukunft.

Empfangen Sie jeden Morgen schon beim Aufstehen Gottes Liebe und Barmherzigkeit und nehmen Sie die Kraft seines Wortes für Ihr Leben in Anspruch. Beginnen Sie Ihren Tag ganz bewusst mit Gott und sagen Sie: „Vater, ich danke dir, dass das ein toller Tag werden wird. Ich danke dir, dass ich Disziplin und Selbstkontrolle besitze und dass ich gute Entscheidungen treffen werde. Ich habe gestern vielleicht nicht all das getan, was ich hätte tun können, aber das ist Vergangenheit. Heute werde ich es besser machen."

Ich habe diese Andachten geschrieben, um Sie dazu anzuregen, Gott voller Leidenschaft zu lieben und anzubeten. Sie sind nicht dazu gedacht, Ihre persönliche Zeit mit Gott zu ersetzen, aber ich wünsche mir, dass diese Texte für Sie Schlüssel sind, die Sie verwenden können, um die Türen zu einem erfüllteren Leben zu öffnen. Ich hoffe, dass sie für Sie wie ein Sprungbrett sind, das Ihnen hilft, näher zu Gott zu kommen und mögliche Hindernisse zu überwinden, die Sie davon abhalten, jetzt das Beste aus Ihrem Leben zu machen.

Ihr Leben kann völlig umgekrempelt werden, wenn Sie zulassen, dass Gottes Wort Ihr Denken, Ihr Reden und Ihre täglichen Aktivitäten erneuert. Lassen Sie die Bibel zu sich sprechen. Werden Sie still, und hören Sie auf das, was Gott zu Ihnen sagt. Gleichgültig, wo Sie gerade stehen oder mit welchen Herausforderungen Sie zu kämpfen haben – Sie können gerade jetzt damit anfangen, Ihr Leben zu genießen!

~ 1. JANUAR ~

Graben Sie Ihre Träume wieder aus!

Seht hin; ich mache etwas Neues; schon keimt es auf. Seht ihr es nicht? Ich bahne einen Weg durch die Wüste und lasse Flüsse in der Einöde entstehen.

JESAJA 43,19

WAS WOLLEN SIE mit Ihrem Leben anfangen? Wenn Sie heute Morgen Ihre ideale Lebensgeschichte aufschreiben würden, wie würde sie aussehen? Wäre sie von Ihren früheren Erfahrungen oder Ihren gegenwärtigen Einschränkungen geprägt – ginge es mehr um Ihre Niederlagen oder Ihren Kampf ums Überleben als darum, Ihre Träume zu verwirklichen?

Wenn Sie Ihre Träume begraben haben, dann haben Sie heute den Mut, sie wieder auszugraben, und bitten Sie Gott, sie in Ihrem Herzen und in Ihren Gedanken wieder zum Leben zu erwecken. Es ist an der Zeit, *eine neue Vision* zu bekommen. Gott möchte Sie mit dem Reichtum seiner Güte und Gnade überschütten (siehe Epheser 2,7). Er möchte neue, große Dinge in Ihrem Leben tun.

Wir dienen einem großen Gott

„Denn ich weiß genau, welche Pläne ich für euch gefasst habe", spricht der Herr. „Mein Plan ist, euch Heil zu geben und kein Leid. Ich gebe euch Zukunft und Hoffnung."

JEREMIA 29,11

VIELLEICHT HATTEN SIE in der Vergangenheit mit Herausforderungen und Schwierigkeiten zu kämpfen. Vielleicht mussten Sie unsagbar viele Niederlagen einstecken und Schmerzen ertragen. Aber heute ist ein ganz neuer Tag. Es ist an der Zeit, Ihren Glauben zu trainieren und Ihr Bestes zu geben. Das Verlangen dazu hat Gott Ihnen bereits ins Herz gelegt. Geben Sie sich nicht länger damit zufrieden, irgendwie den Kopf über Wasser zu halten und ein durchschnittliches Leben zu führen, das eigentlich langweilig ist. Machen Sie es sich von heute an zur Aufgabe, all die Gaben und Fähigkeiten zu entwickeln, die Gott in Sie hineingelegt hat.

Wir dienen dem allmächtigen Gott, und sein Traum für Ihr Leben ist viel größer und besser, als Sie es sich vorstellen können. Lassen Sie sich nicht auf ein Bild von Gott ein, das Gott kleinmacht. Beginnen Sie, so zu denken, wie Gott denkt. Öffnen Sie sich für große Gedanken. Öffnen Sie sich für Wachstum und Überfluss. Gott hält mehr als genug für Sie bereit!

~ 3. JANUAR ~

Gott ist auf Ihrer Seite

Was kann man dazu noch sagen? Wenn Gott für uns ist, wer kann da noch gegen uns sein? Gott hat nicht einmal seinen eigenen Sohn verschont, sondern hat ihn für uns alle gegeben. Und wenn Gott uns Christus gab, wird er uns mit ihm dann nicht auch alles andere schenken?

RÖMER 8,31–32

GOTT VERSUCHT FORTWÄHREND, neue Samen in Ihr Herz zu säen. Er will Sie mit so viel Hoffnung und freudiger Erwartung erfüllen, dass dieses göttliche Saatgut Wurzeln schlägt, wächst und reiche Frucht hervorbringt.

Lassen Sie niemals zu, dass negative Gedanken Sie um das Beste bringen, das Gott Ihnen schenken möchte. Wenn Sie sich innerlich mit Gott eins machen, kann jetzt die beste Zeit Ihres Lebens anbrechen. Wenn Gott auf Ihrer Seite ist, können Sie überhaupt nicht verlieren. Er kann einen Weg bahnen, wo es keinen Weg zu geben scheint. Er kann Türen öffnen, die niemand schließen kann. Er kann dafür sorgen, dass Sie zur rechten Zeit am richtigen Ort sind. Er kann Ihre Träume auf übernatürliche Weise Wirklichkeit werden lassen.

~ 4. JANUAR ~

Trainieren Sie Ihren Glauben

Sie [die gute Botschaft von Christus] zeigt uns,
wie Gott uns in seinen Augen gerechtspricht. Dies geschieht einzig und allein durch Glauben. Denn es heißt schon in der Schrift: „Durch den Glauben hat ein Gerechter Leben.“

RÖMER 1,17

VIELLEICHT HABEN WIR uns vorgenommen, eine schlechte Gewohnheit abzulegen, ein paar Kilo abzunehmen oder unsere Kreditkartenschulden abzuzahlen. Zu Anfang verfolgen wir unser Ziel voller Enthusiasmus. Aber im Laufe der Zeit werden wir bequem und selbstzufrieden. Vielleicht haben wir einen kleinen Erfolg erzielt und geben uns damit zufrieden. Vielleicht ist der Ort, an dem wir stehen, gar nicht so schlecht, aber wir wissen, dass wir noch nicht da sind, wo wir sein sollten. Wir nehmen die Herausforderungen des Lebens nicht an. Wir bemühen uns nicht, die großen Ziele zu verfolgen, die Gott in uns hineingelegt hat.

Vielleicht sind Sie in der letzten Zeit nicht mehr so recht vorangekommen und haben geglaubt, Sie hätten Ihre Grenzen erreicht. Sie trainieren Ihren Glauben nicht mehr. Sie rechnen nicht damit, dass Sie Fortschritte machen und wachsen können. Bleiben Sie nicht auf halber Strecke stehen; steigen Sie zum Gipfel des Berges auf. Glauben Sie daran, dass Gott mehr für Sie bereithält.

~ 5. Januar ~

Treten Sie aus Ihrer Komfortzone heraus

Durch den Glauben gehorchte Abraham, als Gott ihn aufforderte, seine Heimat zu verlassen, um in ein anderes Land zu ziehen, das Gott ihm als Erbe geben würde. Er ging, ohne zu wissen, wohin ihn sein Weg führen würde.

Hebräer 11,8

MENSCHEN, DIE IHRE Träume verwirklichen, sind Menschen, die Entschlossenheit und Rückgrat besitzen – Menschen, die sich weigern, auf halbem Wege aufzugeben. Abraham, einer der Glaubenshelden des Alten Testamentes, gehorchte Gott und folgte ihm den ganzen Weg in das verheißene Land Kanaan. Abrahams Vater dagegen machte unterwegs halt und ließ sich in Haran nieder (siehe 1. Mose 11,31). Er hatte das Gefühl, das sei gut genug, und verfehlte so das Beste, was Gott für ihn bereithielt.

Stolpern Sie nicht in die Falle der Selbstzufriedenheit. Es kostet nicht mehr Kraft, voller Glauben zu sein, als eine negative Haltung zu entwickeln. Haben Sie den Mut, heute aus Ihrer Komfortzone herauszutreten. Gott hält so viel mehr für Sie bereit. Strecken Sie sich im Glauben danach aus.

~ 6. Januar ~

Bleiben Sie nicht auf halbem Wege stehen

Terach nahm seinen Sohn Abram, seine Schwiegertochter Sarai und seinen Enkel Lot, das Kind seines Sohnes Haran, und verließ Ur in Chaldäa, um ins Land Kanaan zu ziehen. Als sie jedoch nach Haran kamen, ließen sie sich dort nieder.

1. Mose 11,31

WARUM LIESS TERACH sich dort nieder? Zweifellos war es vor viertausend Jahren schwierig, mit seinen Schaf- und Rinderherden, seinen Angehörigen und all seinem Besitz zu reisen. Schließlich sagte er: „Ich kann nicht mehr weitergehen. Ich weiß, das ist nicht das verheißene Land, aber lasst uns einfach hierbleiben; es ist gut genug."

Vielleicht haben Sie ebenso wie Abrahams Vater auf halbem Wege haltgemacht und haben sich dort eingerichtet, wo Sie sind. Ich möchte Sie ermutigen: Ziehen Sie die Zeltpflöcke heraus, packen Sie Ihre Zelte zusammen, nehmen Sie Ihre Besitztümer und machen Sie sich wieder auf den Weg. Sie sind für die Fülle geschaffen. Entwickeln Sie eine neue Vision! Vielleicht sind Sie aufgehalten worden, aber das ist in Ordnung. Sie können heute Morgen einen neuen Anfang machen.

~ 7. JANUAR ~

Erweitern Sie Ihren Horizont

Deshalb seid stark und mutig, alle,
die ihr eure Hoffnung auf den Herrn setzt!

PSALM 31,25

VIELLEICHT HABEN WIR mit großen Träumen in unserem Herzen angefangen – wir wollten in unserem Beruf Hervorragendes leisten, großartige Eltern sein und vorbildliche Christen werden. Wir haben losgelegt, aber dann wurde es schwierig, und wir konnten unsere Ziele nicht so schnell erreichen, wie wir gehofft hatten. Wir haben den Mut verloren und innerlich aufgegeben.

Blicken Sie in den Spiegel und sagen Sie: „Ich werde mich nicht mit Mittelmäßigkeit zufriedengeben. Im Moment läuft es vielleicht nicht so, wie ich es mir vorgestellt habe, aber ich werde weiterhin auf Gott vertrauen. Er wird mir helfen, meinen Horizont zu erweitern und im Glauben an all dem festzuhalten, was er für mich bereithält. Ich werde es schaffen." Richten Sie den Blick auf das Ziel und verfolgen Sie es entschlossen mit der Einstellung: *Ich werde das Potenzial, das Gott in mich hineingelegt hat, voll und ganz ausleben. Ich werde heute anfangen, das Beste aus meinem Leben zu machen!*

~ 8. JANUAR ~

Lassen Sie sich eine neue Vision schenken

Ihr habt doch Augen – könnt ihr nicht sehen? Ihr habt doch Ohren – könnt ihr nicht hören? Erinnert ihr euch denn nicht?

MARKUS 8,18

WIE IST ES heute Morgen um Ihre geistliche Vision bestellt? Richten Sie Ihren Fokus auf Ihre Probleme, auf das, was Sie nicht können, und das, was Sie nicht haben? Die Barriere befindet sich in Ihrem Kopf. Es ist nicht so, dass Gott nicht genügend Ressourcen hätte oder Sie selbst zu wenig Talent besäßen. Es liegt nur daran, dass Sie Ihren Blick auf die falschen Dinge richten.

Ihre Sicht davon, wer Sie sind und was aus Ihnen werden kann, hat enorme Auswirkungen auf Ihr Leben. Erlauben Sie Gott, Ihre Vorstellungskraft zu benutzen, um Sie aufzubauen und Ihnen zu helfen, Ihre Träume zu verwirklichen. Mit anderen Worten: Halten Sie sich die Dinge vor Augen, von denen Sie sich wünschen, dass sie geschehen. Nehmen Sie den Pinsel des Glaubens, der Hoffnung und Erwartung, und beginnen Sie, auf der Leinwand Ihres Herzens das Bild einer strahlenden Zukunft zu malen.

~ 9. Januar ~

Sehen Sie sich selbst vorwärtskommen

Dein Auge ist das Fenster deines Körpers. Ein klares Auge lässt das Licht bis in deine Seele dringen. Ein schlechtes Auge dagegen sperrt das Licht aus und stürzt dich in Dunkelheit. Wenn schon das, was du für Licht hältst, in dir Dunkelheit ist, wie dunkel wird dann erst die Dunkelheit sein!

Matthäus 6,22–23

JEDER VON UNS hat in seiner Vorstellung ein bestimmtes Bild von sich selbst. Dieses „Selbstbild" hat eine ähnliche Funktion wie ein Thermostat in einem Raum. Es bestimmt die Ebene, auf der Sie leben. Sie werden sich nie über das Niveau des Bildes hinaus entwickeln, das Sie von sich selbst haben, und Sie werden im Leben nie etwas erreichen, was Sie nicht zuvor *in Ihrer Vorstellung* erreicht haben.

Wenn Sie lernen, das Leben mit den Augen des Glaubens zu betrachten, und sich vorzustellen beginnen, wie Sie auf immer neue Ebenen vorstoßen, wird sich Ihr Leben verändern. Wenn Sie *sehen*, wie Sie Ihre Träume verwirklichen, mehr bekommen, mehr geben, mehr lieben, wie Sie Ihr Leben genießen, wie Ihre ganze Familie Gott dient – dann werden Sie Gottes Gunst und seine Segnungen erfahren.

~ 10. JANUAR ~

Richten Sie den Blick auf Ihre Ziele

Alle, die ihr auf Gerechtigkeit aus seid, hört mir zu – alle, die den Herrn suchen! Schaut auf den Fels, aus dem ihr gehauen seid, den Brunnenschacht, aus dem ihr gegraben wurdet!

JESAJA 51,1

WIR BRINGEN DAS hervor, was wir uns unablässig vor Augen halten. Wenn Sie sich innerlich auf das Bild von Erfolg konzentrieren, dann bewegen Sie sich auf Erfolg zu. Wenn Sie sich jedoch vorstellen, dass Sie gerade so durchkommen und dass es mit Ihrer Ehe und Ihrer Gesundheit bergab geht, dann wird sich Ihr Leben sehr wahrscheinlich auch in diese negative Richtung entwickeln.

Die Vision, die Sie von sich selbst und Ihrer Zukunft haben, hat enorme Auswirkungen auf Ihr Leben. Wir dürfen nicht länger zulassen, dass unsere Vorstellungen uns niederdrücken. Stattdessen wollen wir Gott erlauben, unsere Vorstellungskraft zu benutzen, um uns aufzubauen. Mit anderen Worten: Halten Sie sich beständig die Ziele vor Augen, die Sie erreichen möchten. Diese Vorstellung wird den Rahmen abstecken, in dem sich Ihr Leben entwickelt.

Mit den Augen des Glaubens

Der Herr führte Abram nach draußen und sprach zu ihm: „Schau hinauf zum Himmel. Kannst du etwa die Sterne zählen?" Dann versprach er ihm: „So zahlreich werden deine Nachkommen sein!"

1. Mose 15,5

WARUM FORDERTE GOTT Abraham auf, nach draußen zu gehen und die Sterne zu betrachten, nachdem er ihm versprochen hatte, dass er der Vater vieler Völker werden würde? Weil Gott wusste, dass Abraham ein Bild brauchte, damit er sich das vorstellen konnte. Abraham und Sara waren alt und kinderlos, und rein menschlich betrachtet gab es keine Hoffnung mehr, dass sie noch Nachkommen bekommen würden. Aber immer, wenn Abraham zum Sternenhimmel aufblickte, wurde er an Gottes Versprechen erinnert. Er begann, die Verheißung mit den Augen des Glaubens zu sehen.

Sie können keinen Traum umsetzen, den Sie nicht zuvor empfangen haben. Sie müssen ihn in Ihrem Innern im Glauben empfangen, bevor er äußerlich Realität werden kann. Ändern Sie Ihre Vorstellungen und Sie ändern Ihr Leben.

~ 12. JANUAR ~

Brechen Sie den Fluch

Mose fertigte eine Schlange aus Bronze an
und befestigte sie an der Spitze einer Stange.
Jeder, der von einer Schlange gebissen wurde
und dann die bronzene Schlange anschaute, blieb am Leben.

4. MOSE 21,9

IST IHNEN BEWUSST, dass Ihr Glaube im negativen Sinne ebenso gut funktioniert wie im positiven? Wenn zum Beispiel in Ihrer Familiengeschichte immer wieder bestimmte Krankheiten aufgetreten sind, dann finden Sie sich nicht damit ab, und denken Sie nicht: „Mir wird es wohl genauso ergehen – das ist wahrscheinlich mein Schicksal."

Nein, gerade dann müssen Sie umgehend damit beginnen, eine neue Vorstellung zu entwickeln. Lernen Sie, sich selbst als starken, gesunden Menschen zu sehen, der ein langes, erfülltes Leben hat. Sie können derjenige sein, der diesen Fluch der Krankheit bricht. Aber das Erste, was Sie tun müssen, ist: Ändern Sie das Bild, das Sie von sich selbst haben. Entwickeln Sie eine neue Vision. Sorgen Sie dafür, dass Ihre Augen voller Licht sind.

~ 13. Januar ~

Der Wert Ihrer Erinnerungen

Jedes Mal, wenn ihr sie anschaut, sollen die Quasten euch an die Gebote des Herrn erinnern, damit ihr sie befolgt und nicht eure eigenen Wege geht und mir so untreu werdet.

4. Mose 15,39

ICH HALTE MIR gern Dinge vor Augen, die mich an gute Zeiten in der Vergangenheit erinnern und mir dadurch helfen, mit positiven Erlebnissen in der Zukunft zu rechnen. Ich möchte Ihnen vorschlagen, in Ihrer Wohnung oder Ihrem Büro Dinge aufzustellen oder aufzuhängen, die Ihren Glauben stärken – vielleicht Fotos, die gute Erinnerungen wecken oder zeigen, wie Sie ein erfülltes Leben führen. Wenn Sie diese Bilder anschauen, sagen Sie nicht einfach: „Ich wünschte, ich wäre immer noch so glücklich“, oder: „Ich wünschte, ich würde noch in diese Kleidergröße passen.“

Nein, lassen Sie diese Bilder tief in Ihr Inneres einsinken. Lassen Sie sich das Gute, das Gott in Ihrem Leben getan hat, nicht rauben. Wenn Sie es in der äußeren Wirklichkeit erleben wollen, müssen Sie es zuerst mit Ihren inneren Augen sehen.

~ 14. Januar ~

Halten Sie sich Gottes Wort vor Augen

Bewahrt die Gebote, die ich euch heute gebe, in eurem Herzen. Schärft sie euren Kindern ein. Sprecht über sie, wenn ihr zu Hause oder unterwegs seid, wenn ihr euch hinlegt oder wenn ihr aufsteht ... schreibt sie auf die Pfosten eurer Haustüren und auf eure Tore.

5. Mose 6,6–9

Um sich geistlich aufzubauen und Ihren Glauben zu stärken, kann es hilfreich sein, Bibelverse in Ihrer Wohnung aufzuhängen. An den Badezimmerspiegel könnten Sie Verse hängen wie: „Denn alles ist mir möglich durch Christus, der mir die Kraft gibt, die ich brauche“, oder: „Dies ist der Tag, den der Herr gemacht hat.“ Am Kühlschrank wäre vielleicht die Erinnerung angebracht: „Der Heilige Geist hilft uns in unserer Schwäche.“ Und an die Tür zum Garten könnten Sie Verse heften wie: „Denn du segnest den Gottesfürchtigen, Herr, und umgibst ihn schützend mit deiner Güte“, oder: „Deine Güte und Gnade begleiten mich alle Tage meines Lebens.“ Hängen Sie Verse auf, die Ihnen helfen, eine große Vision für Ihr Leben zu entwickeln.

~ 15. Januar ~

Erneuern Sie Ihre Einstellung

Genauso wenig würde jemand neuen Wein in alte Schläuche füllen. Die alten Schläuche würden unter dem Druck platzen, der Wein würde auslaufen und die Schläuche wären nicht mehr zu gebrauchen. Neuer Wein gehört in neue Schläuche. Auf diese Weise bleibt der Wein erhalten und die Schläuche werden geschont.

Matthäus 9,17

GEHEN SIE DAVON aus, dass Sie im Leben alles erreicht haben, was Ihnen möglich ist? Dass Sie keine besonderen Erfolge mehr haben werden, dass Sie nichts Bedeutsames mehr tun oder die schönen Dinge genießen werden, über die andere sich freuen? Es tut mir leid, das zu sagen, aber Sie haben völlig recht ... sofern Sie nicht bereit sind, Ihr Denken zu ändern und daran zu glauben, dass Gott Größeres für Sie bereithält.

Als Jesus seine Jünger ermutigen wollte, eine neue Vision für ihr Leben zu entwickeln, wies er sie interessanterweise darauf hin, dass man neuen, noch gärenden Wein nicht in alte Weinschläuche füllen könne. Er wollte ihnen sagen: Ihr könnt kein neues Terrain erobern, wenn ihr Ansichten habt, die euch lähmen und einschränken. Werden Sie heute Ihren Glauben einsetzen, Ihren Horizont erweitern und die alten, negativen Gedankenmuster abschütteln, die Sie eingrenzen?

~ 16. JANUAR ~

Strecken Sie die Glaubenshand aus

Denn sie dachte: „Wenn ich nur seinen Mantel berühre, werde ich wieder gesund." Da drehte Jesus sich um und sagte zu ihr: „Meine Tochter, hab keine Angst! Dein Glaube hat dich geheilt."

MATTHÄUS 9,21–22

EIN BEKANNTER, DESSEN Ehe vor dem endgültigen Aus stand, sagte zu mir: „Es ist mir schon immer so ergangen, Joel. Mir passiert einfach nie etwas Gutes. Ich kann mir nicht vorstellen, wie meine Ehe jetzt noch gerettet werden könnte. Wir hatten diese Probleme schon immer."

„Es sind gerade diese Gedanken, die Sie daran hindern, das Gute zu empfangen, das Gott Ihnen schenken möchte", antwortete ich ihm. „Hören Sie auf, sich mit negativen, destruktiven Gedanken zu beschäftigen, die Sie an die alten Verhaltensmuster fesseln. Ihr Leben wird sich erst ändern, wenn Sie Ihr Denken ändern." Gott hält so viel für diesen Mann bereit, ebenso wie für Sie. Wenn Sie erleben wollen, wie überreich Gott Sie segnen will, dann müssen Sie anfangen, daran zu glauben, es zu sehen und es auszusprechen.

~ 17. JANUAR ~

Erwarten Sie die Segnungen Gottes

So wird er für alle Zeiten an uns seine Güte und den Reichtum seiner Gnade sichtbar machen, die sich in allem zeigt, was er durch Christus Jesus für uns getan hat.

EPHESER 2,7

GOTT WILL, DASS dies die beste Zeit Ihres Lebens ist. Aber wenn Sie seine Gunst und seine Segnungen empfangen wollen, müssen Sie Ihren Horizont erweitern. Sie dürfen nicht länger negative, bedrückende und begrenzende Gedanken denken wie: *Ich bin so weit gekommen, wie das in meinem Beruf möglich ist,* oder: *Ich habe dieses Problem schon so lange; ich glaube, es ist einfach ein Teil von mir.*

Wenn Sie Gottes grenzenlose Gunst erfahren wollen, müssen Sie damit beginnen, seine Segnungen zu erwarten. Beginnen Sie, *größer* zu denken. Schütteln Sie alle alten, negativen Denkmuster ab. Wenn Sie in Ihren Gedanken Raum für Neues schaffen, wird Gott diese Dinge in Ihrem Leben geschehen lassen. Aber Gott kann Ihnen keine neuen, kreativen Ideen schenken und Sie nicht segnen, solange Sie an alten, verknöcherten Einstellungen festhalten.

Erwarten Sie Großes

Alles ist möglich für den, der glaubt.

MARKUS 9,23

BEI GOTT IST alles möglich. Lassen Sie diese Wahrheit heute Morgen ganz tief in Ihr Herz und Ihre Gedanken einsinken. Lassen Sie die Saat, die Gott in Ihr Leben sät, Wurzeln schlagen, damit sie aufwachsen kann. Rechnen Sie damit, dass Gottes Gunst Ihnen helfen wird, sich aus den Fesseln des Gewohnten zu befreien und neue Stufen zu erklimmen. Das geht auch, wenn Sie keinen Bankkredit bekommen oder nicht die richtige Ausbildung haben. Es geht trotz Ihrer Vergangenheit und trotz allem, was Ihre Kritiker Ihnen vorhalten.

Sie brauchen sich nicht durch die Grenzen Ihrer Vergangenheit einschränken zu lassen. Schaffen Sie in Ihren Gedanken Raum für das, was Gott für Sie bereithält. Erwarten Sie, in allem, was Sie tun, Großartiges zu leisten. Lassen Sie zu, dass die göttliche Saat Wurzeln in Ihnen schlägt. Überschreiten Sie die Grenzen der Vergangenheit, und erwarten Sie, dass Gott Großes in Ihrem Leben tut.

Durch Gottes Kraft

Weil ihr glaubt, wird es geschehen.

Matthäus 9,29

JETZT IST DIE Zeit gekommen, dass Ihr Leben sich zum Guten wendet. Vielleicht sind Sie schon lange krank, aber jetzt ist die Zeit gekommen, gesund zu werden. Vielleicht sind Sie an Süchte oder schlechte Gewohnheiten gebunden, aber jetzt ist die Zeit gekommen, frei zu werden. Vielleicht haben Sie mit finanziellen Schwierigkeiten zu kämpfen, aber jetzt ist die Zeit gekommen, dass es aufwärtsgeht. Der Schlüssel dazu ist Ihr Glaube.

Gott sagt zu Ihnen etwas Ähnliches wie das, was der Engel zu Maria sagte – dass sie schwanger werden würde, obwohl sie noch nie mit einem Mann geschlafen hatte. Gott sagte also, dass es auf übernatürliche Weise geschehen würde. Was er in Ihrem Leben tun will, wird nicht durch Ihre eigene, menschliche Kraft passieren, sondern durch seinen Geist. Die Macht des Allerhöchsten wird Sie überschatten und dafür sorgen, dass es geschieht.

~ 20. Januar ~

Trainieren Sie Ihre Glaubensaugen

Am anderen Ufer sagte Elia zu Elisa: „Was kann ich noch für dich tun, bevor ich fortgenommen werde?" Elisa antwortete: „Setz mich als deinen rechtmäßigen Nachfolger ein!" – „Diese Bitte ist schwer zu erfüllen", antwortete Elia. „Wenn du sehen wirst, wie ich von dir fortgenommen werde, wird sie dir gewährt werden. Wenn du es jedoch nicht sehen wirst, wird sie dir nicht gewährt."

2. Könige 2,9–10

Der alttestamentliche Prophet Elia tat zahlreiche Wunder und sein Schüler Elisa erlebte viele von ihnen mit. Bei ihrem letzten Gespräch sagte Elia zu Elisa: „Wenn Gott dir erlaubt, es zu sehen, dann wird deine Bitte erfüllt werden." Wir können nicht umhin, uns zu fragen, ob Elia damit nicht auch gesagt hat: „Wenn du es sehen kannst, kann es geschehen. Wenn du es dir vorstellen kannst, wenn du das, was Gottes Wort verspricht, mit deinen ‚geistlichen Augen' siehst, dann kann es in deinem Leben Wirklichkeit werden."

Denken Sie daran: Wenn Sie wenig erwarten, stellen Sie damit die Weichen für ein mittelmäßiges Leben. Wenn Sie viel erwarten, wird Sie das motivieren, entschlossen voranzugehen und entscheidende, mutige Schritte zu wagen.

~ 21. JANUAR ~

Erweitern Sie Ihren Erwartungshorizont

Denkt nicht an weltliche Angelegenheiten,
sondern konzentriert eure Gedanken auf ihn!

KOLOSSER 3,2

ES IST GOTT enorm wichtig, was Sie mit Ihren „geistlichen Augen" sehen. Wenn Sie die Vorstellung haben, ein „Überwinderleben" zu führen, können Sie auf eine neue Ebene vorstoßen. Solange Sie Ihren Blick jedoch zu Boden richten, statt auf Ihre Möglichkeiten zu schauen, riskieren Sie, sich in die falsche Richtung zu bewegen und die großartigen Dinge zu verpassen, die Gott in Ihnen und durch Sie tun will.

Es stimmt sowohl in geistlicher als auch in psychologischer Hinsicht: Wir bewegen uns auf das zu, was wir innerlich vor Augen haben. Ihr Leben wird Ihren *Erwartungen* entsprechen. Sie werden das bekommen, was Sie erwarten. Wenn Sie Ihren Erwartungshorizont erweitern, werden Sie eine neue Vision für Ihr Leben bekommen. Heute könnte der Tag sein, an dem Sie Ihr Wunder erleben.

~ 22. JANUAR ~

Der König der Könige

Kein Auge hat je gesehen, kein Ohr je gehört und kein Verstand je erdacht, was Gott für diejenigen bereithält, die ihn lieben.

1. KORINTHER 2,9

VOR JAHREN WURDE einmal ein berühmter Golfspieler vom König von Saudi-Arabien eingeladen, an einem Golfturnier teilzunehmen. Als das Turnier vorbei war, bestand der König darauf, dem Golfprofi ein Geschenk machen zu dürfen – was immer dieser sich wünschte. Schließlich gab der Golfspieler nach und sagte: „Also gut. Ich sammle Golfschläger. Sie können mir einen Golfschläger schenken." Im Laufe der nächsten Wochen fragte er sich, was für einen Schläger er wohl von dem Ölmilliardär bekommen würde. Vielleicht einen aus purem Gold oder ein mit Diamanten und Juwelen besetztes *Sand Wedge?*[1] Schließlich erhielt er einen Brief mit dem offiziellen Siegel des Königs. Darin fand er eine Besitzurkunde für einen 200 Hektar großen Golfplatz in Amerika.[2]

Könige denken manchmal anders als Sie oder ich. Und wir dienen dem König aller Könige! Darum möchte ich Sie ermutigen: Wagen Sie zu träumen!

---

1 Ein besonders geformter Schläger, der für das Spielen auf sandigen Böden verwendet wird (Anm. d. Übersetzerin).

2 Im Amerikanischen kann das Wort „golf club" sowohl „Golfschläger" als auch „Golfklub" bedeuten (Anm. d. Übersetzerin).

~ 23. JANUAR ~

Ihnen steht Gutes bevor

Was ist nun also der Glaube? Er ist das Vertrauen darauf, dass das, was wir hoffen, sich erfüllen wird, und die Überzeugung, dass das, was man nicht sieht, existiert.

HEBRÄER 11,1

ES IST WICHTIG, dass Sie Ihr Denken auf Erfolg programmieren. Wenn Sie positive Gedanken denken, wird Ihr Leben sich in eine positive Richtung entwickeln. Wenn Sie jedoch beständig negative Gedanken hegen, werden Sie ein Leben führen, das sich negativ entwickelt. Wenn Sie mit Niederlagen, Versagen und Mittelmäßigkeit rechnen, wird Ihr Unterbewusstsein dafür sorgen, dass Sie scheitern und versagen, und all Ihre Versuche sabotieren, sich weiterzuentwickeln und vorwärtszukommen.

Sie müssen an positive Dinge denken – an Erfolg, Überfluss, Gnade und Hoffnung. Sie müssen sich jeden Tag dafür entscheiden, in der Erwartung zu leben, dass Ihnen Gutes bevorsteht. Beginnen Sie Ihren Tag voller Glauben, lenken Sie Ihre Gedanken in die richtige Richtung und rechnen Sie den ganzen Tag lang mit der Gunst Gottes. Erwarten Sie, in Ihrem Beruf Großartiges zu leisten und die Herausforderungen des Lebens zu meistern. Glauben Sie, dass Gott eine großartige Zukunft für Sie bereithält. Ihnen steht Gutes bevor!

Brechen Sie aus dem Gefängnis aus

Warum bin ich so mutlos? Warum so traurig?
Auf Gott will ich hoffen, denn eines Tages werde ich ihn wieder loben,
meinen Retter und meinen Gott!

PSALM 42,12

MÄNNER UND FRAUEN, die eine langjährige Haftstrafe zu verbüßen haben, bekommen oft zu hören: „Dein Leben ist jetzt vorbei." Das ist eine deprimierende Aussage, die die Gefangenen der geringen Hoffnung beraubt, die ihnen geblieben ist. „Mach dir keine Hoffnung, dass sich deine Situation irgendwie bessert. Du bekommst, was du verdienst." Leider leben auch viele der sogenannten „freien Menschen" in einem selbst gewählten Gefängnis. Sie haben sich hinter selbst aufgerichteten Gitterstäben verschanzt und sich dieselbe Denkweise zu eigen gemacht: *Das ist das Beste, was du erwarten kannst. Deine Lage wird sich niemals ändern, also kannst du ebenso gut die Hände in den Schoß legen und dich damit abfinden.*

Nein! Sie können aus diesem Gefängnis ausbrechen! Die Tür ist unverschlossen. Beginnen Sie zu erwarten, dass sich Ihnen neue Möglichkeiten eröffnen, und Sie werden es erleben.

~ 25. JANUAR ~

Hören Sie auf, Gottes Wirken Grenzen zu setzen

Nein, liebe Freunde, ich bin noch nicht alles, was ich sein sollte,
aber ich setze meine ganze Kraft für dieses Ziel ein.
Indem ich die Vergangenheit vergesse und auf das schaue,
was vor mir liegt, versuche ich, das Rennen bis zum Ende
durchzuhalten und den Preis zu gewinnen,
für den Gott uns durch Christus Jesus bestimmt hat.

PHILIPPER 3,13–14

WAS HÄLT GOTT für Sie bereit? Sein Traum für Ihr Leben ist viel größer, als Sie es sich vorstellen können. Wenn Gott Ihnen alles zeigen würde, was er für Sie bereithält, wären Sie sprachlos vor Staunen.

Es ist an der Zeit, dass Sie aufhören, Gottes Wirken Grenzen zu setzen. Halten Sie sich vor Augen: Er ist Ihre Lebensquelle und seine Kreativität und seine Ressourcen sind unbegrenzt! Gott kann Ihnen einen Traum oder eine Idee für eine Erfindung, ein Buch, ein Lied oder einen Film schenken. Eine Idee von Gott kann Ihr Leben für immer verändern. Gott ist nicht begrenzt durch das, was Sie haben oder nicht haben. Ihm ist alles möglich, wenn Sie nur aufhören, seinem Wirken durch Ihre Gedanken Grenzen zu setzen.

~ 26. JANUAR ~

Blicken Sie auf Gottes Gelegenheiten

Kommt, wir wollen den Willen des Herrn erkennen!
Ja, lasst uns alles daransetzen, dass wir den Herrn erkennen!
Dann wird er erscheinen – das ist so sicher wie der Morgen, mit dem jeder Tag beginnt, oder wie der Regen, der jedes Frühjahr kommt.

HOSEA 6,3

VIELE MENSCHEN VERPASSEN entscheidende Gelegenheiten in ihrem Leben, weil sie sich an den Status quo gewöhnt haben. Sie sind nicht bereit, in ihrem eigenen Denken Raum für die neuen Dinge zu schaffen, die Gott in ihrem Leben tun will. Wenn sich ihnen eine großartige Gelegenheit bietet, dann sagen sie, statt sie im Glauben zu ergreifen: „Ach, so etwas würde mir nie passieren. Das ist einfach zu schön, um wahr zu sein."

Vielleicht denken Sie: *Ich werde nicht mehr befördert werden, bis ich in Rente gehe. Zu mehr reicht es bei mir einfach nicht.* Nein, es ist gut möglich, dass Gott in Ihre Situation eingreift und Ihnen eine neue Tür öffnet. Beginnen Sie heute damit, von dem Ort wegzublicken, wo Sie gerade stehen, und dorthin zu schauen, wo Sie hinkommen möchten.

~ 27. JANUAR ~

Ein Meer voller Möglichkeiten

Dann endlich werden sich die Menschen auf ihren Schöpfer besinnen und auf den Heiligen Israels blicken.

JESAJA 17,7

ES GIBT EINE alte Geschichte von einem Frosch, der am Grund eines kleinen, kreisförmigen Brunnens zur Welt kam. Dort lebte er mit seiner Familie, und er war zufrieden damit, im Wasser zu spielen. Er dachte: *Mein Leben ist toll, es kann gar nicht besser werden.* Aber eines Tages kletterte er die Brunnenwand empor und spähte vorsichtig über den Rand. Er staunte nicht schlecht, denn das Erste, was er sah, war ein Teich, der tausendmal größer war als der Brunnen. Er wagte sich weiter vor und entdeckte einen riesigen See. Schließlich hüpfte der kleine Frosch bis zum Meer, wo er nur noch Wasser sah, so weit das Auge reichte. Er war total überwältigt.

Sind Sie in Ihrem eigenen kleinen Brunnen gefangen? Blicken Sie über den Rand. Gott hat ein ganzes Meer voller Möglichkeiten, in dem Sie sich tummeln dürfen.

~ 28. JANUAR ~

Bringen Sie frischen Wind in Ihre Familiengeschichte

Reiß den Altar ein, den dein Vater dem Baal errichtet hat, und haue den Aschera-Pfahl um, der daneben steht. Dann bau dem Herrn, deinem Gott, hier auf der Höhe dieser Befestigung einen Altar und bereite ihn für ein Opfer vor.

RICHTER 6,25–26

ALLZU OFT LASSEN wir zu, dass unsere Selbstzufriedenheit uns in einem Zustand der Mittelmäßigkeit festhält. Wir arrangieren uns mit den Umständen, in denen wir uns befinden, und gebrauchen sie als Entschuldigung. „Meine Eltern waren arm. Niemand in meiner Familie hat es weit gebracht, also wird mir das wohl nicht anders gehen."

Nein, Gott will, dass Sie weiter kommen, als Ihre Eltern je gekommen sind. Er will, dass Sie aus den festgefahrenen Verhaltensmustern ausbrechen. Sie können mehr tun, mehr haben, mehr sein! Sie können die Person sein, die frischen Wind in Ihre Familiengeschichte bringt! Geben Sie den alten Müll nicht an Ihre Kinder weiter – durchbrechen Sie diesen negativen Kreislauf! Sie können den Fluch in Ihrer Familie brechen. Sie haben die Möglichkeit, durch Ihre Entscheidungen die Zukunft der Generationen nach Ihnen zu beeinflussen.

~ 29. JANUAR ~

Nähren Sie den Glauben in Ihrem Herzen

Herr, du hörst das Verlangen der Hilflosen.
Du schenkst ihnen Gewissheit und leihst ihnen dein Ohr.

PSALM 10,17

ICH KENNE EIN Ehepaar, das es nicht leicht hatte. Die beiden mussten den ganzen Tag schwer arbeiten, um die Miete für ihre kleine Wohnung bezahlen und Lebensmittel kaufen zu können, während sie gleichzeitig alle Gelegenheiten wahrnahmen, um ihre Situation zu verbessern. Trotz ihrer bescheidenen Umstände zogen sie sich abends oft schick an und fuhren zu einem vornehmen Hotel, wo sie sich in die elegante Empfangshalle setzten. Dort träumten sie von dem, was sie erreichen wollten. Sie blickten weg von dem Ort, an dem sie sich befanden, und schauten dahin, wo sie hinkommen wollten. So nährten sie den Glauben in ihren Herzen.

Vielleicht müssen auch Sie Ihre Umgebung verändern. Hören Sie auf damit, herumzusitzen und Trübsal zu blasen. Suchen Sie sich stattdessen einen Ort, an dem Sie träumen können. Das kann eine Kirche sein, es kann aber auch ein Flussufer sein oder eine Parkbank. Finden Sie einen Ort, an dem Ihr Glaube wächst.

~ 30. Januar ~

Fliegen Sie mit den Adlern

Da suchte Jonatan David auf und ermutigte ihn in seinem Glauben an Gott.

1. Samuel 23,16

Es ist erstaunlich, was alles möglich ist, wenn Sie sich einer Atmosphäre aussetzen, die von Erfolg bestimmt ist. Umgeben Sie sich mit Menschen, die Sie nicht niedermachen, sondern aufbauen, mit Menschen, die Sie inspirieren und dazu herausfordern, sich weiterzuentwickeln und das Beste aus sich herauszuholen. Wenn Sie die Nähe erfolgreicher Menschen suchen, werden Sie über kurz oder lang selbst erfolgreich werden. Ihre Begeisterung wird Sie anstecken und inspirieren. Wenn Sie sich einer Atmosphäre aussetzen, die von Einsatzfreude und Gelingen geprägt ist, werden diese positiven Werte bald auch in Ihrem Inneren verankert sein. Wenn Sie sich mit Menschen umgeben, die voll und ganz auf Gott vertrauen, wird auch Ihr Glaube immer stärker werden.

Es ist an der Zeit, dass Sie lernen, mit den Adlern am Himmel zu schweben, statt mit den Hühnern im Boden zu scharren. Wenn Sie Ihren Teil tun, indem Sie sich ständig mit der Güte Gottes beschäftigen und in einer Haltung des Glaubens und der freudigen Erwartung leben, wird Gott Sie Dinge erleben lassen, von denen Sie nie zu träumen gewagt hätten.

~ 31. JANUAR ~

Gott hält mehr für Sie bereit

Wie groß sind seine Zeichen, wie mächtig seine Wunder!
Sein Reich ist ein ewiges Reich,
er herrscht von Generation zu Generation.

DANIEL 3,33

ALS MEIN VATER von uns ging und ich seine Nachfolge als Pastor der *Lakewood*-Gemeinde in Houston antrat, kamen oft Leute auf mich zu und fragten mich: „Joel, meinst du wirklich, du bist dieser Sache gewachsen? Ist diese Aufgabe nicht ein paar Nummern zu groß für dich?“ Ich konnte sie verstehen, denn sie hatten meinen Vater, der ein wunderbarer Leiter gewesen war, sehr geliebt. Außerdem hatten nur wenige andere Gemeinden von der Größe *Lakewoods* lange überlebt, nachdem sie ihren Gemeindegründer verloren hatten.

Aber nichts von alldem konnte mich beunruhigen, denn ich wusste: Gott will nicht, dass eine Generation im hellen Licht steht und die nächste sang- und klanglos im Dunkel verschwindet. Er will, dass jede Generation es weiter bringt als die vorherige. Das ist einfach sein Charakter. Ich wünsche mir, dass Sie das heute Morgen glauben.

~ 1. FEBRUAR ~

Verlassen Sie die ausgetretenen Pfade

Ich versichere euch: Wer an mich glaubt,
wird dieselben Dinge tun, die ich getan habe, ja noch größere,
denn ich gehe, um beim Vater zu sein.

JOHANNES 14,12

VIELLEICHT KOMMEN SIE aus der verkehrten Familie und aus dem falschen Stadtviertel. Vielleicht haben Sie kein Geld und keine gute Ausbildung. Rein menschlich betrachtet, haben Sie vielleicht keine rosige Zukunft vor sich. Einige Leute in Ihrer Umgebung versuchen vielleicht, Sie zu entmutigen und Ihnen zu sagen, dass Sie keinen Grund haben, auf Besseres zu hoffen. Andere sagen Ihnen vielleicht, dass es am sichersten ist, wenn Sie dort bleiben, wo Sie sind, auch wenn das bedeutet, sich mit einem erfolglosen, mittelmäßigen Leben zufriedenzugeben.

Hören Sie nicht auf diese Miesmacher. Verlassen Sie die ausgetretenen Pfade. Finden Sie sich nicht mit dem Status quo ab. Gott ist nicht durch Ihr Umfeld, Ihre Familiengeschichte oder Ihre derzeitigen Umstände begrenzt. Das Einzige, was Gott Grenzen setzt, ist Ihr Mangel an Glaube. Glauben Sie daran, dass er größere Dinge für Sie tun will. Wagen Sie, im Glauben neue Wege zu beschreiten, dann wird es Ihnen gelingen, die Grenzen der Vergangenheit zu durchbrechen.

~ 2. FEBRUAR ~

Sie haben ein Erbe weiterzugeben

Wir wollen diese Wahrheiten unseren Kindern nicht vorenthalten, sondern der nächsten Generation von den wunderbaren Taten des Herrn erzählen, von seiner Macht und den großen Wundern, die er vollbrachte.

PSALM 78,4

BLEIBEN SIE NIEMALS da stehen, wo Sie sind. Vielleicht stammen Sie aus einer Familie, die so arm ist wie die meines Vaters. Oder vielleicht stammen Sie aus einer Familie, die über enorme Reichtümer verfügt und Macht und Ansehen genießt. Wie dem auch sei – Sie können mehr erreichen als die Generation vor Ihnen!

Respektieren Sie, was Ihre Eltern erreicht haben, aber geben Sie sich nicht damit zufrieden, ihr Erbe anzutreten und das zu tun, was *sie* getan haben. Gott möchte jede Generation weiter bringen als die Generation vor ihr. Er möchte, dass jede Generation gesegneter ist, mehr von seiner Liebe und Güte erfährt und mehr von seiner Macht spürt. Er will nicht, dass Sie an dem Punkt stehen bleiben, wo Sie sich gerade befinden. Sie können viel mehr erreichen als Ihre Vorfahren und Ihren Kindern ein unschätzbar wertvolles Erbe weitergeben, wenn Sie sich innerlich ganz auf Gott ausrichten und sich von ihm segnen und Erfolg schenken lassen.

~ 3. FEBRUAR ~

Genug ist genug

„Nicht durch Gewalt und Kraft wird es geschehen, sondern durch meinen Geist", spricht der Herr, der Allmächtige.

SACHARJA 4,6

VIELLEICHT GAB ES im Leben Ihrer Vorfahren immer wieder Eheprobleme, Scheidungen und Fälle von persönlichem Versagen, seelischen Problemen und wirtschaftlichem Misserfolg. Dann ist es Ihre Aufgabe zu sagen: „Genug ist genug. Ich werde diese negativen Dinge nicht an meine Kinder weitergeben. Ich glaube, dass Gott etwas Besseres für mich bereithält."

Wenn Gott Ihnen einen Traum schenkt, wenn er Ihnen Möglichkeiten eröffnet, dann gehen Sie im Glauben darauf ein. Erwarten Sie das Beste, und gehen Sie vertrauensvoll in dem Bewusstsein voran, dass Sie dazu fähig sind, das zu tun, was Gott von Ihnen möchte. Gott möchte etwas Neues in Ihrem Leben tun. Was Sie empfangen werden, steht in direktem Zusammenhang mit dem, was Sie glauben. Aber Sie müssen Ihren Teil dazu beitragen und aus Ihrem Schuhkarton herausklettern. Fangen Sie an, groß zu denken!

~ 4. FEBRUAR ~

Denken Sie neue, positive Gedanken

Wir setzen die mächtigen Waffen Gottes und keine weltlichen Waffen ein, um menschliche Gedankengebäude zu zerstören.

2. KORINTHER 10,4

WENN SIE DENKEN, dass Ihre Träume sich niemals erfüllen werden, dann wird das auch nicht geschehen. Wenn Sie denken, dass Ihnen die Voraussetzungen dafür fehlen, sich weiterzuentwickeln und eine neue Ebene zu erreichen, dann wird Ihnen das auch nicht gelingen. Die Grenze ist in Ihrem Kopf! Genau das meint Paulus, wenn er von „menschlichen Gedankengebäuden" spricht. Es handelt sich um falsche Denkmuster, die uns in der Niederlage festhalten. Und darum ist es so wichtig, dass wir positive Gedanken denken – Gedanken der Hoffnung, des Glaubens und des Sieges.

Vielleicht hat jemand negative Worte in Ihr Leben hineingesprochen. Vielleicht hat Ihnen jemand gesagt, dass Sie nie ganz nach oben kommen werden, weil Sie einfach nicht das Zeug dazu haben. Hören Sie nicht auf diese Lügen! Wenn Gott selbst *für* Sie ist, wer will sich dann *gegen* Sie stellen? Durchbrechen Sie die Grenzen der Vergangenheit und denken Sie neue, positive Gedanken des Glaubens und der Hoffnung.

Laufen Sie sich frei

Jesus sah ihn eindringlich an und sagte:
„Menschlich gesehen ist es unmöglich. Aber bei Gott ist alles möglich."

MATTHÄUS 19,6

BIS ANFANG DER Fünfzigerjahre behaupteten die Leichtathletik-Experten, es sei unmöglich, dass ein Mensch die Distanz von einer Meile in weniger als vier Minuten laufe. Aber eines Tages kam ein Mann namens Roger Bannister des Weges, der nicht zuließ, dass diese negativen Behauptungen sich in seinem Gehirn festsetzten. Er begann zu trainieren und glaubte fest daran, dass er jenen Rekord brechen würde. Und wirklich – eines Tages gelang es ihm: Er lief die „Wundermeile" und unterschritt die Vier-Minuten-Grenze.

Und jetzt kommt das, was ich an Roger Bannisters Geschichte so interessant finde: Innerhalb von zehn Jahren, nachdem Roger Bannister diesen Rekord gebrochen hatte, liefen 336 weitere Läufer die Meile in weniger als vier Minuten. Ist das nicht bemerkenswert? Seit Hunderten von Jahren, solange überhaupt Leichtathletik-Rekorde festgehalten wurden, hatte das niemand geschafft. Was hatte sich nun verändert?

Ganz einfach. In all den Jahren hatte diese „unüberwindliche Grenze" in den Köpfen der Athleten bestanden. Ein Mann bewies, dass die Experten sich irrten, und Hunderte von Läufern liefen sich frei.

~ 6. FEBRUAR ~

Heute ist ein neuer Tag

Ihr lagert nun schon lange genug an diesem Berg ... Seht! Ich habe euch dieses Land ausgeliefert! Geht hinein und nehmt es in Besitz, denn es ist das Land, das ich, der Herr, euren Vorfahren ... und ihren Nachkommen mit einem Eid versprochen habe.

5. MOSE 1,6.8

ALS GOTT DIE Israeliten aus der ägyptischen Sklaverei befreite und ins verheißene Land führte, brauchten sie für diese Reise, die eigentlich nur elf Tage dauerte, 40 Jahre. Gott wollte, dass sie vorankamen, aber sie irrten in der Wüste umher und umkreisten wieder und wieder denselben Berg. Sie hielten an ihrem negativen Selbstbild fest und betrachteten sich als Verlierer. Sie konzentrierten sich auf ihre Probleme statt auf Gott und beschwerten sich ständig über die Hindernisse, die zwischen ihnen und ihrem Bestimmungsort lagen.

Gleichgültig, was Sie in der Vergangenheit durchgemacht haben, wie viele Rückschläge Sie erleiden mussten und was Ihr Vorwärtskommen bislang verhindert hat – heute ist ein neuer Tag, und Gott möchte etwas Neues in Ihrem Leben tun. Lassen Sie sich von Ihrer Vergangenheit nicht Ihre Zukunft verderben.

~ 7. FEBRUAR ~

Sie sind ein neuer Mensch

Wer mit Christus lebt, wird ein neuer Mensch. Er ist nicht mehr derselbe, denn sein altes Leben ist vorbei. Ein neues Leben hat begonnen!

2. KORINTHER 5,17

AUFGRUND IHRES UNGEHORSAMS und ihres mangelnden Glaubens irrten die Israeliten 40 Jahre lang in der Wüste umher. Wie traurig! Gott hatte das Land, das von Milch und Honig überfloss, doch für sie vorbereitet. Es war ein Land, in dem Wohlstand und Freiheit herrschten. Aber die Israeliten waren von ihren Unterdrückern so lange niedergehalten, misshandelt und ausgenutzt worden, dass sie das neue, bessere Leben, das Gott ihnen schenken wollte, nicht empfangen konnten.

Haben Sie auch manchmal das Gefühl, in Ihrem Leben irgendwie festzusitzen? Statt im Glauben voranzuschreiten und Gutes zu erwarten, lassen Sie zu, dass Hindernisse zwischen Ihnen und Ihrem Bestimmungsort stehen. Es ist an der Zeit, die Schmerzen, Verletzungen und Niederlagen der Vergangenheit loszulassen. Machen Sie es nicht wie diese Zweifler. Vertrauen Sie Gott, dass er Sie in die richtige Richtung lenken wird, wenn Sie die Grenzen der Vergangenheit durchbrechen.

~ 8. FEBRUAR ~

Schaffen Sie Raum in Ihren Gedanken

Mach in deinem Zelt Platz, breite Decken aus. Spare nicht!
Mach die Stricke lang und die Pflöcke fest,
denn bald wirst du aus allen Nähten platzen.

JESAJA 54,2–3

DIE BIBEL VERSPRICHT uns: „Statt doppelte Scham und Schande tragen zu müssen, werdet ihr über euer Teil jubeln, denn den doppelten Anteil eures Landes werdet ihr erben und euch wird ewige Freude zuteil" (Jesaja 61,7). Das bedeutet, wenn Sie die richtige Einstellung behalten, wird Gott Ihnen für Ihren Kummer das Doppelte zurückerstatten. Er wird all die Ungerechtigkeit und all die Schmerzen, die andere Ihnen zugefügt haben, all Ihre Not und Scham zusammenrechnen und Ihnen dafür doppelt so viel Freude, Glück und Frieden schenken. Wenn Sie Ihr Denken verändern, kann Gott Ihr Leben verändern.

Gott hat Sie dazu geschaffen, das Leben eines Siegers zu führen. Sein Name ist *El Shaddai* – der Gott des Überflusses. Er ist nicht *El Cheapo*, der Gott des Mangels!

~ 9. FEBRUAR ~

Befreit vom Fluch der Vergangenheit

*Christus hat uns vom Fluch des Gesetzes gerettet;
am Kreuz nahm er den Fluch auf sich. Denn in der Schrift heißt es:
„Verflucht ist jeder, der an einem Holz hängt."*

GALATER 3,13

VIELLEICHT LEBEN SIE mit Problemen, die es in Ihrer Familie seit Generationen gibt. Alkoholismus, Drogensucht, Armut, Depression, Zorn, Minderwertigkeitsgefühle – was auch immer das Problem sein mag, die gute Nachricht ist: Sie haben die Möglichkeit, diesen Teufelskreis zu durchbrechen. Sie können aufstehen und sagen: „Mit Gottes Hilfe werde ich den Spieß umdrehen."

Gott wird Ihnen helfen, den Fluch, der auf Ihrer Familie lastet, zu durchbrechen, aber Sie müssen Durchhaltevermögen und Veränderungsbereitschaft mitbringen. Ihre Haltung sollte sein: *Heute ist ein neuer Tag. Ich weiß: Mit Gottes Hilfe sind wir mehr als Überwinder. Gleichgültig, wie sehr wir bisher versagt haben, gleichgültig, wie arm wir bisher gewesen sind, gleichgültig, wie groß die Hindernisse sind, die vor uns liegen, oder wie mächtig unsere Feinde sind – der Geist, der in uns lebt, ist größer als der Geist, der die Welt regiert. Wir sind gesegnet und niemand kann uns verfluchen.*

~ 10. FEBRUAR ~

Gott wird Ihnen Türen öffnen

Und wir wissen, dass für die, die Gott lieben und nach seinem Willen zu ihm gehören, alles zum Guten führt.

RÖMER 8,28

DIE BIBEL SAGT klar und deutlich, dass Gott uns „mit Ehre und Herrlichkeit gekrönt" hat (Psalm 8,6). Das Wort „Ehre" könnte auch mit „Gunst" übersetzt werden, und jemandem Gunst erweisen bedeutet laut Wörterbuch: „jemandem beistehen, ihm besondere Vorteile gewähren und ihm eine bevorzugte Behandlung zukommen lassen". Mit anderen Worten: Gott möchte Ihnen Ihr Leben erleichtern. Er möchte Ihnen beistehen, Sie fördern, Ihnen Vorteile gewähren. Aber wenn wir mehr von Gottes Gunst erleben wollen, müssen wir „gunstorientierter" leben. Wir müssen mit Gottes besonderer Hilfe rechnen und in der Gewissheit, dass Gott uns beistehen möchte, unseren Glauben praktisch werden lassen.

Wir können damit rechnen, bevorzugt behandelt zu werden – nicht aufgrund dessen, wer wir sind, sondern aufgrund dessen, wem wir gehören. Wir werden nicht deshalb begünstigt, weil wir besser wären als andere oder weil wir es verdienen würden. Es liegt allein daran, dass unser Vater der König der Könige ist und seine Macht und Würde auf uns abfärben.

Leben Sie gunstorientiert

Bemüht euch daher um ein klares, nüchternes Denken und um Selbstbeherrschung. Setzt eure ganze Hoffnung auf die Gnade, die euch bei der Wiederkehr von Jesus Christus erwartet. Gehorcht Gott, weil ihr seine Kinder seid. Fallt nicht in eure alten, schlechten Gewohnheiten zurück.

1. Petrus 1,13–14

ALS KINDER GOTTES können wir voller Mut und Zuversicht leben und Gutes erwarten. Wenn wir Gott lieben, dann hat er das Beste für uns im Sinn und führt unser Leben so, dass uns alles zum Guten dient, auch wenn vielleicht nicht immer alles so läuft, wie wir hoffen. Was auch immer heute in Ihrem Leben geschieht oder nicht geschieht – glauben Sie daran, dass Sie Gottes Gunst besitzen.

Leben Sie gunstorientiert. Rechnen Sie jeden Morgen mit Gottes Gnade und proklamieren Sie sie. Sagen Sie: „Ich besitze die Gunst Gottes." Lehnen Sie sich nicht passiv zurück. Tun Sie, was in Ihrer Macht steht, dann wird Gott seinen Teil tun.

~ 12. FEBRUAR ~

Heute ist ein wunderbarer Tag

Du bist ihre besondere Stärke, all unsere Macht beruht auf deiner Güte.

PSALM 89,18

VOR EINIGER ZEIT lernte ich einen Mann kennen, der als Kfz-Mechaniker bei einer großen Lkw-Werkstatt arbeitete. Er erzählte mir, dass er an seinem Arbeitsplatz viele Jahre lang nicht gut behandelt worden sei. Das Arbeitsklima war äußerst schlecht und seine Kollegen machten sich oft über ihn lustig. Er hätte allen Grund gehabt, verbittert zu sein. Er hätte kündigen und sich eine andere Stelle suchen können. Aber er gab weiterhin sein Bestes, denn er wusste, dass er nicht arbeitete, um seinem Vorgesetzten zu gefallen, sondern Gott. Eines Tages rief ihn der Eigentümer der Firma zu sich und sagte: „Ich möchte mich aus dem Geschäftsleben zurückziehen und suche jemanden, der die Firma übernehmen und mein Werk fortführen kann. Ich möchte Ihnen meine Firma schenken." Und genau das hat er auch getan!

Ist heute nicht ein wunderbarer Tag, um damit zu beginnen, die Gunst Gottes in den kleinen Dingen Ihres Alltagslebens zu erwarten?

~ 13. FEBRUAR ~

Bleiben Sie vergebungsbereit

Dann kam Petrus zu ihm und fragte:
„Herr, wie oft soll ich jemandem vergeben, der mir Unrecht tut?
Sieben Mal?" – „Nein", antwortete Jesus, „siebzig mal sieben Mal!"

MATTHÄUS 18,21–22

WIR DIENEN EINEM Gott, der unendlich viel mehr tun will, als wir je bitten oder auch nur hoffen würden. Es ist gleichgültig, wie die Leute Sie behandeln. Fahren Sie fort, das Richtige zu tun; seien Sie nicht gekränkt und lassen Sie sich nicht provozieren; versuchen Sie nicht, es ihnen heimzuzahlen und Gleiches mit Gleichem zu vergelten. Bleiben Sie vergebungsbereit und reagieren Sie mit Nachsicht. Wenn Sie das tun, dann wird Gott, wenn es Zeit ist, dafür sorgen, dass Sie „befördert" werden. Er wird dafür sorgen, dass Sie alles bekommen, was Sie verdienen, und mehr als das!

Denken Sie daran, Gott kann heute Gerechtigkeit in Ihr Leben bringen. Entscheiden Sie sich dafür, heute dem Plan zu vertrauen, den er für Ihr Leben hat, und freuen Sie sich darauf, seine Gunst zu erleben.

~ 14. FEBRUAR ~

Ein Hauch von Gottes Gnade

Nur Güte und Gnade werden mir folgen alle Tage meines Lebens.

PSALM 23,6 (ELBERFELDER)

WENN SIE GUNSTORIENTIERT leben, dann werden die Segnungen Gottes „über Sie kommen und Sie erreichen", wie die Bibel sagt (5. Mose 28,2; Elberfelder). Mit anderen Worten: Sie werden all dem Guten, das Gott für Sie bereithält, gar nicht entkommen können. Wohin Sie sich auch wenden, verändern sich die Dinge zu Ihren Gunsten. Jedes Mal, wenn Sie sich umdrehen, ist irgendjemand da, der etwas für Sie tun und Ihnen behilflich sein möchte. All dies liegt daran, dass die Gunst Gottes mit Ihnen ist.

Sie steht Ihnen gerade in den schwierigen Situationen des Lebens zur Verfügung. Wenn Sie schwierige Zeiten durchmachen oder Ihre Situation gar völlig hoffnungslos scheint, lassen Sie sich nicht entmutigen, und werden Sie nicht bitter. Halten Sie im Glauben an Gott fest, und erklären Sie mutig, dass seine Gunst mit Ihnen ist. Ein Hauch von seiner Gnade kann Ihr ganzes Leben verändern.

~ 15. FEBRUAR ~

Nehmen Sie Gottes Gnade für sich in Anspruch

Herr, du bist mein! Ich verspreche, deinem Wort zu gehorchen!
Von ganzem Herzen suche ich deine Güte.
Sei mir gnädig, wie du es versprochen hast.

PSALM 119,57–58

BEGINNEN SIE, GOTTES Gunst in Ihrem Leben zu erwarten und zu proklamieren. Das ist nicht irgendein spiritueller Hokuspokus, sondern etwas ganz Reales, Einfaches. Sagen Sie jeden Morgen, bevor Sie aus dem Haus gehen, so etwas wie: „Vater, ich danke dir, dass ich deine Gunst besitze. Deine Gunst öffnet mir Türen und schenkt mir Erfolg. Deine Gunst sorgt dafür, dass meine Mitmenschen mir helfen wollen." Machen Sie sich dann zuversichtlich auf den Weg – erwarten Sie, dass Ihnen Gutes widerfährt und dass sich Ihnen Türen öffnen. Sie haben etwas Besonderes an sich. Sie besitzen die Gunst Gottes.

Lernen Sie, dieses Bekenntnis jedes Mal auszusprechen, wenn Sie in eine Situation geraten, in der Sie die Gunst Gottes brauchen. Sie brauchen es nicht öffentlich hinauszuposaunen. Sie können es flüstern. Wie laut Ihre Stimme ist, ist dabei völlig gleichgültig – was zählt, ist allein Ihr Glaube.

~ 16. FEBRUAR ~

Von Gottes Güte umgeben

Denn du segnest den Gottesfürchtigen, Herr,
und umgibst ihn schützend mit deiner Güte.

PSALM 5,13

SIE DÜRFEN GOTTES Gnade auch in ganz alltäglichen Situationen in Anspruch nehmen. Sie fallen ihm damit nicht zur Last, ganz im Gegenteil. Vielleicht sind Sie in einen Verkehrsstau geraten, während Sie auf dem Weg zu einer wichtigen Verabredung sind. Erklären Sie einfach: „Vater, ich danke dir, dass ich deine Gunst besitze und dass du mir einen Weg bahnen wirst, wo es im Moment keinen Weg zu geben scheint." Vertrauen Sie Gott einfach weiterhin und halten Sie Ausschau danach, was er tut.

Denken Sie immer daran: Gott will Ihr Bestes und sorgt dafür, dass alles, was Sie erleben, zum Guten führt. Wie Ihre irdischen Eltern gibt er Ihnen nicht immer das, was Sie wollen. Aber er gibt Ihnen immer das, was gut für Sie ist. Und manchmal kann es gerade gut für Sie sein, ein wenig zu warten.

~ 17. Februar ~

Entdecken Sie Gottes Güte im Alltag

Leben und Gnade hast du mir geschenkt
und deine Fürsorge hat mich bisher bewahrt.

Hiob 10,12

Wenn Sie gunstorientiert leben, werden Sie beginnen, Gottes Güte in ganz gewöhnlichen Alltagssituationen zu entdecken – beim Gemüsehändler, auf dem Sportplatz, im Einkaufszentrum, am Arbeitsplatz oder zu Hause. Vielleicht sind Sie zum Mittagessen in einem Restaurant und laufen dabei „ganz zufällig" jemandem in die Arme, den Sie gern einmal treffen wollten. Vielleicht ist es jemand, den Sie bewundern oder von dem Sie zu lernen hoffen, oder vielleicht wollten Sie schon seit längerer Zeit mit ihm ins Geschäft kommen, aber es ergab sich einfach nicht. Das ist kein Zufall – das ist die Gunst Gottes, die dafür sorgt, dass Sie zur rechten Zeit am rechten Ort sind.

Wenn Ihnen so etwas passiert, dann seien Sie dankbar. Nehmen Sie Gottes Gunst nicht als selbstverständlich hin. Sagen Sie: „Vater, danke, dass ich deine Gunst besitze. Danke, dass du mir beistehst."

~ 18. FEBRUAR ~

Proklamieren Sie die Gunst Gottes

Und David hatte Erfolg bei allem, was er unternahm, denn der Herr war mit ihm.

1. SAMUEL 8,14

WIR SOLLTEN ES uns angewöhnen, immer wieder zu proklamieren, dass unser Leben unter der besonderen Gnade Gottes steht. Und nicht nur unser persönliches Leben – auch unsere Geschäftsbeziehungen, unsere Kollegen, unsere Kinder, unsere ganze Familie. Wenn Sie ein Steuerberater, eine Rechtsanwältin oder ein Fotograf sind, sollten Sie jeden Tag sagen: „Vater, ich danke dir, dass meine Kunden mir treu sind und mit mir Geschäfte machen wollen." Wenn Sie in der Immobilienbranche tätig sind, sollten Sie proklamieren, dass die Gunst Gottes mit Ihren Objekten ist: „Herr, ich danke dir, dass dieses Haus sich gut verkaufen lässt. Danke, dass deine Gunst mich mit den richtigen Leuten in Kontakt bringt und in ihnen den Wunsch weckt, dieses Haus zu erwerben."

Lernen Sie, die Gunst Gottes für jeden Bereich Ihres Lebens in Anspruch zu nehmen. Denken Sie daran: Je gunstorientierter Sie sind, desto mehr werden Sie von Gottes Gunst erleben.

~ 19. Februar ~

Rechnen Sie mit der Güte Gottes

Wenn ihr für ihn lebt und das Reich Gottes zu eurem wichtigsten Anliegen macht, wird er euch jeden Tag geben, was ihr braucht.

Matthäus 6,33

EINE JUNGE FRAU aus *Lakewood* erzählte mir, dass sie infolge eines Unfalls eine Notoperation brauchte. Aus irgendeinem Grund wollte ihre Krankenversicherung nicht dafür aufkommen und dadurch schuldete sie dem Krankenhaus 27.000 Dollar. Die Klinik erstellte einen Ratenzahlungsplan und sie zahlte die Rechnung Monat für Monat in kleinen Beträgen ab. Aber es war wirklich schwer für sie. Als alleinerziehende Mutter konnte sie diese zusätzlichen Zahlungen nur mit Mühe aufbringen, aber sie beklagte sich nicht. Stattdessen lebte sie in einer Haltung gläubiger Erwartung und proklamierte Gottes Gunst über ihrem Leben. Sie rechnete ständig damit, seine Güte zu erleben.

Kurz vor Weihnachten erhielt sie einen Brief des Krankenhauses. Darin stand: „Jedes Jahr wählen wir einige Personen aus, denen wir etwas Gutes tun. Dieses Jahr haben wir Sie ausgewählt." Ihr wurden nicht nur alle weiteren Zahlungen erlassen – sogar das Geld, das sie bereits überwiesen hatte, wurde ihr zurückerstattet. Solche Dinge können „einfach so" geschehen, wenn wir mit der Gunst Gottes rechnen!

~ 20. FEBRUAR ~

Erwarten Sie, dass Gott Sie segnen wird

Deine Güte und Gnade begleiten mich alle Tage meines Lebens.

PSALM 23,6

DAVID, DER ZWEITE König Israels, hat viele Fehler gemacht. Er beging Ehebruch mit Batseba und befahl sogar die Ermordung ihres Ehemannes Uria. Dennoch nennt die Bibel David „einen Mann nach dem Herzen Gottes" (1. Samuel 13,14; auch Apostelgeschichte 3,22). Wie ist das möglich? Weil David seine Schuld bereute und um Vergebung bat, vergab Gott ihm und ermöglichte ihm einen neuen Anfang. David konzentrierte sich nicht auf seine Schwächen oder auf das, was er falsch gemacht hatte. Er lebte weiterhin gunstorientiert; er war derjenige, der schrieb: „Deine Güte und Gnade begleiten mich alle Tage meines Lebens."

Rechnen Sie nicht länger damit, ständig Pech zu haben – erwarten Sie von heute an, dass die Segnungen Gottes „über Sie kommen und Sie erreichen". Hoffen Sie nicht länger nur darauf, es „gerade eben" zu schaffen – rechnen Sie damit, dass Gottes Güte Sie begleitet.

~ 21. Februar ~

Hilfe in Zeiten der Not

Noah aber fand Gnade vor dem Herrn.

1. Mose 6,8

DIE GUNST GOTTES kann Sie aus Ihren Schwierigkeiten herausholen und Ihre Probleme zum Guten wenden. Die Bibel ist voller Beispiele von Menschen, die in großer Not waren und dann auf ganz neue Weise die Gunst Gottes erlebten und alles bekamen, was sie brauchten. Einmal, als die ganze Erde durch eine Flutkatastrophe zerstört werden sollte, gab Gott Noah den Auftrag, ein riesiges Schiff zu bauen und eine große Schar von Tieren zusammenzutreiben. Ohne Frage war Noah nahe daran, den Mut zu verlieren, aber die Bibel berichtet, dass Noah „Gnade vor dem Herrn" fand. Mit anderen Worten: Gott freute sich über Noah und so schenkte er ihm ganz neu seine Gunst und stattete ihn mit ungewöhnlichen Fähigkeiten aus. Weil Gott Noah half, gelang es ihm, die Arche zu bauen und seine Familie, die Tiere und sich selbst zu retten.

~ 22. FEBRUAR ~

Gott kann Ihre Situation zum Guten wenden

Rut warf sich ihm zu Füßen. „Warum bist du so freundlich zu mir?", fragte sie. „Warum beachtest du mich, obwohl ich eine Ausländerin bin?"

RUT 2,10

WENN SIE SICH fragen, welchen Unterschied die Gunst Gottes in Ihrem Leben machen kann, dann denken Sie an Rut. Als sie mit ihrer Schwiegermutter Noomi in deren Heimatstadt Bethlehem ankam, hatten die Frauen keine gute Zukunftsperspektive, denn sie waren beide verwitwet, und es gab somit keinen „Ernährer", der für sie sorgen konnte. Darum ging Rut jeden Tag hinaus auf die Felder und folgte den Schnittern. Sie hob die Ähren auf, die diese fallen gelassen hatten. Und die Bibel berichtet, dass Rut Gunst in den Augen des Mannes fand, dem das Feld gehörte. Er befahl seinen Arbeitern, absichtlich Ähren für Rut fallen zu lassen. Auch hier schenkte Gott seine Gunst in einer Krisensituation; er wendete die Situation von Rut und Noomi zum Guten und versah sie großzügig mit allem, was sie sich nur wünschen konnten.

Wenn Sie schwierige Zeiten durchmachen, dann seien Sie nicht mutlos und mürrisch, sondern entscheiden Sie sich, jetzt erst recht gunstorientiert zu denken.

~ 23. FEBRUAR ~

Gerade in schwierigen Situationen

Er ließ Josef in das Gefängnis werfen,
in dem die Gefangenen des Königs eingesperrt waren.
Doch der Herr war auch dort mit Josef und sorgte dafür,
dass Josef die Gunst des Gefängnisverwalters gewann.

1. MOSE 39,20–21

JOSEF IST EIN anderes biblisches Beispiel für einen Menschen, der in einer schwierigen Situation die Gunst Gottes fand. Er war als Sklave nach Ägypten verkauft und schlecht behandelt und ausgenutzt worden. Aber was auch immer seine Mitmenschen ihm antaten – die Bibel berichtet immer wieder, dass Gottes Gunst mit ihm war. Als Potifars Frau ihn verleumdete und behauptete, er hätte sie vergewaltigt, wurde er ins Gefängnis geworfen, aber auch dort war Gott bei ihm und segnete ihn. Er sorgte dafür, dass Josef schließlich entlassen wurde und die Verantwortung für die gesamte Landwirtschaft Ägyptens übernahm.

Die Gunst Gottes zeigte sich während einer Prüfungszeit, inmitten der Herausforderungen des Lebens. Wenn jemand Sie schlecht behandelt, wenn Sie in materiellen Schwierigkeiten stecken oder wenn Ihre ganze Welt zusammenbricht – dann rechnen Sie umso fester damit, dass sich Gottes Gunst in Ihrem Leben zeigen wird. Fangen Sie heute Morgen damit an!

~ 24. FEBRUAR ~

Verlieren Sie nicht den Mut

Doch ich vertraue fest darauf, dass ich noch sehen werde, wie gut Gott ist, solange ich lebe. Vertraue auf den Herrn! Sei mutig und tapfer und hoffe geduldig auf den Herrn!

PSALM 27,13–14

WENN SIE IN einer Haltung gläubiger Erwartung leben, dann wird sich die Gunst Gottes in Ihrem Leben bald erweisen, und die Umstände werden sich zu Ihrem Vorteil verändern. Denken Sie einmal an Hiob. Was er durchmachte, gehört zu den schlimmsten Prüfungen, die je ein Mensch ertragen musste. In weniger als einem Jahr verlor er seine Familie, seinen Besitz und seine Gesundheit. Sein ganzer Körper war von Geschwüren übersät und zweifellos litt er ständig unter Schmerzen. Aber inmitten dieser dunklen Stunden sagte Hiob zu Gott: „Leben und Gnade hast du mir geschenkt und deine Fürsorge hat mich bisher bewahrt“ (Hiob 10,12).

Ist es ein Wunder, dass Gott Hiob das Doppelte von dem zurückerstattete, was er vorher besaß? Hören Sie nie auf, mit Gott zu rechnen.

~ 25. Februar ~

Unterschätzen Sie niemals die Gunst Gottes

Doch auch wenn die Feigenbäume noch keine Blüten tragen
und die Weinstöcke noch keine Trauben, obwohl die Olivenernte spärlich
ausfällt und auf unseren Kornfeldern kein Getreide wächst,
ja selbst wenn die Schafhürden und Viehställe leer stehen,
will ich mich trotzdem über meinen Herrn freuen und jubeln.
Denn Gott ist mein Heil!

Habakuk 3,17–18

WENN SIE DAS Buch Hiob gelesen haben, haben Sie festgestellt: Obwohl sein Leid schon im ersten Kapitel begann, wurde er erst im 42. Kapitel befreit und geheilt. Aber von Anfang an, selbst in den dunkelsten Momenten, sagte Hiob: „Gott, es ist mir egal, wie die Umstände aussehen. Du bist ein guter Gott. Deine Gunst wird diese Situation umdrehen."

Vielleicht stecken auch Sie heute in einer Situation, die hoffnungslos zu sein scheint. Aber ich bitte Sie: Unterschätzen Sie niemals die Gunst Gottes. Halten Sie im Glauben an ihm fest. Gott hat versprochen, dass Ihnen Gutes widerfahren wird.

~ 26. Februar ~

Ihnen wird Gutes geschehen

Aber Joahas betete zum Herrn um Hilfe und der Herr erhörte sein Gebet. Der Herr sah, wie furchtbar der König von Aram Israel unterdrückte.

2. Könige 13,4

BEKENNEN SIE SELBST in Ihrer dunkelsten Stunde, dass Sie die Gnade Gottes besitzen, dann wird Sie auf Dauer nichts am Boden halten können. Petrus fordert uns auf: „Setzt eure ganze Hoffnung auf die Gnade, die euch bei der Wiederkehr von Jesus Christus erwartet“ (1. Petrus 1,13b). Sicher, dieser Vers verweist auf die zukünftigen Segnungen, die wir Christen empfangen werden, wenn Jesus wiederkommt. Aber er bringt auch eine Wahrheit zum Ausdruck, die heute schon gilt: Geben Sie nicht auf. Leben Sie in einer Haltung gläubiger Erwartung, und sprechen Sie von dem Guten, das Gott für Sie tun wird. Rechnen Sie mit der Gunst Gottes – er hat versprochen, dass Ihnen Gutes geschehen wird.

Wenn Sie Ihre Hoffnung auf den Herrn setzen, wird er Ihnen seine Gunst zuwenden. Vielleicht können Sie das im Moment noch nicht sehen, aber wenn sich seine Gunst manifestiert, dann werden die Umstände sich ändern.

~ 27. FEBRUAR ~

Leben Sie Ihren Traum

Bring deine Sorgen vor den Herrn, er wird dir helfen.
Er wird nicht zulassen, dass der Gottesfürchtige stürzt und fällt.

PSALM 55,23

ICH LERNTE EINMAL eine junge Frau kennen, die mir erzählte, wie sie es geschafft hatte, über 90 Kilo abzunehmen, nachdem sie zuvor vergeblich alle möglichen Diäten ausprobiert hatte. Sie sagte: „Eines Tages beschloss ich, mich selbst so zu sehen, wie ich sein wollte – wie ich abnahm und mit meinen Kindern spielte und tobte. Ich sprach Worte des Sieges über meinem Leben aus wie ‚Ich bin sehr wohl imstande, dieses Gewicht zu verlieren. Ich besitze Disziplin und Selbstkontrolle. Ich bin mehr als eine Überwinderin.'" Nachdem dieses neue Selbstbild in ihrem Inneren entstanden war, konnte Gott es ohne Probleme auch äußerlich sichtbar werden lassen. Heute lebt sie ihren Traum und freut sich über einen glücklicheren, gesünderen Lebensstil.

Sie müssen zuerst in Ihrem Inneren ein Bild von dem entwickeln, was Sie sein möchten – dann wird sich dieses Bild auch äußerlich in Ihrem Leben manifestieren.

~ 28. FEBRUAR ~

Öffne mir die Augen!

Da öffnete der Herr dem Diener die Augen, und als er aufblickte, sah er, dass das Bergland um Elisa herum voll feuriger Pferde und Streitwagen war.

2. KÖNIGE 6,17

ALS ICH EIN kleiner Junge war, hörte ich oft, wie mein Vater unserer Gemeinde sagte: „Ich möchte, dass ihr heute mit mir dort hinausblickt und das nagelneue Gottesdienstgebäude vor euch seht." Damals versammelten wir uns in einem kleinen, heruntergekommenen Gebäude, aber Daddy sagte: „Ich möchte, dass ihr ein fertig gebautes, schuldenfreies Gebäude vor euch seht." Die Leute, die an jenem Sonntag bei uns zu Gast waren, dachten wahrscheinlich, wir wären verrückt, als Daddy sagte: „Schließt eure Augen und seht das neue Gebäude mit mir mit den Augen des Glaubens. Seht es voller Menschen, die Gott anbeten." Wir sahen das Gottesdienstgebäude viele Jahre, bevor es gebaut wurde. Und heute wer-den in dem Gebäude der *Lakewood*-Gemeinde in Houston, das 16.000 Sitzplätze hat, jedes Wochenende vier Gottesdienste abgehalten.

Träumen Sie große Träume. Machen Sie keine kleinen Pläne.

~ 1. März ~

Stellen Sie sich vor, was Sie erträumen

Ich rate dir ... kaufe Salbe für deine Augen, damit du sehen kannst.

Offenbarung 3,18

SEHEN SIE IHR Leben mit den Augen des Glaubens? Was ich meine, ist Folgendes: Wenn wir die Augen schließen, sollten wir mehr sehen, als wenn wir sie offen haben. Sehen Sie, wie Ihre ganze Familie Gott dient. Sehen Sie, wie Sie selbst immer mehr leisten. Sehen Sie, wie Sie selbst immer stärker und gesünder werden und ein immer erfüllteres Leben führen. Sehen Sie, wie Gott Sie immer besser gebrauchen kann.

Nehmen Sie sich jeden Tag ein paar Minuten Zeit, um große Träume zu träumen. Schließen Sie die Augen, und stellen Sie sich vor, wie Ihre Träume in Erfüllung gehen. Stellen Sie sich vor, dass Sie keine Schulden mehr haben. Stellen Sie sich vor, wie Sie diese Sucht überwinden. Stellen Sie sich vor, was Sie in Ihrem Beruf erreichen. Wenn Sie dieses Bild in Ihrem Kopf und in Ihrem Herzen verankern können, kann Gott damit beginnen, es in Ihrem Leben umzusetzen.

~ 2. MÄRZ ~

Entwickeln Sie ein gesundes Selbstbild

Doch was immer ich jetzt bin, bin ich durch die Gnade Gottes – und seine Gnade blieb bei mir nicht ohne Wirkung.

1. KORINTHER 15,10

JEDER MENSCH HAT ein bestimmtes Bild von sich selbst. Psychologen haben bewiesen, dass wir uns nahezu immer so verhalten, wie es unserem Selbstbild entspricht. Wenn Sie sich als unbegabten, hässlichen, minderwertigen Menschen sehen, der seinen Aufgaben nicht gewachsen ist, werden Sie sich wahrscheinlich dementsprechend verhalten. Menschen, die sich selbst so sehen, wie Gott sie sieht, haben normalerweise keine Probleme damit, sich selbst zu lieben und anzunehmen. Sie können ehrlich sagen: „Danke, Vater, dass du mich so gemacht hast, wie ich bin. Ich möchte lieber ich selbst sein als jeder andere Mensch auf der Erde. Ich weiß, dass mein Leben sinnvoll ist und dass du einen Plan für mich hast, und ich kann es nicht erwarten, ihn zu entdecken!"

Wahre Selbstachtung kann nur auf dem basieren, was Gott über Sie sagt – nicht auf Ihren eigenen Gedanken oder Gefühlen. Sie sind so, wie Sie in Gottes Augen sind.

~ 3. März ~

Nach dem Bild Gottes geschaffen

Da sprach Gott: „Wir wollen Menschen schaffen nach unserem Bild, die uns ähnlich sind. Sie sollen über die Fische im Meer, die Vögel am Himmel, über alles Vieh, die wilden Tiere und über alle Kriechtiere herrschen." So schuf Gott die Menschen nach seinem Bild, nach dem Bild Gottes schuf er sie, als Mann und Frau schuf er sie.

1. Mose 1,26–27

IHR SELBSTBILD IST so etwas wie ein Selbstporträt; es bezeichnet, wie Sie sich selbst sehen und wofür Sie sich halten. Interessanterweise entspricht Ihr Selbstbild nicht unbedingt der Realität, sondern es zeigt, wie Sie sich selbst *einschätzen.* Wie Sie sich selbst sehen und einschätzen, ist von entscheidender Bedeutung für Ihr Leben, und zwar aus folgendem Grund: Sie werden wahrscheinlich so sprechen, handeln und reagieren wie der Mensch, der Sie *Ihrer Ansicht nach* sind. Die Wahrheit ist: Sie werden nie über das Bild hinauskommen, das Sie in Ihrem Inneren von sich selbst haben.

Glauben Sie heute Morgen daran, dass Sie nach dem Bild Gottes geschaffen sind!

~ 4. MÄRZ ~

Leben Sie, um Gott zu gefallen

Wie ihr seht, geht es mir nicht darum, Menschen zu gefallen! Nein, ich versuche, Gott zu gefallen. Wollte ich noch Menschen gefallen, wäre ich kein Diener von Christus.

GALATER 1,10

CARLY WAR ALS einzige Frau in einem von Männern dominierten Bereich beschäftigt und musste fast täglich neu darum kämpfen, Gehör zu finden. Manche lachten über ihr Äußeres oder ihren schleppenden Gang, andere machten hinter ihrem Rücken abfällige Bemerkungen. Aber Carly wusste, dass sie gute Arbeit leistete. Obwohl die Umstände gegen sie sprachen, erhielt sie eine Beförderung nach der anderen und wurde schließlich Generaldirektorin ihres Unternehmens.

Carlys Geheimnis ist ihr unglaublich positives Selbstbild. Als entschiedene Christin ist sie davon überzeugt, dass sie nach dem Bild Gottes geschaffen ist und dass er ihrem Leben Sinn und Wert verleiht. Sie kämpft nicht um die Anerkennung anderer Menschen und ist nicht auf Komplimente angewiesen, um sich gut zu fühlen. Carly ist ein wandelndes Vorbild dafür, wie Sie heute das Beste aus Ihrem Leben machen können.

~ 5. März ~

Gott liebt Sie bedingungslos

Wie klein und unbedeutend ist ... der Mensch und doch denkst du an ihn und sorgst für ihn! Denn du hast ihn nur wenig geringer als Gott gemacht und ihn mit Ehre und Herrlichkeit gekrönt.

Psalm 8,5–6

GOTT MÖCHTE, DASS wir ein gesundes, positives Selbstbild haben und dass wir uns als unendlich kostbare Schätze sehen. Er will, dass wir uns selbst gut leiden können. Er liebt uns trotz unserer Fehler und Schwächen. Er hat uns nach seinem Bild geschaffen, und er ist ständig damit beschäftigt, an uns zu arbeiten und uns zu formen, damit wir ihm noch ähnlicher werden.

Und weil unser himmlischer Vater uns so liebt, wie wir sind, müssen auch wir lernen, uns selbst mit all unseren Schwächen zu lieben. Sie dürfen den Kopf hoch tragen und mutig vorangehen, weil Sie wissen, dass Gott Sie bedingungslos liebt. Er liebt Sie aufgrund dessen, was Sie sind, nicht aufgrund dessen, was Sie tun. Er hat Sie als einzigartiges Individuum geschaffen. Es hat niemals einen Menschen gegeben, der genauso wie Sie ist, und es wird auch niemals einen solchen geben. Gott betrachtet Sie als sein besonderes Meisterstück!

Sehen Sie sich selbst mit Gottes Augen

Der Herr ist mit dir, tapferer Held!

Richter 6,12

ALS DER ENGEL des Herrn dem zukünftigen Richter Gideon erschien und ihm sagte, dass Gott ihn damit beauftrage, das Volk Israel aus der Hand der Midianiter zu befreien, lauteten seine ersten Worte: „Der Herr ist mit dir, tapferer Held!“ Gideon offenbarte, wie er sich selbst sah, als er antwortete: „Wie soll ich das Volk Israel befreien? Meine Sippe ist die kleinste im ganzen Stamm Manasse, und ich bin der Jüngste in meiner Familie“ (Richter 6,15).

Kommt Ihnen das irgendwie bekannt vor? So oft haben wir den Eindruck, dass Gott einen großen Auftrag für uns hat. Aber weil wir ein negatives Bild von uns selbst haben, sagen wir: „Gott, ich kann das nicht tun. Du musst jemanden finden, der qualifizierter und besser ausgebildet ist. Ich habe nicht das Zeug dazu!“ Sie fühlen sich vielleicht ungeeignet, unsicher, schwach, ängstlich und unbedeutend, aber in Gottes Augen sind Sie ein mutiger, erfolgreicher Mensch!

~ 7. März ~

Wenn Sie sich schwach fühlen

Da wandte sich der Herr zu ihm und sagte: „Geh mit der Kraft, die du hast, und rette Israel vor den Midianitern. Ich sende dich aus!"

Richter 6,14

DAS INTERESSANTE AN dieser Geschichte ist, dass Gideon sich selbst ganz anders sah, als Gott ihn sah. Obwohl Gideon sich für unfähig hielt, voller Angst war und kein Selbstvertrauen hatte, nannte Gott ihn einen tapferen Helden. Gideon fühlte sich schwach und unfähig, aber in Gottes Augen war er stark und fähig, sein Volk in den Kampf zu führen und es als Sieger daraus hervorgehen zu lassen. Und er schaffte es!

In Gottes Augen sind auch Sie ein Champion. Er glaubt an Sie und betrachtet Sie als einen mutigen, erfolgreichen Menschen. Vielleicht sehen Sie sich selbst nicht so, aber das ändert nichts an dem Bild, das Gott von Ihnen hat. Gott sieht Sie immer noch genau so, wie sein Wort Sie beschreibt. Lernen Sie, sich selbst so zu lieben, wie Ihr himmlischer Vater Sie liebt.

Gottes Augapfel

Behüte mich wie einen Augapfel und gib mir Zuflucht unter dem Schatten deiner Flügel.

Psalm 17,8

WISSEN SIE, WER Sie sind? Sie sind Gottes Augapfel. Ebenso wie sich die Pupille im Zentrum Ihres Auges befindet, stehen Sie im Zentrum von Gottes Aufmerksamkeit. Sie haben Gott nicht erwählt – er hat Sie erwählt. Schon ehe er Sie im Leib Ihrer Mutter formte, hat Gott Sie gesehen. Und die Bibel lehrt uns, dass Gott Sie bereits angenommen hat und liebt. Er billigt vielleicht nicht jede Entscheidung, die Sie getroffen haben, aber machen Sie sich diese enorm wichtige Wahrheit klar: Gott liebt und akzeptiert *Sie*.

Wenn Gott Sie so annimmt, wie Sie sind, warum nehmen Sie sich dann selbst nicht an? In der Bibel steht nicht, dass Gott Sie nur dann annimmt, wenn Sie keine Fehler machen und keine Schwächen haben. Nein, Gott akzeptiert Sie ohne Wenn und Aber und liebt Sie trotz Ihrer Fehler.

~ 9. MÄRZ ~

Gut genug

Also gibt es jetzt für die, die zu Christus Jesus gehören, keine Verdammnis mehr.

RÖMER 8,1

MANCHMAL SAGE ODER tue ich Dinge, die ich bereue. Manchmal habe ich eine falsche Einstellung. Manchmal bin ich egoistisch. Aber ich habe gelernt, Gott wegen meiner Fehler, Schwächen und Sünden um Vergebung zu bitten und weiter vorwärtszugehen. Ich habe nicht vor, mich selbst fertigzumachen, weil ich nicht vollkommen bin. Gott kennt mein Herz. Er weiß, dass ich zumindest mein Bestes versuche. Ich habe mich entschieden, den Kopf hoch zu tragen und mich selbst zu mögen, weil ich weiß, dass Gott mich annimmt.

Vielleicht gibt es in Ihrem Leben einige Problemzonen, an denen Sie noch arbeiten müssen, aber das ist in Ordnung. Sie müssen sich nicht selbst fertigmachen und verurteilen. Gott arbeitet ja an Ihnen und ist dabei, Sie zu verändern. Aber wenn Sie ständig mit sich selbst hadern, weil Sie das Gefühl haben, „nicht gut genug“ zu sein, dann boykottieren Sie dadurch nur Ihren eigenen geistlichen Fortschritt.

~ 10. März ~

Lernen Sie, sich selbst zu lieben

Denn das ganze Gesetz lässt sich in dem einen Wort zusammenfassen: „Liebe deinen Nächsten wie dich selbst."

Römer 8,14

LEIDER KÖNNEN VIELE Menschen sich selbst nicht wirklich leiden. In ihnen tobt ein ständiger Kampf. Unablässig denken oder reden sie negativ über sich selbst. Sie fühlen sich schuldig, minderwertig, unsicher und schlecht. Weil sie sich selbst ablehnen, kommen sie mit ihren Mitmenschen nicht zurecht.

Machen Sie nicht den Fehler, ständig unzufrieden zu sein mit sich selbst. Gott weiß, dass Sie nicht vollkommen sind und ein paar Fehler machen werden. Sie sind keine Überraschung für ihn. Er hat Sie gemacht. Er kennt Sie durch und durch, mit all Ihren Stärken und Schwächen, und liebt Sie dennoch. Sie dürfen ruhig etwas nachsichtig mit sich selbst sein und lernen, sich zu lieben und anzunehmen. Es ist in Ordnung, dass Sie sich dort wohlfühlen, wo Sie sind, während Gott dabei ist, Sie zu verändern und dahin zu bringen, wo er Sie haben will.

Seien Sie nicht so hart zu sich selbst

Und er fügt hinzu:
„Und ich werde nie wieder an ihr Unrecht und ihre Sünden denken."
Hebräer 10,17

Wir brauchen nicht so hart zu uns selbst zu sein, wenn wir es nicht schaffen, unseren eigenen unrealistischen Erwartungen zu entsprechen. „Aber ich habe immer wieder Wutanfälle", sagen Sie vielleicht, oder: „Ich habe versucht, mit dem Rauchen aufzuhören, und bin wieder und wieder gescheitert. Gott muss total enttäuscht von mir sein."

Ich bin nicht der Ansicht, dass es uns nichts ausmachen soll, wenn wir Fehler machen, keine Disziplin besitzen oder sündigen. Ich rede von Menschen, die sich von ganzem Herzen bemühen, richtig zu handeln, und die immer versuchen, ihr Bestes zu tun. Wenn Sie solch ein Mensch sind, dann lassen Sie sich keine Schuldgefühle einreden, die das Herz schwer machen. Die Wahrheit ist: Wenn Sie diese schlechte Gewohnheit überwunden haben, die Ihnen gerade Kummer bereitet, wird Gott einen anderen Bereich Ihres Lebens ans Licht bringen, in dem Sie sich verbessern müssen. Er ist ständig damit beschäftigt, an Ihrem Charakter zu arbeiten und Sie zu einem besseren, tüchtigeren Menschen zu machen.

~ 12. März ~

Kinder des allmächtigen Gottes

*In Jerusalem wird der Herr, der Allmächtige,
ein großes Fest für alle Völker ausrichten. Es wird köstliches Essen geben,
fette Speisen und leckeren Wein, Markspeisen und erlesene Weine.*

Jesaja 25,6

MANCHEN LEUTEN GEFÄLLT es, uns daran zu erinnern, dass wir „nichts als arme Sünder sind", aber wir sind Söhne und Töchter des allmächtigen Gottes. Als wir zu ihm kamen, hat er unsere Sünden abgewaschen (siehe 1. Korinther 6,9–11). Er hat uns zu neuen Menschen gemacht. In der Bibel steht: „Wer mit Christus lebt, wird ein neuer Mensch. Er ist nicht mehr derselbe, denn sein altes Leben ist vorbei. Ein neues Leben hat begonnen!" (2. Korinther 5,17). Durch Jesus sind wir vor Gott gerechtfertigt.

Statt mit einer „Ach-ich-Ärmster"-Haltung herumzulaufen und darauf zu hoffen, dass ab und zu ein Krümel für Sie abfällt, setzen Sie sich doch an den Tisch, den Gott für Sie gedeckt hat. Er hat ein tolles Menü für Sie vorbereitet. Er hält ein Leben in der Fülle für Sie bereit. Durch Ihre Adern fließt königliches Blut. Als Ihr himmlischer Vater das Universum erschuf, hat er bereits an Sie gedacht.

~ 13. März ~

Gottes Gnade genügt

Jedes Mal sagte er: „Meine Gnade ist alles, was du brauchst.
Meine Kraft zeigt sich in deiner Schwäche."
Und nun bin ich zufrieden mit meiner Schwäche,
damit die Kraft von Christus durch mich wirken kann.

2. Korinther 12,9

Gott liebt es, durch ganz normale Menschen wie Sie und mich, die mit Fehlern und Schwächen behaftet sind, außergewöhnliche Dinge zu tun. Ich möchte Sie fragen: Lassen Sie sich von Ihrer eigenen Unsicherheit und Ihren Schwächen davon abhalten, der Mensch zu werden, der Sie sein können? Lassen Sie sich von dem Gefühl Ihrer eigenen Unzulänglichkeit daran hindern, Großes von Gott zu erwarten? Gott möchte Sie trotz Ihrer Schwächen gebrauchen. Blicken Sie nicht auf Ihre Schwächen, blicken Sie auf Gott.

Vielleicht fühlen Sie sich aus eigener Kraft nicht dazu in der Lage, aber das ist völlig in Ordnung. Paulus hat geschrieben: „Denn wenn ich schwach bin, bin ich stark" (2. Korinther 12,10). Gottes Wort sagt, dass er immer dafür sorgt, dass wir triumphieren. Er erwartet von uns, dass wir ein Leben als Sieger führen.

Beginnen Sie, Gott zuzustimmen

Doch ich danke Gott, der uns, die wir zu Christus gehören, immer in seinem Triumphzug mitführt. Wo immer wir jetzt auch hinkommen, setzt er uns ein, um anderen vom Herrn zu erzählen und die gute Botschaft zu verbreiten wie einen wohlriechenden Duft.

2. Korinther 2,14

Es gefällt Gott nicht, wenn wir mit hängendem Kopf herumlaufen und ständig denken: *Ach, ich Ärmster, ich bin nur ein elender Wurm, der im Staub herumkriecht.* Wenn Sie das tun, dann lassen Sie zu, dass Ihr Selbstbild von unbiblischen Vorstellungen geprägt ist, die nicht mit dem übereinstimmen, was Gott von Ihnen denkt. Dieses negative Selbstbild hindert Sie daran, die Autorität auszuüben, die Gott Ihnen geschenkt hat, und es beraubt Sie der Erfahrung des überfließenden Lebens, das Ihr himmlischer Vater Ihnen schenken möchte.

Sie können das Bild, das Sie von sich selbst haben, ändern. Beginnen Sie damit, Gott zuzustimmen. Erinnern Sie sich: In Gottes Augen sind Sie ein starker, mutiger Mensch, der wertvoll ist und Respekt verdient. In seinen Augen sind Sie mehr als ein Überwinder. Er liebt Sie und hat Sie angenommen. Fangen Sie an, sich so zu sehen, wie Gott Sie sieht. Reden Sie sich nicht länger heraus, und beginnen Sie damit, im Glauben voranzuschreiten und zu tun, womit Gott Sie beauftragt hat.

~ 15. März ~

Nehmen Sie das Land ein

Wenn Gott für uns ist, wer kann da noch gegen uns sein?

Römer 8,31

WENN SIE EINER der zwölf Spione gewesen wären, die Mose nach Kanaan geschickt hatte, um das Land zu erkunden, wie würde Ihr Bericht heute Morgen lauten? Zehn der zwölf Spione meinten: „Es ist in der Tat ein Land, in dem Milch und Honig fließen, aber dort leben Riesen. Wir kamen uns neben ihnen wie Heuschrecken vor, Mose. Sie sind zu stark für uns. Wir werden sie niemals besiegen“ (vgl. 4. Mose 13,27–33). Im Vergleich zu den Riesen sahen sie sich selbst im Geist als kleine, hilflose Heuschrecken. Der Kampf war verloren, bevor er begonnen hatte.

Josua und Kaleb berichteten etwas völlig anderes. „Mose, wir sind sehr wohl dazu fähig, das Land einzunehmen“, sagten sie. „Ja, es leben Riesen dort, aber unser Gott ist viel größer. Weil er auf unserer Seite ist, werden wir es schaffen. Lass uns sofort hineingehen und das Land in Besitz nehmen.“ Mit welchen Riesen Sie auch immer konfrontiert sind, machen Sie dies zu Ihrem eigenen Bekenntnis.

~ 16. März ~

Sie sind ein „Ich-kann"-Mensch

Und wenn der Herr uns gut gesinnt ist, wird er uns in dieses Land bringen und es uns geben: Es ist ein Land, in dem Milch und Honig überfließen. Aber lehnt euch nicht gegen den Herrn auf und habt keine Angst vor den Bewohnern des Landes. Sie werden eine leichte Beute für uns sein! Sie haben keinen Schutz, aber mit uns ist der Herr! Habt also keine Angst vor ihnen!

4. Mose 14,8–9

JOSUA UND KALEB sahen die Riesen im verheißenen Land, setzten ihr Vertrauen auf Gott und weigerten sich, sich selbst als Heuschrecken zu sehen. Stattdessen sahen sie sich als Männer Gottes, die von ihm geführt und befähigt waren.

Was für eine großartige Wahrheit! Wir sind „Ich-kann"-Menschen, weil unser Gott so mächtig ist. Gott möchte, dass Sie ein „Ich-kann"-Mensch sind – jederzeit bereit und fähig, das zu tun, was er befiehlt. Zerstören Sie diese negativen Gedankengebäude, und sehen Sie sich selbst so, wie Gott Sie sieht. Programmieren Sie Ihr Denken durch das Wort Gottes um; ändern Sie Ihr negatives Selbstbild, und beginnen Sie, sich als einen glücklichen, erfolgreichen Menschen zu sehen, der das Leben eines Siegers führt.

~ 17. März ~

Achten Sie auf Ihren Umgang

Lasst euch ... nicht verführen,
denn schlechter Umgang verdirbt gute Sitten.

1. Korinther 15,33

WIE SEHEN SIE sich selbst? Sehen Sie sich als erfolgreichen Menschen – gesund, hoffnungsvoll und glücklich? Sehen Sie sich als einen Menschen, der von Gott gebraucht wird? Sehen Sie sich selbst als jemanden, der dazu fähig ist, das zu tun, was Gott von Ihnen möchte – stark durch die Verbindung mit dem Herrn und gestärkt von seiner Kraft?[1] Oder haben Sie eine „Heuschrecken-Mentalität“ entwickelt, die sagt: „Ich werde es im Leben nie zu etwas bringen. Meine Träume werden niemals in Erfüllung gehen. Meine Ehe ist nicht mehr zu retten; ich bin zu tief verschuldet. Ich werde nie aus dem Loch herauskommen, in dem ich stecke.“

Hüten Sie sich davor, sich mit Menschen einzulassen, die Sie durch ihre negative Haltung und ihre mangelnde Selbstachtung der wunderbaren Dinge berauben, die Gott für Sie hat. Gott will, dass Sie im Leben Großartiges erreichen, und er hat ein enormes Potenzial und unglaubliche Gaben und Talente in Sie hineingelegt, um Sie dazu zu befähigen.

---

1 s. Epheser 6,10

~ 18. MÄRZ ~

Nehmen Sie Ihr Geburtsrecht in Anspruch

Ich habe dich schon immer geliebt.
Deshalb habe ich dir meine Zuneigung so lange bewahrt.

JEREMIA 31,3

MEIN VATER WUCHS in einer jener allerärmsten Baumwollpflücker-Familien auf, die alles, was sie jemals besessen hatten, während der großen Depression verloren. Mit 17 Jahren ließ er Gott in sein Herz und erzählte mir später: „An jenem Tag traf ich die feste Entscheidung, dass meine eigene Familie niemals die Armut und den Mangel erleben würde, die meine Kindheit geprägt hatten." Er untersuchte die Bibel daraufhin, was Gott über ihn sagte, und er begann, sich selbst anders zu sehen. Er sah sich nicht länger als armes, unterdrücktes Bauernkind ohne Zukunft, sondern als Kind des höchsten Gottes. Er erhob sich über seine damaligen Umstände und durchbrach den Fluch der Armut, der über unserer Familie lag.

Kein Wunder, dass mein Dad in jedem Gottesdienst seine Bibel hochhielt und sagte: „Das ist meine Bibel. Ich bin, was sie sagt, dass ich bin. Ich habe, was sie sagt, dass ich habe." Tun Sie das auch jeden Morgen – Sie werden staunen, was geschehen kann.

~ 19. März ~

Gott freut sich über Sie

Sorgt dafür, dass ihr fest steht, indem ihr euch mit dem Gürtel der Wahrheit und dem Panzer der Gerechtigkeit Gottes umgebt.

Epheser 6,14

IN DER ENGLISCHEN Bibelübersetzung „The Living Bible“ lautet der oben zitierte Vers folgendermaßen: „Ihr braucht als Brustpanzer die Gewissheit, dass Gott sich über euch freut.“ Gleichgültig, wie Sie sich fühlen oder was Sie am Tag zuvor falsch gemacht haben – Sie dürfen jeden Morgen aufstehen und sagen: „Danke, Vater, dass du mir vergeben hast. Ich danke dir dafür, dass du dich über mich freust und dass ich dein(e) Freund(in) bin.“

Wenn Sie das tun, werden Sie staunen, was geschieht. Ihr gesamtes Selbstbild wird sich verändern. Die schwere Last der Schuld und Verdammnis wird von Ihnen genommen. Sie können sich wieder freuen. Sie gehen den Tag mit einer ganz neuen Einstellung an. Aber das geschieht nicht automatisch; es ist etwas, was Sie tun müssen. Ebenso wie wir jeden Morgen unsere Kleidung anziehen, müssen wir uns ganz bewusst in die Gewissheit einhüllen, dass Gott sich über uns freut.

~ 20. MÄRZ ~

Seien Sie furchtlos wie ein Löwe

Der gottlose Mensch läuft fort, ohne dass er gejagt wird,
der gottesfürchtige aber ist furchtlos wie ein Löwe.

SPRÜCHE 28,1

LASSEN SIE NICHT zu, dass Sie von einer dunklen Wolke überschattet werden. Schütteln Sie dieses Gefühl der Wertlosigkeit ab. Vielleicht haben Sie eine Menge Fehler. Aber denken Sie daran: Gott arbeitet noch an Ihnen. Sie sind vielleicht noch nicht so, wie Sie sein möchten, aber zumindest können Sie Gott dafür danken, dass Sie nicht mehr so sind, wie Sie einmal waren. Blicken Sie nicht länger darauf, wie weit Sie noch gehen müssen – blicken Sie darauf, wie weit Sie schon gekommen sind.

Gott sieht Sie als den Menschen, der Sie werden können. Er richtet den Blick nicht auf das, was Sie heute sind, er richtet den Blick auf Ihre Möglichkeiten und auf das, was Sie werden können – ein Löwe. In Gottes Augen sind Sie ein Rohdiamant. Vielleicht muss er noch vieles an Ihnen zurechtschleifen. Das ist völlig in Ordnung; das muss er mit jedem von uns machen. Aber er wird weiter an Ihnen arbeiten und Sie so verändern, wie er Sie haben möchte.

~ 21. März ~

In Ihnen steckt mehr

Jesus sah ihn aufmerksam an und sagte:
„Du bist Simon, der Sohn des Johannes –
doch du wirst Kephas genannt werden“ (das bedeutet: Petrus).

Johannes 1,42

Als Jesus Simon aufforderte, ihm nachzufolgen, war dieser anmaßend, hitzig, selbstsüchtig und voller Vorurteile – ganz abgesehen davon, dass er manchmal Schimpfworte gebrauchte. Warum hat Gott ihn trotzdem erwählt? Weil Gott das Herz ansieht. Wir Menschen schauen auf das Äußere, aber Gott schaut tief in einen Menschen hinein und sieht, was aus ihm werden kann. Dadurch, dass er ihm den neuen Namen Petrus (Fels) gab, sagte Jesus: „Wenn ich mit dir fertig bin, wird ein viel Größerer aus dir geworden sein.“

Auch in Sie hat Gott viel mehr hineingelegt, als Sie sich auch nur vorstellen können. Sie haben Gaben und Talente, die niemand anders sehen kann. Gott hat Sie mit der Fähigkeit ausgestattet, Großes zu erreichen. Warum hören Sie nicht auf, darauf zu blicken, was Sie nicht können, und schauen stattdessen auf das, was Gott tun kann? Es kommt nicht darauf an, wo Sie stehen; es kommt darauf an, wohin Gott Sie bringen kann.

~ 22. MÄRZ ~

Wir sind in guten Händen

Wie der Ton in der Hand des Töpfers, so bist du in meiner Hand.

JEREMIA 16,6B

DER GROSSE BILDHAUER Michelangelo hatte gerade damit begonnen, einen riesigen Felsblock mit Hammer und Meißel zu bearbeiten, um ihn in ein Kunstwerk zu verwandeln. Er wusste, dass es ein langwieriger, mühevoller Prozess sein würde. Jemand kam vorbei und fragte ihn: „Warum verschwendest du deine Zeit mit diesem hässlichen Felsen?" Michelangelo erwiderte: „Ich sehe einen wunderschönen Engel, der in diesem Felsblock gefangen ist, und ich werde mein Bestes tun, um ihn zu befreien."

Und genau so sieht Gott auch uns. Sie haben vielleicht das Gefühl, nicht mehr wert zu sein als ein nutzloser Felsklumpen. Aber wenn Gott Sie anschaut, sieht er einen wertvollen Sohn oder eine wertvolle Tochter, die er nach seinem eigenen Bild erschaffen hat. Er hämmert und schleift an Ihnen herum, um die rauen, hässlichen Kanten abzuschlagen, und formt und gestaltet Sie, bis er den Engel aus dem Felsen befreit hat.

~ 23. März ~

Tun Sie Ihren Teil

Weil Gott so gnädig ist, hat er euch durch den Glauben gerettet. Und das ist nicht euer eigenes Verdienst; es ist ein Geschenk Gottes.

Epheser 2,8

GOTT IST EIN Gott der zweiten Chance – und der dritten, vierten und vieler weiterer Chancen. Er liebt Sie und freut sich über Sie. Das tut er nicht aufgrund Ihrer Leistungen, sondern einzig und allein aufgrund der Tatsache, dass Sie sein Kind sind und dass er das Beste in Ihnen sieht. Nichts, was Sie selbst tun können, und nichts, was ein anderer Mensch tun kann, wird jemals den Wert verändern, den Sie in Gottes Augen haben.

Aber Sie müssen Ihren Teil tun. Hören Sie auf, sich ständig mit Ihren Fehlern zu beschäftigen. Befassen Sie sich nicht länger mit der Frage, was an Ihnen alles nicht in Ordnung ist. Wenn Sie Fehler machen, dann bitten Sie um Vergebung, und gehen Sie zur Tagesordnung über. Machen Sie sich keine übermäßigen Sorgen, wenn Sie sich nicht so schnell verändern, wie Sie sich das wünschen würden. Halten Sie Ihren Blick auf das gerichtet, was aus Ihnen werden kann, und Gott wird Sie dorthin bringen, wo er Sie haben will.

~ 24. März ~

Als wertvolle Menschen geschaffen

Ich bin ganz sicher, dass Gott, der sein gutes Werk in euch angefangen hat, damit weitermachen und es vollenden wird bis zu dem Tag, an dem Jesus Christus wiederkommt.

Philipper 1,6

Wenn wir lernen wollen, uns so zu sehen, wie Gott uns sieht, müssen wir uns des Wertes bewusst werden, den Gott in uns hineingelegt hat. Ihr Selbstwertgefühl darf sich nicht auf Ihre Leistungen gründen, nicht darauf, was Sie erreicht haben, wie andere Sie behandeln oder wie beliebt oder erfolgreich Sie sind. Wir können uns unseren Wert nicht verdienen – Gott hat ihn bereits in uns hineingelegt, als er uns geschaffen hat.

Sie sind ein einzigartiges Geschöpf und können dieser Welt etwas geben, das niemand sonst hat und niemand sonst ist. Ihr Selbstwertgefühl sollte einzig und allein auf der Tatsache beruhen, dass Sie ein Kind des allerhöchsten Gottes sind. Lernen Sie, glücklich mit sich selbst zu sein, so wie Gott Sie geschaffen hat.

~ 25. März ~

Wir sind Gottes Werk

Von uns allen wurde der Schleier weggenommen, sodass wir die Herrlichkeit des Herrn wie in einem Spiegel sehen können. Und der Geist des Herrn wirkt in uns, sodass wir ihm immer ähnlicher werden und immer stärker seine Herrlichkeit widerspiegeln.

2. Korinther 3,18

DIE BIBEL WEIST uns darauf hin, dass wir Gottes Werk sind (Epheser 2,10). Das Wort „Werk" kommt von „wirken" – Gott *wirkt* in uns, wir sind wie ein Produkt, das sich noch in Arbeit befindet. Unser ganzes Leben lang arbeitet Gott an uns und macht uns Schritt für Schritt zu den Menschen, die wir nach seinem Plan sein sollen. Der Schlüssel zum zukünftigen Erfolg ist: Lassen Sie sich nicht durch Ihre Vergangenheit oder Ihre gegenwärtige Situation entmutigen, während Gott damit beschäftigt ist, Sie zu „vervollkommnen".

Gott liebt Sie bedingungslos. Sie verstehen vielleicht nicht alles, was Sie derzeit durchmachen. Aber Sie dürfen den Kopf hoch tragen: Gott hat alles in seiner Hand und er hat einen großartigen Plan für Ihr Leben. Ihre Träume haben sich vielleicht nicht so verwirklicht, wie Sie das gehofft hatten, aber die Bibel sagt, dass Gottes Wege besser und höher sind als unsere Wege.

~ 26. März ~

Sie sind unendlich wertvoll

Und wären wir hoch über dem Himmel oder befänden uns in den tiefsten Tiefen des Ozeans, nichts und niemand in der ganzen Schöpfung kann uns von der Liebe Gottes trennen, die in Christus Jesus, unserem Herrn, erschienen ist.

Römer 8,39

STELLEN SIE SICH heute Morgen einmal vor, ich würde Ihnen einen nagelneuen Hundertdollarschein geben. Würden Sie ihn wollen? Wahrscheinlich schon! Wenn ich ihn zerknittern würde, würden Sie ihn trotzdem noch wollen. Und wenn ich ihn auf den Boden werfen und darauf herumtrampeln würde, bis das Bild auf dem Schein kaum noch zu erkennen wäre, würden Sie ihn trotzdem noch wollen, weil Sie wissen, dass er trotz der rauen Behandlung, die er erfahren hat, immer noch denselben Wert hat.

Genau so sieht Gott jeden Einzelnen von uns. Wir alle haben mit Herausforderungen und Schwierigkeiten zu kämpfen. Manchmal fühlen wir uns wie dieser Hundertdollarschein, ganz zerknittert und beschmutzt. Aber dennoch werden wir unseren Wert niemals verlieren. Denn der Schöpfer des Universums hat ihn in uns hineingelegt und niemand kann ihn uns nehmen.

~ 27. März ~

Gottes geliebtes Kind

Wenn selbst Vater und Mutter mich verlassen, wird doch der Herr mich aufnehmen.

Psalm 27,10

VIELLEICHT HABEN SIE schmerzhafte, traumatische Erfahrungen gemacht, als Sie von jemandem misshandelt, benutzt oder zurückgewiesen wurden. Vielleicht hat Ihr Mann oder Ihre Frau Sie verlassen und Sie haben sehr unter der Scheidung gelitten. Vielleicht hat sich ein guter Freund ohne Grund von Ihnen abgewandt. Oder vielleicht haben Sie sich als Kind abgelehnt gefühlt und nun leiden Sie unter Scham- und Schuldgefühlen. Vielleicht haben Sie sich sogar eingeredet, dass all das Negative, das Ihnen im Leben passiert ist, Ihre Schuld war.

Glauben Sie mir, nichts ist weiter von der Wahrheit entfernt. Sie dürfen nicht zulassen, dass Ihre Selbstachtung und Ihr Selbstwertgefühl davon abhängen, wie andere Menschen Sie behandeln. Gott nimmt uns an, selbst wenn alle anderen Menschen auf der Welt uns ablehnen. Er schließt Sie in seine Arme und macht Sie zu seinem eigenen Kind.

~ 28. März ~

Singen Sie ein neues Lied

Er rettete mich aus dem Sumpf der Verzweiflung, aus Matsch und Schlamm. Er stellte mich auf festen Boden und gab meinen Füßen festen Halt. Er legte mir ein neues Lied in meinen Mund, mit dem ich unseren Gott loben kann.

Psalm 40,3–4a

VIELLEICHT LEBEN ODER arbeiten Sie mit jemandem zusammen, der Sie ständig verletzt, kritisiert und niedermacht. Lassen Sie dieses dumme Gerede einfach an sich abprallen. Erinnern Sie sich selbst ständig daran, dass Sie nach dem Bild des allmächtigen Gottes geschaffen sind und dass er Sie mit Ehre und Herrlichkeit gekrönt hat. Lassen Sie nicht zu, dass andere Menschen Spielchen mit Ihnen spielen und Ihnen einreden, dass Ihr Wert gesunken sei.

Gott möchte Ihnen ein neues Lied ins Herz legen; er möchte Sie mit Hoffnung erfüllen. Er will, dass Sie wissen, dass er Sie mehr liebt, als Sie sich das vorstellen können, und dass er aus Ihren zerplatzten Träumen etwas Wunderbares machen kann.

~ 29. März ~

Ändern Sie Ihre Erwartungen

Höre meine Stimme am Morgen, Herr.
Früh am Morgen trage ich dir meine Bitten vor
und warte voll Ungeduld.

Psalm 5,4

UNSERE ERWARTUNGEN ÜBEN einen gewaltigen Einfluss auf unser Leben aus. Wir bekommen im Leben nicht immer das, was wir verdienen, aber wir bekommen normalerweise nicht mehr, als wir erwarten. Wie viel oder was wir bekommen, hängt von unserem Glauben ab. Unglücklicherweise funktioniert dieses Prinzip im negativen Sinne ebenso gut wie im positiven. Viele Menschen erwarten Niederlagen, Versagen und Mittelmäßigkeit, und sie bekommen normalerweise das, was sie erwarten.

Aber Sie können Ihren Glauben auch dafür einsetzen, um Gutes zu bekommen. Der Schlüssel ist, dass Sie gute Dinge von Gott erwarten. Wenn Sie mit Schwierigkeiten zu kämpfen haben, dann bitten Sie Gott um Weisheit, und ändern Sie Ihre Erwartungen. Selbst wenn Ihnen der Boden unter den Füßen weggezogen wird, sollte Ihre Haltung sein: *Gott, ich weiß, dass du diese Situation umdrehen und zu meinem Besten gebrauchen wirst. Wenn du mich da hindurchgebracht hast, werde ich stärker sein als je zuvor.*

~ 30. März ~

Sie werden das, was Sie glauben

Wenn ihr nicht glaubt, dann werdet ihr nicht bestehen.

Jesaja 7,9

Bitte verstehen Sie eines: Gott will Ihnen helfen, aber die Entscheidung liegt bei Ihnen. Wenn Sie beschließen, sich weiterhin auf das Negative in Ihrem Leben zu konzentrieren, wenn Sie auf das schauen, was Sie nicht können und was Sie nicht haben, dann stellen Sie durch Ihre eigene Entscheidung die Weichen für Ihr Scheitern. Sie verschwören sich mit dem Feind und öffnen ihm die Tür, indem Sie zulassen, dass negative Gedanken, Worte, Handlungen und Haltungen Ihr Leben beherrschen.

Wenn Sie sich jedoch auf Gottes Seite stellen, indem Sie sich auf Ihre Möglichkeiten konzentrieren, veranlasst Ihr Glaube Gott dazu, aktiv zu werden und auf übernatürliche Weise in Ihr Leben einzugreifen. Aber es ist Ihre Entscheidung. Es hängt alles von Ihrer Perspektive ab. Machen Sie sich bewusst: Sie sind heute das, was Sie gestern von sich geglaubt haben. Und Sie werden morgen sein, was Sie gerade jetzt von sich glauben.

~ 31. März ~

Was Sie glauben, wird geschehen

Was menschlich gesehen unmöglich ist, ist bei Gott möglich.

Lukas 18,27

VIELLEICHT SAGEN SIE mir heute Morgen: „Ich will mir einfach keine Hoffnungen machen, Joel. Ich habe gebetet. Ich habe alles getan, was ich tun konnte. Nichts hat sich verändert. Wenn ich mir keine Hoffnungen mache und nichts passiert, dann bin ich wenigstens nicht enttäuscht."

Aber ich sage Ihnen: Sie *müssen* sich Hoffnungen machen. Wenn Sie keine Hoffnung haben, werden Sie keinen Glauben haben. Denken Sie nur an die faszinierende Geschichte von den beiden Blinden, die hörten, dass Jesus vorbeikam. Als Jesus ihr Rufen hörte, stellte er ihnen eine interessante Frage: „Glaubt ihr, dass ich euch das Augenlicht wiedergeben kann?" – „Ja, Herr", antworteten die Blinden. Die Bibel berichtet weiter: „Da berührte er ihre Augen und sagte: ‚Weil ihr glaubt, wird es geschehen.'" Was für ein mächtiges Wort. *Was Sie glauben, wird geschehen!*

~ 1. APRIL ~

Ihr Glaube wird Ihnen helfen

(Gott sagte zu Abraham:) „Ich will dich segnen und du sollst in der ganzen Welt bekannt sein. Ich will dich zum Segen für andere machen."

1. MOSE 12,2B

NACHDEM DIE BEIDEN Blinden in der gestrigen Geschichte Jesus gesagt hatten, dass sie daran glaubten, dass er sie heilen könnte, heißt es in Matthäus 9 weiter: „Da berührte er ihre Augen und sagte: ‚Weil ihr glaubt, wird es geschehen.' Und auf einmal konnten sie sehen!" Beachten Sie: Es war ihr Glaube, der ihnen Heilung brachte.

Was glauben Sie? Glauben Sie, dass Sie auf eine höhere Ebene gelangen und die Hindernisse, die Ihnen im Weg stehen, überwinden werden? Dass Sie ein Leben in Gesundheit, Überfluss und Sieg führen werden? Sie werden bekommen, was Sie glauben. Sie brauchen sich nicht den Kopf darüber zu zerbrechen, wie Gott Ihre Probleme lösen oder das Erbetene geschehen lassen wird. Das ist seine Verantwortung. Ihre Aufgabe besteht darin zu glauben. Ihr Glaube wird Ihnen helfen, alle Hindernisse, die sich Ihnen in den Weg stellen, zu überwinden.

~ 2. APRIL ~

Ein Leben voller Liebe

Du öffnest deine Hand, um sie zu ernähren, und sie werden satt.

PSALM 104,28B

WENN SIE SCHWIERIGE Zeiten durchleben oder die Dinge sich nicht so entwickeln, wie Sie sich das wünschen, halten Sie im Glauben an Gott fest. Wenn Sie deprimierende Erfahrungen machen oder die Leute Ihnen sagen, dass Ihre Träume niemals in Erfüllung gehen werden, dann rufen Sie sich mutig ins Gedächtnis, dass Gott Türen aufmacht und Ihnen neue Möglichkeiten eröffnet.

Gott will nicht, dass Sie sich Tag für Tag mühsam durchs Leben schleppen. Fassen Sie heute Mut, daran zu glauben, dass Gott Größeres tun will. Wagen Sie zu glauben, dass er Ihre Ehe in Ordnung bringen kann. Wagen Sie zu glauben, dass er Ihnen Gesundheit und Wohlstand schenken kann. Gott möchte, dass Sie ein gutes Leben haben, ein Leben voller Liebe, Freude, Frieden und Erfüllung. Das bedeutet nicht, dass es immer leicht sein wird, aber es wird immer *gut* sein. Gott sorgt dafür, dass für die Menschen, die ihn lieben, alles zum Guten führt (vgl. Römer 8,28).

~ 3. APRIL ~

Nähren Sie die Hoffnung

Hört zu! Die Hand des Herrn ist nicht zu kurz, um euch zu helfen, und er ist nicht taub, dass er euch nicht hören würde.

JESAJA 59,1

VIELLEICHT SIND IN Ihrem Leben so furchtbare Dinge geschehen, dass Sie all Ihre Träume begraben haben. Sie treiben durchs Leben und nehmen mit dem vorlieb, was sich eben ergibt. Vielleicht sagen Sie sich: „Ich habe schon zu lange so gelebt. Das wird einfach nicht mehr besser. Ich habe gebetet, ich habe geglaubt, ich habe alles getan, was ich konnte. Nichts hat funktioniert. Mein Leben ist ein einziger Scherbenhaufen. Zerbrochene Eier kann man nicht mehr zusammensetzen." Und das stimmt auch – aber Gott kann zerbrochene Eier nehmen und ein tolles Omelett daraus machen.

Ich sage Ihnen heute: Wenn Sie keinen Glauben haben, können Sie Gott nicht gefallen, und Sie werden nicht erleben, wie sich seine Kraft in Ihrem Leben zeigt. Gleichgültig, wie viele Rückschläge Sie schon erlebt haben, Gott hat immer noch einen großartigen Plan für Ihr Leben. Nähren Sie die Hoffnung in Ihrem Herzen. Geben Sie Ihre Träume niemals auf.

~ 4. APRIL ~

Kämpfen Sie den guten Kampf des Glaubens

Doch keine Waffe, die gegen dich geschmiedet ist, wird erfolgreich sein. Und wer dich vor Gericht verklagt, den wirst du widerlegen. All diese Dinge werden den Dienern des Herrn zugutekommen; von mir wird ihre Rechtfertigung ausgehen. Ich, der Herr, gebe darauf mein Wort.

JESAJA 54,17

MACHEN SIE SICH nichts vor – Sie werden in Ihrem Leben mit Widerständen zu kämpfen haben. Es werden Waffen gegen Sie geschmiedet werden und sie können gefährlich und beängstigend sein. Aber Sie werden nicht untergehen, Sie werden durchkommen. In der Bibel steht: „Wer auf den Herrn vertraut, erleidet zwar vieles, doch der Herr errettet ihn aus aller Not“ (Psalm 34,20).

Wenn Sie in Schwierigkeiten geraten oder die Dinge sich anders entwickeln, als Sie sich das vorstellen, bleiben Sie zuversichtlich. Paulus schreibt, dass wir uns der ganzen Waffenrüstung Gottes bedienen sollen. Dann werden wir dem Bösen widerstehen und aufrecht stehen können, wenn wir den Kampf gewonnen haben (Epheser 6,13). Beten Sie weiter, glauben Sie weiter, singen Sie weiter Loblieder. Kämpfen Sie den guten Kampf des Glaubens. Gott hat versprochen, Ihnen den Sieg zu schenken, wenn Sie das tun.

~ 5. April ~

Das Unsichtbare sehen

Durch den Glauben verließ Mose das Land Ägypten.
Er hatte keine Angst vor dem König, sondern ging unerschütterlich weiter,
weil er den Blick fest auf den richtete, der unsichtbar ist.

Hebräer 11,27

DIE WELT SAGT: „Ich glaube nur, was ich sehe." Aber Gott sagt genau das Gegenteil: „(Der Glaube) ist das Vertrauen darauf, dass das, was wir hoffen, sich erfüllen wird, und die Überzeugung, dass das, was man nicht sieht, existiert" (Hebräer 11,1). Nur wenn Sie es glauben, werden Sie es jemals sehen. Erst wenn Sie es im Glauben sehen, kann es sich in der sichtbaren Welt manifestieren.

Fangen Sie heute Morgen an zu glauben, dass das, was Sie gehofft haben, geschehen wird, dass das Gute auf dem Weg zu Ihnen ist. Vielleicht haben Sie viele Probleme, und es sieht nicht so aus, als könnte sich das alles noch irgendwann bessern. Verlieren Sie nicht den Mut! Blicken Sie in die unsichtbare Welt hinein, in die übernatürliche Welt, und sehen Sie mit den Augen des Glaubens, wie sich diese Situation umdreht. Sehen Sie vor sich, wie Freude und Frieden in Ihr Leben zurückkehren.

Der Schlüssel zur Erfüllung

Und da Abraham und Sara beide alt waren ... lachte sie leise. „Jetzt, nachdem ich verwelkt bin, sollte ich noch an Liebeslust denken?!", dachte sie. „Und mein Mann ist ja auch schon viel zu alt!"

1. MOSE 18,11–12

BEINAHE 20 JAHRE, nachdem Gott Abraham versprochen hatte, dass er und Sara ein Kind bekommen sollten, wurde der kleine Isaak geboren. Als Sara die Verheißung zum zweiten Mal hörte, waren sie und Abraham fast 100 Jahre alt, und sie lachte. Sie sagte wahrscheinlich: „Das ist unmöglich, Abraham. Ich bin zu alt." Dennoch wurde Sara schwanger. Was hatte sich geändert? Ich bin davon überzeugt, der Schlüssel dafür, dass die Verheißung in Erfüllung gehen konnte, war: Sara musste das Kind in ihrem Herzen empfangen, bevor sie es in ihrem Körper empfangen konnte. Und ich glaube, der Hauptgrund dafür, dass Isaak nicht früher geboren wurde, war schlicht und einfach die Tatsache, dass Sara ihn nicht mit den Augen ihres Glaubens sehen konnte.

Haben auch Sie eine Verheißung von Gott empfangen, die noch darauf wartet, dass Sie daran glauben?

~ 7. April ~

Leben in ganzer Fülle

Ich aber bin gekommen, um ihnen das Leben in ganzer Fülle zu schenken.

Johannes 10,10b

WENN SIE DIESE Verheißung Jesu lesen, besteht Ihre erste Reaktion dann darin, dass Ihnen lauter Gründe einfallen, warum das auf Sie nicht zutreffen kann? „Gott, ich kann nicht mehr gesund werden, bei mir liegt einfach zu viel im Argen. Ich könnte nie wohlhabend werden. Mir fehlen einfach die Voraussetzungen; ich habe ja noch nicht mal Abitur. Ich bin zu alt. Ich bin zu jung. Als Frau habe ich da eh keine Chance. Ich habe die falsche Hautfarbe." Und die ganze Zeit versucht Gott, eine neue Saat in uns auszusäen. Er möchte, dass sie auf fruchtbaren Boden fällt. Denn er weiß, wenn wir den Sieg nicht durch den Glauben in unserem Herzen empfangen, wird er sich in unserem Leben niemals zeigen.

Gott ist nicht an die Naturgesetze gebunden. Und wenn Sie die Saat, die Gott in Ihr Herz legt, aufgehen lassen, damit sie wachsen kann, und Ihr Vertrauen auf den Herrn setzen, dann wird er das Unmögliche tun.

~ 8. April ~

Der Preis ist bezahlt

Gott hat einen hohen Preis für euch bezahlt,
deshalb werdet nicht Sklaven von Menschen.

1. Korinther 7,23

VOR VIELEN JAHREN reiste einmal ein Mann mit einem Passagierschiff über den Atlantik. Während der Überfahrt ging er nie in den Speisesaal. Stattdessen setzte er sich während der Essenszeiten in eine Ecke und verzehrte dort seine Cracker mit Käse. Gegen Ende der Überfahrt kam ein anderer Passagier auf ihn zu und fragte: „Warum kommen Sie eigentlich nicht mit uns in den Speisesaal und essen dort?“ Der Angesprochene lief rot an vor Scham. „Um Ihnen die Wahrheit zu sagen, ich hatte nur so viel Geld, dass ich die Fahrkarte kaufen konnte.“ Der andere Passagier schüttelte den Kopf und sagte: „Aber mein Herr, die Mahlzeiten sind doch im Fahrpreis inbegriffen!“

Viele von uns nehmen das Gute, das Gott für uns hat, nicht in Anspruch, weil uns nicht klar ist, dass die guten Dinge im Leben bereits bezahlt sind. Sie sind in der Erlösung inbegriffen, die Jesus am Kreuz für uns erwirkt hat. Lassen Sie die Käsecracker stehen – Gott hat etwas viel Besseres für Sie vorbereitet!

~ 9. April ~

Kommen Sie zum Festessen

Schmecke und sieh, dass der Herr gut ist.
Freuen darf sich, wer auf ihn vertraut!

Psalm 34,9

VIELE VON UNS laufen mit der Einstellung herum, dass wir nur arme Würmchen sind, die im Staub herumkriechen. Jedes Mal, wenn wir zurückschrecken und sagen: „Nein, das schaffe ich nicht, ich habe nicht das Zeug dazu“, verhalten wir uns dieser Haltung entsprechend. Wenn wir voller Angst, Kummer und Sorgen durch den Tag gehen oder nervös und angespannt sind, leben wir mit einer Wurm-Mentalität.

Es ist Zeit, Gottes Speisesaal zu betreten. Er hat ein herrliches Festessen für Sie vorbereitet, das alle Köstlichkeiten enthält, die Sie sich nur vorstellen können. Gott hält alles für Sie bereit, was Sie benötigen – Freude, Vergebung, Wiederherstellung, Frieden, Heilung – was auch immer Sie brauchen, um Ihr volles Potenzial auszuleben. Es steht auf Gottes Buffet und wartet auf Sie, wenn Sie sich Ihren Stuhl heranziehen und den Platz einnehmen, den Gott für Sie vorbereitet hat. Und das Beste von allem ist: Es ist schon alles bezahlt.

~ 10. April ~

Zapfen Sie Ihr Potenzial an

Wir loben Gott, den Vater von Jesus Christus, unserem Herrn, der uns durch Christus mit dem geistlichen Segen in der himmlischen Welt reich beschenkt hat.

Epheser 1,3

WENN WIR LERNEN wollen, uns so zu sehen, wie Gott uns sieht, gehört dazu unbedingt, dass wir eine positive Grundhaltung entwickeln. Gott hat Sie bereits mit allem ausgerüstet, was Sie brauchen, um ein reiches, ausgefülltes Leben zu führen und die Bestimmung zu erfüllen, die er in Sie hineingelegt hat. Er hat Ihnen ein unglaubliches Potenzial an Möglichkeiten, kreativen Ideen und Träumen mitgegeben. Aber Sie müssen auch lernen, sie anzuzapfen.

Sie müssen ohne den Hauch eines Zweifels daran glauben, dass Sie das Zeug dazu haben, Großartiges zu erreichen. Gott hat Ihnen die Gaben und Fähigkeiten, die Weisheit und die übernatürliche Kraft geschenkt, die Sie dafür benötigen. Heute Morgen hat Gott für Sie alles, was Sie brauchen. Freuen Sie sich im Herrn, und machen Sie eifrig Gebrauch von allem, was er Ihnen geschenkt hat.

Mehr als Überwinder

Aber trotz alldem tragen wir einen überwältigenden Sieg davon durch Christus, der uns geliebt hat.

Römer 8,37

BEACHTEN SIE, DASS Paulus hier nicht geschrieben hat, dass wir irgendwann in der Zukunft einmal einen überwältigenden Sieg davontragen werden. Er schreibt, dass wir *schon jetzt* einen überwältigenden Sieg davontragen. Wenn Sie anfangen, sich selbst als einen Menschen zu sehen, der „mehr als ein Überwinder" ist (Römer 8,37; Elberfelder), und wenn sich dies auch in Ihrem Handeln und in Ihren Worten widerspiegelt, dann werden Sie ein siegreiches, erfülltes Leben führen. Der Preis für Ihre Freude, Ihren Frieden und Ihr Glück ist bereits bezahlt worden. Das ist ein Teil des Geschenkpaketes, mit dem Gott Sie bedacht hat.

Lernen Sie, Ihre Augen des Glaubens zu gebrauchen – sehen Sie sich selbst neue Ebenen erreichen. Sehen Sie sich selbst wohlhabend werden und halten Sie dieses Bild in Ihrem Herzen und Ihren Gedanken fest. Im Moment leben Sie vielleicht in Armut, aber lassen Sie niemals zu, dass Armut in Ihnen lebt. Die Bibel zeigt uns, dass es Gott gefällt, seine Kinder zu beschenken. Es macht ihm Freude, seine Kinder in geistlicher, körperlicher und materieller Hinsicht zu segnen.

~ 12. April ~

Machen Sie Gott Ehre!

Und mein Gott wird euch aus seinem großen Reichtum, den wir in Christus Jesus haben, alles geben, was ihr braucht.

Philipper 4,19

MEIN VATER WUCHS mit einer „Armutsmentalität" auf, und auch als er bereits seine erste Stelle als Pastor hatte, dachte er noch jahrelang, dass er Gott einen Gefallen damit täte, arm zu bleiben. Gott versuchte, ihm Gutes zu tun und ihn auch in materieller Hinsicht zu segnen, aber er konnte es nicht annehmen. Später lernte er, dass wir als Kinder Gottes ein Leben im Überfluss führen dürfen und dass wir sogar damit rechnen sollen, gesegnet zu werden. Und in der Tat: Dass wir lernen, ein Geschenk entgegenzunehmen, ist genauso wichtig wie unsere Bereitschaft, zum Segen für andere zu werden.

Wenn ich Ihnen meine Kinder vorstellen würde, und sie hätten Löcher in ihrer Kleidung und keine Schuhe, würden Sie sicher keine hohe Meinung von mir als Vater haben. So ist es auch mit uns. Wenn wir mit einer Armutsmentalität durchs Leben gehen, macht das Gottes großem Namen keine Ehre. Er möchte Ihnen alles geben, was Sie brauchen, und er wird es tun!

~ 13. April ~

Wie tief können Sie fallen?

Mefi-Boschet warf sich erneut vor dem König zu Boden. „Sollte der König zu einem toten Hund wie mir so gut sein? Bin ich das wert?“, rief er aus.

2. Samuel 9,8

WAS WÄRE ES für eine Tragödie, wenn Sie Ihr Leben lang in Ihren eigenen Augen ein armseliger Bettler wären, während Sie in Gottes Augen ein Königskind sind. Genau dies passierte einem kleinen Jungen namens Mefi-Boschet, nachdem sein Großvater Saul und sein Vater Jonatan in einer Schlacht gefallen waren. Während ihrer überstürzten Flucht aus dem Palast kam die Dienerin, die ihn trug, ins Stolpern und fiel hin, und durch diesen Sturz wurde Mefi-Boschet zum Krüppel. Die Dienerin brachte ihn nach Lo-Dabar, eine der ärmsten Städte der ganzen Gegend. Dort fristete er ein armseliges Dasein. Jahre später ließ David, der Sauls Nachfolger geworden war, Mefi-Boschet holen, damit er im Palast leben und eine königliche Behandlung bekommen sollte.

Obwohl er zur Königsfamilie gehörte und sein Vater einen Bund mit David eingegangen war, hatte sich Mefi-Boschet mit seiner Armut abgefunden, weil er sich selbst als einen Versager und Ausgestoßenen betrachtet hatte. Sein Leben änderte sich von einem Tag auf den anderen – aber wie schade ist es um all die Jahre, die er verschwendet hat.

~ 14. April ~

In Liebe verbunden

Eines Tages fragte David: „Ist noch irgendjemand aus Sauls Familie am Leben? Ich will ihnen Gutes tun, wie ich es Jonatan versprochen habe."

2. Samuel 9,1

MEFI-BOSCHET WAR DER Enkel des Königs, aber sein Selbstbild hinderte ihn daran, die Privilegien in Anspruch zu nehmen, die ihm rechtmäßig zustanden. Machen Sie es so wie er? Steht Ihr Selbstbild in solch einem Gegensatz zu Gottes Perspektive, dass Sie das Gute, das Gott Ihnen schenken möchte, an sich vorübergehen lassen? Gott sieht Sie als einen Champion. Sie sehen sich als einen toten Hund.

Vielleicht sind Sie in Ihrem Leben verletzt worden oder Sie haben einige Fehler begangen. Aber wenn Sie sie ehrlich bereut und sich anschließend von Herzen bemüht haben, sich korrekt zu verhalten, brauchen Sie nicht länger mit Scham und Schuldgefühlen zu leben. Vielleicht sind Sie körperlich, geistig oder seelisch verkrüppelt. Aber das ändert nichts an Gottes Bund mit Ihnen. Sie sind trotzdem ein Kind des allerhöchsten Gottes. Er hält große Dinge für Sie bereit. Seien Sie mutig, und nehmen Sie in Anspruch, was Ihnen gehört.

~ 15. April ~

Der Tisch ist gedeckt

Du deckst mir einen Tisch vor den Augen meiner Feinde.
Du nimmst mich als Gast auf und salbst mein Haupt mit Öl.
Du überschüttest mich mit Segen.

Psalm 23,5

STELLEN SIE SICH einmal vor, Sie hätten sich viel Mühe gegeben, eine köstliche Mahlzeit vorzubereiten, und leckere Speisen auf den Tisch gestellt. Aber Ihre Kinder würden sich weigern, hereinzukommen und sich an den Tisch zu setzen. Stattdessen würden sie am Boden herumkriechen und darauf warten, dass ein paar Krümel herunterfallen. Aus irgendeinem Grund würden sie sich nicht würdig fühlen, sich an den Tisch zu setzen und das Essen und die Gemeinschaft mit Ihnen zu genießen. Wie würden Sie das empfinden?

Wollen Sie Ihren himmlischen Vater glücklich machen? Dann kommen Sie zu Tisch, und fangen Sie an, seine Segnungen zu genießen. Sie brauchen nicht länger mit Schuldgefühlen und Selbstverdammung zu leben; Sie brauchen nicht besorgt und ängstlich durchs Leben zu gehen. Der Preis ist bereits bezahlt. Kommen Sie in den Speisesaal, und nehmen Sie den Platz ein, der Ihnen als seinem Kind zusteht.

~ 16. April ~

Stehen Sie zu sich selbst

Deshalb orientiert euch nicht am Verhalten und an den Gewohnheiten dieser Welt, sondern lasst euch von Gott durch Veränderung eurer Denkweise in neue Menschen verwandeln. Dann werdet ihr wissen, was Gott von euch will: Es ist das, was gut ist und ihn freut und seinem Willen vollkommen entspricht.

Römer 12,2

MANCHE MENSCHEN SIND extrovertiert und dynamisch. Andere sind schüchtern und zurückhaltend. Manche Männer tragen gern Anzüge und Krawatten. Andere fühlen sich in Jeans wohler. Manche Christen schließen die Augen und heben die Hände, wenn sie Gott anbeten. Andere beten ihn auf eine ruhigere Art an. Und Gott gefällt das alles!

Glauben Sie nicht, Sie müssten der Vorstellung eines anderen Menschen entsprechen, und ärgern Sie sich auch nicht, wenn andere Leute Ihren Vorstellungen nicht entsprechen. Ihre Haltung sollte sein: *Ich bin so, wie ich bin. Ich stehe zu mir selbst und werde nicht so tun, als wäre ich jemand anders. Es ist nicht meine Aufgabe, es allen recht zu machen.*

~ 17. APRIL ~

Wagen Sie es, glücklich zu sein

Jeder achte genau auf sein eigenes Leben und Handeln, ohne sich mit anderen zu vergleichen. Schließlich ist jeder für sein eigenes Verhalten verantwortlich.

GALATER 6,4–5

WAGEN SIE ES, mit sich selbst glücklich zu sein, so wie Sie heute Morgen sind. Die Wurzel vieler sozialer, gesundheitlicher und seelischer Probleme ist einfach die Tatsache, dass die Leute sich selbst nicht mögen. Sie sind unzufrieden damit, wie sie aussehen, wie sie reden oder wie sie sich verhalten. Sie lehnen ihre eigene Persönlichkeit ab. Sie vergleichen sich ständig mit anderen und wünschen sich, anders zu sein.

Gott hat Sie geschaffen, damit Sie Sie selbst sind. Wenn er gewollt hätte, dass Sie wie irgendjemand anders aussehen, dann hätte er Sie so gemacht. Wenn er gewollt hätte, dass Sie eine andere Persönlichkeit haben, dann hätte er Ihnen diese Persönlichkeit gegeben. Seien Sie glücklich mit sich selbst, so wie Gott Sie geschaffen hat. Hören Sie auf damit, sich zu wünschen, Sie wären anders.

~ 18. April ~

Seien Sie ein Original

Ich weiß, dass der Herr immer bei mir ist.
Ich will nicht mutlos werden, denn er ist an meiner Seite.

Psalm 16,8

SIE WURDEN NICHT als Abklatsch irgendeines anderen geschaffen. Gott will keine Klone. Er mag die Abwechslung, und Sie sollten nicht zulassen, dass andere Druck auf Sie ausüben oder Ihnen ein schlechtes Gefühl vermitteln, weil Sie nicht in ihr Bild passen. Sie sind nicht auf die Billigung irgendeines anderen angewiesen. Gott hat uns allen absichtlich unterschiedliche Gaben, Talente und Persönlichkeiten gegeben. Wenn Sie versuchen, irgendjemand anders zu sein, ist das nicht nur entwürdigend, es beraubt Sie auch Ihrer Einzigartigkeit.

Seien Sie ein Original, keine Kopie. Wagen Sie, anders zu sein; akzeptieren Sie sich selbst so, wie Gott Sie gemacht hat, und seien Sie Sie selbst, so gut das irgend möglich ist. Wenn Sie Ihr eigenes Rennen laufen und dabei Ihr Bestes geben, dürfen Sie mit sich selbst zufrieden sein.

~ 19. April ~

Laufen Sie Ihr eigenes Rennen

Denkt daran, dass alle wie in einem Wettrennen laufen, aber nur einer den Siegespreis bekommt.
Lauft so, dass ihr ihn gewinnt.

1. Korinther 9,24

Ich hörte einmal, wie ein Pastor erzählte, dass er jeden Morgen um vier Uhr aufstehe und zwei Stunden lang bete. Meine erste Reaktion war: *O weh. Ich bete keine zwei Stunden am Tag und ich stehe bestimmt nicht so früh auf.* Je mehr ich darüber nachdachte, desto miserabler fühlte ich mich. Schließlich musste ich mich auf mich selbst besinnen und mir sagen: „Das ist toll für ihn, aber es ist nicht toll für mich. Ich werde meinen eigenen Weg gehen und ich werde mich nicht mit anderen vergleichen."

Gott hat einen individuellen Plan für jeden Einzelnen von uns. Wenn wir den Fehler machen, andere Leute zu imitieren, verschwenden wir eine Menge Zeit und Energie. Und was noch schlimmer ist: Wir versäumen es, die schönen Aufgaben zu erfüllen, die Gott für uns hat!

~ 20. April ~

Leben Sie, um Gott zu gefallen

Gott schenkt demjenigen, der ihm gefällt,
Weisheit, Erkenntnis und Freude.

Prediger 2,26

GOTT HAT IHNEN all das gegeben, was Sie brauchen, damit Sie tun können, wozu er Sie berufen hat. Er hat Sie nicht dafür ausgerüstet, das zu tun, was alle anderen tun. Schauen Sie nicht länger auf das, was alle anderen machen – gehen Sie Ihren eigenen Weg. Tun Sie Ihr Bestes, ob Sie die tolle Beförderung bekommen oder nicht, ob Sie Ihr Examen schaffen oder mit Pauken und Trompeten durchfallen. Wenn es so kommt, dürfen Sie den Kopf trotzdem hoch tragen.

Natürlich werden Sie immer wieder dem Druck ausgesetzt sein, das zu tun, was alle anderen tun, und zu versuchen, es allen recht zu machen und ihre Erwartungen zu erfüllen. Akzeptieren Sie die Tatsache, dass nicht alle jeder Entscheidung zustimmen werden, die Sie treffen. Aber Sie sind nicht dazu verpflichtet, es all Ihren Mitmenschen recht zu machen. Sie brauchen es nur Gott recht zu machen.

~ 21. April ~

Seien Sie offen für gute Ratschläge

Deshalb zieh nicht in den Krieg, ohne zuvor weisen Rat einzuholen; der Sieg hängt von der Zahl der Ratgeber ab.

Sprüche 24,6

WENN MAN EINE schwierige Entscheidung treffen muss, ist es hilfreich, wenn man jemanden um Rat bitten kann, dem man vertraut. Wir sollten immer offen bleiben und bereit sein, einen Ratschlag anzunehmen. Aber wenn Sie wegen einer Sache gebetet haben, wenn Sie alle Vor- und Nachteile abgewägt haben, dann haben Sie den Mut, Ihrem Herzen zu folgen. Wenn Sie versuchen, es allen recht zu machen, indem Sie Dinge tun, die Sie gar nicht wirklich tun wollen, dann betrügen Sie sich selbst. Sie können ständig im Kreis laufen in dem Bemühen, jemand zu sein, der Sie nicht sind. Aber Sie gehen dabei das Risiko ein, Gottes vollkommenen Plan für Ihr Leben zu verpassen.

Achten Sie darauf, dass die Personen, die Ihnen Ratschläge erteilen, Menschen sind, deren Ansichten Sie respektieren. Dann folgen Sie Ihrem Herzen im Licht von Gottes Wort, und tun Sie, was für Sie gut und richtig ist.

~ 22. April ~

Lassen Sie Ihr Licht leuchten

Ich sage dir: Sei stark und mutig! Hab keine Angst und verzweifle nicht. Denn ich, der Herr, dein Gott, bin bei dir, wohin du auch gehst.

Josua 1,9

Als MOSE GESTORBEN war, wählte Gott Josua als künftigen Anführer der Israeliten aus. Er sagte zu ihm: „Ich will bei dir sein, wie ich bei Mose war" (Josua 1,5). Beachten Sie, dass er nicht sagte: „Josua, du musst versuchen, genau so wie Mose zu sein, dann wirst du es schaffen." Nein, Gott sagte sinngemäß zu Josua: „Sei ein Original. Sei so, wie ich dich erschaffen habe, dann wirst du Erfolg haben."

Und das ist auch alles, was er von Ihnen verlangt. Sie haben vielleicht ein paar Fehler, einige Bereiche, an denen Sie und Gott noch arbeiten. Aber denken Sie daran: Gott ist dabei, Sie zu verändern. Seien Sie einfach zufrieden mit sich selbst, so wie Gott Sie geschaffen hat, und entscheiden Sie sich, das Beste aus dem zu machen, was er Ihnen mitgegeben hat. Dann wird Gott Sie mit Gnade und Segen überschütten.

~ 23. April ~

Gott will keine Duplikate

Doch nun spricht der Herr, der dich, Jakob, geschaffen hat und der dich, Israel, gebildet hat: „Hab keine Angst, ich habe dich erlöst. Ich habe dich bei deinem Namen gerufen; du gehörst mir."

Jesaja 43,1

ALS MEIN VATER starb und ich die *Lakewood*-Gemeinde übernahm, machte ich mir vor allem darüber Sorgen, ob die Leute mich überhaupt akzeptieren würden. Daddy war schließlich 40 Jahre lang hier Pastor gewesen und er hatte einen ganz anderen Stil und eine ganz andere Persönlichkeit als ich. Mein Vater war ein Vulkan von einem Pastor; ich bin dagegen eher ein ruhiger Typ. Eines Nachts betete ich und fragte Gott: „Soll ich versuchen, mehr so zu sein wie Dad? Soll ich seinen Stil kopieren?" Aber Gott sprach zu mir tief in meinem Herzen: *Kopiere keinen anderen, Joel. Sei einfach so, wie ich dich erschaffen habe. Ich will kein Duplikat deines Vaters. Ich will ein Original.* Diese Wahrheit hat mich frei gemacht!

Wenn Sie versuchen, so zu sein, wie alle anderen es von Ihnen erwarten, dann ist es Zeit, damit aufzuhören. Seien Sie Sie selbst.

~ 24. April ~

Die Macht Ihrer Gedanken und Worte

Wenn du dich von deiner menschlichen Natur bestimmen lässt, führt das zum Tod. Doch wenn der Heilige Geist dich bestimmt, bedeutet das Leben und Frieden.

Römer 8,6

EIN WICHTIGER SCHRITT, den Sie gehen müssen, wenn Sie Ihr volles Potenzial ausleben wollen, besteht darin, dass Sie die Macht Ihrer Worte und Gedanken entdecken. Vielen Menschen gelingt es nicht, ihr volles Potenzial auszuschöpfen, weil ihre Denkmuster verkehrt sind. Wenn Sie negative Gedanken denken, können Sie nicht erwarten, ein positives Leben zu führen. Wenn Sie Gedanken der Niederlage denken, können Sie nicht erwarten, Erfolg zu haben.

Sie müssen damit aufhören, sich mit negativen Dingen zu beschäftigen. Machen Sie nicht Ihre Probleme groß, machen Sie Ihren Gott groß. Je größer wir Gott machen, desto kleiner werden unsere Probleme. Beschäftigen Sie sich nicht länger mit dem, was in Ihrem Leben verkehrt läuft; fangen Sie an, sich mit dem zu beschäftigen, was gut ist. Lernen Sie, den Blick auf Ihre Möglichkeiten zu richten, auf das, was Sie können, auf Ihr Potenzial. Und dann leben Sie jeden Tag in der Erwartung, dass Ihnen Gutes widerfährt.

~ 25. April ~

Der Kampf tobt in Ihren Gedanken

Die mit einem festen Sinn umgibst du mit Frieden,
weil sie ihr Vertrauen auf dich setzen!

Jesaja 26,3

UM SIE HERUM tobt ein Kampf, auch wenn Ihnen dies vielleicht nicht bewusst ist. Bei diesem Kampf geht es um Ihre Gedanken. Ihre Gedanken sind das Hauptziel des Feindes. Wenn er Ihr Denken kontrollieren kann, kann er Ihr ganzes Leben kontrollieren. Unsere Gedanken bestimmen unsere Handlungen, unsere Haltung und unser Selbstbild. Ja, unsere Gedanken entscheiden sogar weitgehend darüber, wie unser Leben verläuft. Darum ermahnt uns die Bibel, über unsere Gedanken zu wachen.

Beginnen Sie niemals einen Tag damit, Ihre Gedanken einfach so laufen zu lassen. Entscheiden Sie sich heute Morgen dafür, Ihre Gedanken in die richtige Richtung zu lenken. Sagen Sie mit dem Psalmisten: „Dies ist der Tag, den der Herr gemacht hat, und ich werde glücklich sein. Ich werde tatkräftig und produktiv sein. Das wird ein toller Tag werden.“ Machen Sie Ihren Gott groß und erwarten Sie das Beste von jedem Tag.

~ 26. April ~

Der Erfolg beginnt in Ihrem Kopf

So spricht der Herr zu euch:
„Habt keine Angst und verliert nicht den Mut angesichts dieses riesigen Heeres, denn nicht ihr kämpft diesen Kampf, sondern Gott."

2. Chronik 20,15

PROGRAMMIEREN SIE IHR Denken jeden Morgen schon beim Aufstehen auf Erfolg. Fast wie ein Magnet ziehen wir das an, worüber wir ständig nachdenken. Der tatsächliche Kampf findet in unserem Kopf statt. Wenn wir deprimierenden, negativen Gedanken nachhängen, werden wir deprimiert und pessimistisch sein. Wenn wir positive, froh machende Gedanken denken, wird sich dies in unserem Leben widerspiegeln, und wir werden andere optimistische, positive Menschen anziehen. Unser Leben folgt unseren Gedanken.

Unsere Gedanken wirken sich auch auf unsere Gefühle aus. Wir werden uns genau so fühlen, wie wir denken. Sie werden niemals glücklich sein, wenn Sie nicht zuvor glückliche Gedanken denken. Und umgekehrt ist es unmöglich, sich mutlos zu fühlen, wenn Sie nicht zuvor mutlose Gedanken denken. Ob wir im Leben Erfolg haben oder versagen, hängt zu einem beträchtlichen Teil von unserem Denken ab.

~ 27. April ~

Verändern Sie als Erstes Ihre Gedanken

Wenn ihr nun mit Christus auferweckt seid,
dann orientiert euch nach oben, wo Christus ist!
Gott hat ihm den Ehrenplatz an seiner rechten Seite gegeben.
Kolosser 3,1 (Elberfelder)

ICH HÖRE IMMER wieder Leute sagen: „Ich habe ständig Pech. Mir passiert nie irgendetwas Gutes. Ich wusste, dass ich diese Beförderung nicht erhalten würde." Unglücklicherweise bekommen sie genau das, was sie erwarten. „Aber Sie haben ja keine Ahnung", sagen Sie jetzt vielleicht. „Mit meiner Gesundheit geht es bergab", oder: „Mit meiner Ehe sieht es schlecht aus", oder: „Ich habe so große finanzielle Sorgen."

Glauben Sie mir, Ihr Leben wird sich nicht ändern, wenn Sie nicht zuerst Ihre Gedanken ändern. Vielleicht ist Ihre Lebenssituation heute schwierig; vielleicht sind Ihnen Dinge passiert, die nicht gerecht waren. Aber machen Sie nicht den Fehler, um diese Probleme zu kreisen. Sie müssen Ihre Gedanken dazu bringen, sich in eine neue, positive Richtung zu bewegen. Warten Sie nicht ab, wie sich der Tag entwickeln wird, bevor Sie sich entscheiden, ob Sie positive Gedanken denken wollen. Lenken Sie Ihre Gedanken von vornherein in die richtige Richtung!

~ 28. April ~

Prüfen Sie, worüber Sie nachdenken

Denn ihr sollt so gesinnt sein,
wie es Christus Jesus auch war.

Philipper 2,5 (Schlachter)

Das Leben ist hart. Wir alle kommen manchmal zu Fall, aber wir brauchen nicht liegen zu bleiben. Wir können uns entscheiden, wie wir denken wollen. Niemand kann uns dazu zwingen, auf eine bestimmte Weise zu denken. Wenn Sie nicht glücklich sind, liegt das nicht daran, dass irgendjemand Sie dazu zwingen würde, unglücklich zu sein. Wenn Sie missmutig sind und eine negative Einstellung haben, zwingt Sie niemand dazu, sarkastisch oder trübsinnig zu sein. Sie selbst entscheiden darüber, welche Gedanken Sie hegen.

Die Tatsache, dass der Feind Ihnen einen negativen, entmutigenden Gedanken in den Kopf setzt, bedeutet noch lange nicht, dass Sie ihn hegen und pflegen und großziehen müssen. Aber wenn Sie es tun, wird sich dieser Gedanke auf Ihre Gefühle, Ihre Einstellung und letztlich Ihre Handlungen auswirken. Sie werden viel anfälliger für Entmutigung und Depression sein und mit der Zeit kann dieser negative Gedanke Ihnen all Ihre Kraft rauben. Entscheiden Sie sich dafür zu glauben, dass Gott größer ist als Ihre Probleme.

~ 29. April ~

Nehmen Sie den Müll nicht an

Vertraue dein Vorhaben dem Herrn an,
dann werden deine Pläne gelingen.

Sprüche 16,3

IHR GEHIRN IST wie ein riesiger Computer, der jeden Gedanken speichert, den Sie jemals hatten. Das ist tröstlich und hilfreich, wenn Sie Ihre Autoschlüssel suchen, aber es ist weniger erfreulich, wenn Sie darüber nachdenken, wie viel Schmutz, hässlichen Worten, schädlichen Bildern und anderen negativen Dingen wir tagtäglich ausgesetzt sind. Aber dass ein destruktiver Gedanke irgendwo auf Ihrer inneren Festplatte gespeichert ist, heißt noch lange nicht, dass Sie ihn ständig hervorholen und über Ihren Bildschirm flimmern lassen müssen. Je mehr wir uns mit den Lügen des Feindes beschäftigen, desto mehr Möglichkeiten geben wir ihm, seinen Müll auf uns abzuladen.

Lassen Sie zu, dass Ihre Gedanken ständig um Ihre Probleme kreisen? Beschäftigen Sie sich fortwährend mit negativen Dingen? Ihre Sicht des Lebens beeinflusst vieles – vor allem Ihr Leben!

~ 30. APRIL ~

Machen Sie sich nichts vor

Konzentriert euch auf das, was wahr und anständig und gerecht ist. Denkt über das nach, was rein und liebenswert und bewunderungswürdig ist, über Dinge, die Auszeichnung und Lob verdienen.

PHILIPPER 4,8

WIR MÜSSEN DIE Verantwortung für unser eigenes Denken und Handeln übernehmen. Solange wir uns herausreden und unsere Familiengeschichte, unser Umfeld, unsere früheren Beziehungen zu anderen Menschen, Gott, Satan, *wen auch immer* und *was auch immer* verantwortlich machen, werden wir niemals wirklich frei und emotional gesund sein. Wir haben unser Schicksal zu einem wesentlichen Teil selbst in der Hand.

Nicht Ihre Situation macht Sie fertig. Die Art und Weise, wie Sie über Ihre Situation *denken*, macht Sie fertig. Sie können gerade den schwersten Kampf Ihres Lebens ausfechten und doch von Freude, Frieden und Zuversicht erfüllt sein – einfach dadurch, dass Sie lernen, sich für die richtigen Gedanken zu entscheiden. Füllen Sie Ihre Gedanken mit dem Wort Gottes.

~ 1. Mai ~

Lenken Sie Ihre Gedanken auf Gott

Denn wie er in seiner Seele berechnend denkt, so ist er.

Sprüche 23,7 (Schlachter)

Es WÄRE UNREALISTISCH, so zu tun, als würde uns nie etwas Schlechtes passieren. Guten Menschen passieren manchmal schlechte Dinge. Das zu leugnen ist keine Lösung. Wir brauchen auch keine Wortspielchen, die uns geistlicher erscheinen lassen, als wir sind. Wenn Sie krank sind, dürfen Sie das ruhig zugeben; aber halten Sie Ihre Gedanken auf Ihren Heiler gerichtet. Wenn Ihr Körper müde ist, wenn Ihr Geist erschöpft ist – kein Problem, aber lenken Sie Ihre Gedanken auf denjenigen, der versprochen hat: „Die, die auf den Herrn warten, gewinnen neue Kraft“ (Jesaja 40,31).

Jesus hat gesagt: „Hier auf der Erde werdet ihr viel Schweres erleben. Aber habt Mut, denn ich habe die Welt überwunden“ (Johannes 16,33). Er hat nicht gesagt, dass wir niemals Schwierigkeiten bekommen würden; er hat gesagt, wenn wir Schwierigkeiten bekommen, können wir uns entscheiden, welche Haltung wir ihnen gegenüber einnehmen wollen. Wir können uns entscheiden, an die Verheißungen aus dem Wort Gottes zu glauben und unsere Gedanken auf sie gerichtet zu halten.

~ 2. Mai ~

Der Sieg beginnt in Ihren Gedanken

Sorgt euch um nichts, sondern betet um alles. Sagt Gott, was ihr braucht, und dankt ihm. Ihr werdet Gottes Frieden erfahren, der größer ist, als unser menschlicher Verstand es je begreifen kann. Sein Friede wird eure Herzen und Gedanken im Glauben an Jesus Christus bewahren.

Philipper 4,6–7

Wenn wir die Menschen werden wollen, die Gott im Sinn hatte, als er uns geschaffen hat, müssen wir den Sieg zuerst in unseren eigenen Gedanken erringen. Sie können sich nicht zurücklehnen und darauf warten, dass dieser neue Mensch plötzlich auftaucht. Wenn Sie nicht *denken,* dass Sie erfolgreich sein können, werden Sie nie erfolgreich sein. Wenn Sie nicht *denken,* dass Sie gesund werden können, werden Sie nie gesund werden. Wenn Sie Gedanken der Mittelmäßigkeit denken, dann stellen Sie dadurch die Weichen für ein glanzloses, durchschnittliches Leben.

Wenn Sie hingegen Ihre Gedanken an den Gedanken Gottes ausrichten und anfangen, sich mit seinen Verheißungen zu beschäftigen, wenn Sie sich ständig seine Gnade und den Sieg vor Augen führen, den er Ihnen schenken will, dann werden diese Gedanken Sie förmlich in Gottes übernatürliche Segnungen hineinkatapultieren, und alle Bereiche Ihres Lebens werden von Wachstum und Gedeihen geprägt sein.

~ 3. Mai ~

Geben Sie der Angst keinen Raum

Was immer ich gefürchtet habe, ist eingetreten;
wovor ich entsetzt zurückschrak, ist mir zugestoßen.

Hiob 3,25

IN DER GESCHICHTE Hiobs aus dem Alten Testament sind viele Lektionen für uns enthalten. Aber eine davon ist besonders eindrücklich: Schon bald, nachdem diesem guten Menschen alle möglichen Katastrophen zuzustoßen beginnen, wird ein mächtiges Prinzip deutlich: Er klagt darüber, dass eingetreten ist, wovor er sich immer gefürchtet hat. Wenn gute Menschen innerlich den Gedanken des Feindes zustimmen, dann geben sie ihm dadurch das Recht, Schlechtes in ihrem Leben geschehen zu lassen. Wenn Leute unablässig angstvolle Vorstellungen in ihre Alltagsgespräche einstreuen wie: „Ich fürchte, mein Geschäft wird nie wachsen“ oder: „Wahrscheinlich bekomme ich irgendwann Brustkrebs, denn meine Mutter und meine Großmutter sind auch daran gestorben“, dann öffnen sie damit dem Feind Tür und Tor.

Machen Sie sich klar, was solche Gedanken und Äußerungen anrichten. Geben Sie sich einen Ruck und sagen Sie: „Schluss damit. Ab sofort wendet sich das Blatt. Der Fluch ist gebrochen. Über mich hat er keine Macht mehr.“

~ 4. MAI ~

Ein Geist der Besonnenheit

Denn Gott hat uns nicht einen Geist der Furcht gegeben, sondern einen Geist der Kraft, der Liebe und der Besonnenheit.

2. TIMOTHEUS 1,7

VIELE LEUTE KREISEN ständig um Negatives und fragen sich dann, warum ihnen nie etwas Positives widerfährt. Es liegt daran, dass ihre Gedanken sich in die falsche Richtung bewegen. Sie können nicht ständig Gedanken der Sorge und Furcht hegen und erwarten, in irgendeiner Hinsicht ein siegreiches Leben zu führen. In der Bibel steht, dass Gott uns einen „Geist der Besonnenheit" geschenkt hat. Die amerikanische Bibelübersetzung „The Amplified Bible" übersetzt dies mit „Geist der Ausgeglichenheit" und ergänzt: „der Disziplin und Selbstkontrolle". Mit anderen Worten: Wir müssen unseren Geist disziplinieren – ihn ganz bewusst dazu erziehen, Gedanken zu denken, die mit dem Wort Gottes übereinstimmen.

Sie werden Tag für Tag von negativen Gedanken bestürmt werden. Aber Sie können entscheiden, ob Sie sich diesen hingeben und ihnen dadurch Macht einräumen wollen oder nicht. Sie können entscheiden, welchen Gedanken Sie Einlass gewähren wollen. Weisen Sie diese negativen Gedanken zurück, und entscheiden Sie sich, sich mit dem zu beschäftigen, was Gott sagt.

~ 5. Mai ~

Meditieren Sie über das Wort Gottes

Die Worte des Gesetzes sollen immer in deinem Mund sein.
Denke Tag und Nacht über das Gesetz nach, damit du allem,
was darin geschrieben steht, Folge leisten kannst,
denn nur dann wirst du erfolgreich sein.

Josua 1,8

GOTT HAT GESAGT, wenn wir Tag und Nacht über sein Wort nachdenken und uns mit Gedanken des Glaubens und des Sieges füllen, werden wir in unserem Leben erfolgreich sein. Das hebräische Wort, das hier mit „nachdenken" übersetzt ist, wird im Englischen durch „meditieren" wiedergegeben. Und über etwas meditieren bedeutet, wieder und wieder über dasselbe nachzudenken. Worüber meditieren Sie? Was spielt sich in Ihrem Kopf ab? Die Gedanken, die Sie tagtäglich denken, bestimmen darüber, wie Ihr Leben aussieht. Auch wenn Ihnen das vielleicht nicht bewusst ist – wenn Sie ständig in Angst leben, dann setzen Sie Ihren Glauben dafür ein, Negatives anzuziehen. Wenn Sie das tun, dann seien Sie nicht überrascht, dass Sie genau das bekommen, was Sie erwarten.

~ 6. MAI ~

Überwinden Sie Ihre Ängste

Ich betete zum Herrn, und er antwortete mir und befreite mich von allen meinen Ängsten.

PSALM 34,5

WENN DIE FURCHT eine Festung in Ihren Gedanken errichtet hat, möchte ich Ihnen hier ein Beispiel geben, wie Sie diese überwinden können. Ich lernte einmal eine junge Ehefrau kennen, die organisch völlig gesund war und dennoch nicht schwanger werden konnte. Aufgrund ihrer Familiengeschichte hatte sie schon länger befürchtet, dass dies geschehen könne, und war schließlich fest davon überzeugt.

Ich sagte zu ihr: „Erweitern Sie Ihren Horizont, und entwickeln Sie eine neue Vision von dem, was Gott tun kann. Lernen Sie, mit den Augen des Glaubens zu sehen, und stellen Sie sich vor, wie Sie dieses kleine Baby in den Armen halten. Meditieren Sie über das Wort Gottes. Sinnen Sie nach über Wahrheiten wie „Gott wird mir viele Kinder schenken" (5. Mose 7,13) und „Der Herr wird denen, die tun, was recht ist, nichts Gutes vorenthalten" (Psalm 84,12). Lassen Sie sie tief in Ihre Gedanken und Ihr Herz einsinken. Sagen Sie: „Vater, ich danke dir, dass ich imstande bin, dieses Kind zu empfangen." Sechs Monate später war sie schwanger.

Bleiben Sie gesund

Doch wer auf mich hört, wird ohne Angst in Frieden und Sicherheit leben.

Sprüche 1,33

VIELLEICHT SIEHT ES in Ihrer Familiengeschichte ähnlich aus wie in meiner. In der Familie meines Vaters sind immer wieder Herzkrankheiten aufgetreten. Der Vater meines Vaters, viele seiner Onkel und weitere Verwandte starben schon früh an Herzproblemen. Ich könnte leicht denken: *Alle anderen haben hohen Blutdruck und Arterienverkalkung gehabt. Mir wird es ganz genauso gehen.*

Nein, ich weiß es besser. Ich habe mich entschieden, gesund zu bleiben. Ich habe vor, meinen Kindern gute Gesundheit und eine positive Lebenseinstellung weiterzugeben. Ich werde der Erste in meiner Familie sein, der bis ins hohe Alter gesund bleibt. Ich brauche keine Angst zu haben, dieselbe Krankheit zu bekommen, die irgendjemand anders hatte, auch wenn ich vielleicht genetisch dazu prädestiniert bin. Ich entscheide mich dafür, im Glauben zu handeln und Gottes Gunst und seine Segnungen zu empfangen.

~ 8. Mai ~

Vollkommene Liebe

Und unsere Liebe kennt keine Angst, weil die vollkommene Liebe alle Angst vertreibt. Wer noch Angst hat, rechnet mit Strafe, und das zeigt, dass seine Liebe in uns noch nicht vollkommen ist.

1. Johannes 4,17c–18

MANCHMAL STOSSEN UNS gerade die Dinge zu, vor denen wir uns fürchten. Gewöhnen Sie sich an, über Gottes Wort zu meditieren, und Sie werden entdecken, dass Gott einen großartigen Plan für Ihr Leben hat. Sie werden herausfinden, dass er Sie führt, dass er größer ist als all Ihre Probleme und dass er jede Situation zu Ihren Gunsten umdrehen kann.

Sie sollten denken: *Ich weiß, dass mir etwas Gutes passieren wird. Ich weiß, dass Gott in meinem Leben an der Arbeit ist. Ich weiß, dass mein Geschäft blühen wird. Ich weiß, dass es meiner Familie gutgehen wird und dass meine Kinder Hervorragendes leisten werden.* Fangen Sie einfach heute Morgen an, Gedanken zu denken, die mit den positiven Prinzipien der Bibel übereinstimmen – Sie werden sehen, dass sich dadurch Ihr ganzes Leben verändert.

~ 9. Mai ~

Achten Sie auf Ihre Gedanken

Doch ich habe Angst, es könnte euch etwas von eurer reinen und schlichten Hingabe an Christus abbringen, so wie Eva von der Schlange getäuscht wurde.

2. Korinther 11,3

WENN IN DER Bibel steht: „Konzentriert eure Gedanken auf ihn“ (Kolosser 3,2), dann bedeutet dies, dass wir uns fortwährend, vierundzwanzig Stunden am Tag, dafür entscheiden müssen, unsere Gedanken auf das Gute zu richten, das Gott uns schenken möchte. Paulus gibt uns ein paar wunderbare Kriterien, an denen wir unsere Gedanken messen können: „Konzentriert euch auf das, was wahr und anständig und gerecht ist. Denkt über das nach, was rein und liebenswert und bewunderungswürdig ist, über Dinge, die Auszeichnung und Lob verdienen“ (Philipper 4,8).

Sie müssen die feste Entscheidung treffen, Ihre Gedanken auf das Gute gerichtet zu halten, das von Gott kommt. Nur dann werden Sie all das Gute, das er für Sie vorbereitet hat, in Ihrem Leben auch erfahren. Besonders in Zeiten, in denen Sie mit Widerständen und persönlichen Herausforderungen zu kämpfen haben, müssen Sie auf der Hut sein.

~ 10. MAI ~

Wenn Probleme auftreten

Deshalb sollt ihr euer altes Wesen und eure frühere Lebensweise ablegen ... Lasst euch stattdessen einen neuen Geist und ein verändertes Denken geben.

EPHESER 4,22–23

WENN PROBLEME AUFTRETEN, sind die ersten Gedanken, die uns in den Sinn kommen, oft keine positiven. Nein, wir werden von allen Seiten mit negativen Gedanken und Befürchtungen bombardiert. Wenn wir auf die Lügen des Feindes hören und dem Negativen Raum geben, bildet sich in unserem Denken eine Festung des Feindes, von der er Angriffe gegen uns starten kann. Wir dürfen nicht zulassen, dass dies geschieht. Wir müssen uns stattdessen entscheiden, Gott zu vertrauen und uns darauf zu verlassen, dass er wunderbare Dinge für uns bereithält.

Wie können Sie nun herausfinden, woher ein bestimmter Gedanke kommt? Das ist ganz einfach. Wenn es ein entmutigender, destruktiver Gedanke ist, wenn er Furcht, Sorge, Zweifel oder Unglauben weckt, wenn er Ihnen das Gefühl gibt, schwach, unsicher oder Ihren Aufgaben nicht gewachsen zu sein, dann kommt er nicht von Gott. Schütteln Sie ihn sofort ab. Richten Sie Ihren Blick fest und voller Hoffnung auf Gott, und seien Sie sich bewusst, dass er selbst für Sie kämpft.

~ 11. Mai ~

Halten Sie Ausschau nach dem Guten

Voller Freude tut er den Willen des Herrn
und denkt über sein Gesetz Tag und Nacht nach.

Psalm 1,2

LERNEN SIE, NACH dem Guten Ausschau zu halten, das jede Situation mit sich bringt. Was auch immer Sie durchmachen, wenn Sie gut genug hinsehen und die richtige Einstellung beibehalten, können Sie der Erfahrung irgendetwas Gutes abgewinnen. Wenn Sie Ihre Arbeit verloren haben, können Sie sich entscheiden, das Ganze negativ zu sehen. Oder Sie können sagen: „Gott, ich weiß, dass du die Kontrolle über mein Leben hast, und wenn sich eine Tür schließt, dann öffnest du immer eine größere und bessere Tür. Darum bin ich gespannt auf das, was du nun für mich bereithältst, lieber Vater."

Psychologen sind fest davon überzeugt, dass unser Leben sich in die Richtung bewegt, die unsere Gedanken einschlagen. Beschäftigen Sie sich heute ganz bewusst mit Gedanken der Freude, des Friedens, des Sieges, der Fülle und des Segens, dann werden Sie sich auf diese guten Dinge zubewegen und sie gleichzeitig anziehen. Dann werden Sie im wahrsten Sinne des Wortes ein anziehender Mensch.

~ 12. Mai ~

Vorwärts oder rückwärts

Ich habe mich entschlossen, treu zu sein, ich habe mich entschieden, nach deinen Gesetzen zu leben.

Psalm 119,30

UNSER DENKEN HAT Ähnlichkeit mit dem Getriebe eines Autos. Wir haben einen Vorwärtsgang und einen Rückwärtsgang, und wir können selbst entscheiden, in welche Richtung wir fahren wollen. Vorwärtszufahren kostet uns nicht mehr Kraft, als rückwärtszufahren. Es ist nur eine Frage der Entscheidung. In ähnlicher Weise bestimmen wir durch unsere eigenen Entschlüsse, in welche Richtung unser Leben sich bewegt. Wenn Sie sich entscheiden, Ihren Blick fest auf das Gute gerichtet zu halten, das von Gott kommt, werden alle Kräfte der Finsternis Sie nicht daran hindern können, voranzugehen und Ihre Bestimmung zu erfüllen. Sie allein entscheiden darüber, in welche Richtung Sie sich bewegen.

~ 13. Mai ~

Hüten Sie sich vor Pessimismus

Denn im Reich Gottes ist nicht entscheidend, was man isst oder trinkt, sondern dass man ein Leben führt in Gerechtigkeit und Frieden und in der Freude im Heiligen Geist.

Römer 14,17

ICH HÖRTE EINMAL eine Geschichte von zwei Farmern, einem optimistischen und einem pessimistischen. Wenn es regnete, sagte der optimistische Farmer: „Danke, Herr, dass du unser Getreide bewässerst." Aber der pessimistische sagte: „Ja, aber wenn das noch lange so weitergeht, verfaulen die Wurzeln, und wir bringen nie eine Ernte ein." Wenn die Sonne herauskam, sagte der optimistische Farmer: „Danke, Herr, dass unser Getreide nun all die Vitamine und Mineralstoffe bekommt, die es braucht. Wir werden dieses Jahr eine großartige Ernte einbringen." Der Pessimist fügte hinzu: „Ja, aber wenn das noch lange so weitergeht, werden unsere Pflanzen vertrocknen. Dann haben wir nichts, womit wir unseren Lebensunterhalt bestreiten können."

Kennen Sie nicht auch solche Leute, die ständig auf das Negative schauen? Passen Sie auf, dass ihre negative Haltung nicht Ihre Gedanken infiziert! Halten Sie Ihren Blick auf die positiven Dinge des Lebens gerichtet.

~ 14. Mai ~

Zerschlagen Sie negative Gedanken

Mit diesen Waffen zerschlagen wir all die hochtrabenden Argumente, die die Menschen davon abhalten, Gott zu erkennen. Mit diesen Waffen bezwingen wir ihre widerstrebenden Gedanken und lehren sie, Christus zu gehorchen.

2. Korinther 10,5

Es ist so einfach, in die Haltung hineinzurutschen, immer mit dem Schlimmsten zu rechnen. Vielleicht gab es ein paar Schwierigkeiten in Ihrer Ehe, und ehe Sie sich versehen, spielt Ihre Fantasie verrückt, und Sie sehen sich im Geist schon geschieden und wieder allein lebend. Wenn Sie solche negativen Dinge lange genug glauben und in Ihrer Fantasie vor sich sehen, werden sie oft auch geschehen.

Denken Sie immer daran: Gott ehrt unseren Glauben; der Feind hingegen attackiert uns mit Angstvorstellungen. Wenn Ihre Fantasie sich verselbstständigt, dann zerschlagen Sie diese Gedanken, und ändern Sie das, was Sie vor Ihren inneren Augen sehen. Lassen Sie nicht länger zu, dass diese negativen Vorstellungen destruktive Spielchen mit Ihnen spielen. Nehmen Sie den Kampf auf! Sie müssen diese Gedanken bezwingen und ein für alle Mal aus Ihrem Kopf vertreiben. Wenn Sie Ihre Gedanken auf das Gute gerichtet halten, das von Gott kommt, wird er Ihnen vollkommenen Frieden schenken, den Ihnen nichts und niemand nehmen kann.

~ 15. MAI ~

Leben Sie im Glauben

Denn wir leben im Glauben und nicht im Schauen.

2. KORINTHER 5,7

BEI MANCHEN MENSCHEN hat man den Eindruck, als würde von früh bis spät eine dunkle Wolke über ihnen schweben. Wenn sie einen schlechten Befund vom Arzt erhalten, haben sie bis zum Abend garantiert ihre eigene Beerdigung geplant. Wenn es im Betrieb ein bisschen schlechter läuft, sind sie sicher, dass sie die Ersten sind, die entlassen werden. Statt ihre Gedanken zu disziplinieren und das zu tun, was in der Bibel steht, geraten sie in Panik, fühlen sich als Verlierer und schlagen sich ständig mit Problemen herum.

Es macht Gott keine Ehre, wenn wir uns fortwährend mit negativen Gefühlen herumquälen und immer denken, dass irgendetwas nicht in Ordnung ist. Sie wissen vielleicht gar nicht, warum Sie das tun, aber Sie rechnen immer damit, dass in Ihrem Leben alles schiefgeht. Diese Einstellung wird Sie daran hindern, an das Gute zu glauben, das Gott für Sie bereithält. Leben Sie im Glauben, nicht in Angst.

~ 16. Mai ~

Geben Sie dem Fluss eine neue Richtung

Ein Fluss erfrischt die Stadt unseres Gottes,
die heilige Wohnung des Höchsten.

Psalm 46,5

LASSEN SIE UNS realistisch sein. Wenn Ihre Gedanken Monat für Monat, Jahr für Jahr nach einem bestimmten Muster abgelaufen sind, ist das, als hätten Sie ein tiefes Flussbett gegraben, und das Wasser kann nur noch in diese Richtung fließen. Mit jedem pessimistischen Gedanken wird das Flussbett ein bisschen tiefer und die Strömung nimmt zu. Sie haben Ihr Denken negativ programmiert.

Glücklicherweise können wir einen neuen Fluss graben, einen, der in eine positive Richtung führt. Wenn Sie sich intensiv mit Gottes Wort beschäftigen und anfangen, in jeder Situation das Beste zu sehen, dann lenken Sie den Fluss ganz allmählich, Schritt für Schritt, in eine neue Richtung. Anfänglich scheint vielleicht nur wenig Wasser aus dem negativen Strom herauszufließen und in den positiven Strom hinüberzutröpfeln, aber wenn Sie beharrlich damit fortfahren, negative Gedanken zurückzuweisen, wird mit der Zeit ein ganz neuer, positiver Strom entstehen.

~ 17. Mai ~

Erneuern Sie Ihr Denken

Heute stelle ich euch vor die Wahl zwischen Leben und Tod, zwischen Segen und Fluch. Der Himmel und die Erde sind meine Zeugen. Wählt doch das Leben, damit ihr und eure Nachkommen am Leben bleibt!

5. Mose 30,19

ICH BITTE SIE: Seien Sie nicht passiv, legen Sie die Hände nicht in den Schoß, und lassen Sie nicht zu, dass negative, kritische Gedanken Ihr Leben vergiften. Paulus schreibt im Römerbrief: „Deshalb orientiert euch nicht am Verhalten und an den Gewohnheiten dieser Welt, sondern lasst euch von Gott durch Veränderung eurer Denkweise in neue Menschen verwandeln" (Römer 12,2). Wenn Sie Glauben wählen statt Furcht, wenn Sie Gutes erwarten und die Herrschaft über Ihre Gedanken übernehmen, wird jener negative Gedankenstrom immer mehr austrocknen und einem neuen Fluss voller positiver, glaubensvoller, siegesgewisser Gedanken weichen.

Machen Sie sich jedoch bewusst: Dieser negative Fluss ist nicht über Nacht entstanden und sein Lauf wird sich nicht ohne Ihr bewusstes und beständiges Bemühen ändern lassen. Gott wird Ihnen helfen. Bleiben Sie in einer Haltung des Glaubens, der Freude und der Hoffnung. Wenn Sie Ihr Denken erneuern, wird Gott Ihr Leben erneuern.

~ 18. Mai ~

Stehen Sie auf

Wenn du durch Wasser gehst, werde ich bei dir sein.
Ströme sollen dich nicht überfluten!
Wenn du durch Feuer gehst, wirst du nicht verbrennen;
die Flammen werden dich nicht verzehren.

Jesaja 43,2

VIELLEICHT GERATEN SIE heute Morgen in Versuchung, negative, entmutigende Gedanken zu denken. In früheren Zeiten wären Sie zu dem alten, negativen Fluss zurückgekehrt und hätten gedacht: *Was soll ich bloß machen? Gott, wie soll ich jemals aus diesem Schlamassel herauskommen? Anscheinend ist das einfach mein Schicksal.*

Aber das tun Sie jetzt nicht; jetzt fließt nämlich ein neuer Fluss in Ihnen. Sie können aufstehen und sagen: „Vater, ich freue mich auf diesen Tag. Der Geist, der in mir lebt, ist größer als der Geist, der die Welt regiert. Darum werde ich aus dieser Sache herauskommen." Und dann gehen Sie los und machen heute das Beste aus Ihrem Leben.

~ 19. Mai ~

Gottes Macht ist unbegrenzt

Fürchte dich nicht, denn ich bin bei dir.
Sieh dich nicht ängstlich nach Hilfe um, denn ich bin dein Gott:
Meine Entscheidung für dich steht fest, ich helfe dir. Ich unterstütze dich,
indem ich mit meiner siegreichen Hand Gerechtigkeit übe.

Jesaja 41,10

Kommen Ihnen diese Lügen bekannt vor? *Du bist einfach zu dumm. Du wurdest in die falsche Familie hineingeboren. Sogar euer Hund ist ständig krank gewesen!* Wenn Sie solche Lügen glauben, setzen Sie Ihrem Leben Grenzen, die nahezu unüberwindlich sind.

Die Wahrheit ist: Gott sind durch Ihre Familiengeschichte keine Grenzen gesetzt. Seine Macht ist nicht durch Ihre Ausbildung begrenzt und auch nicht durch Ihre soziale Stellung, Ihren wirtschaftlichen Status oder Ihre Hautfarbe. Ein Kind Gottes ist niemals dazu verurteilt, auf der Schattenseite des Lebens zu stehen. Wenn Sie Ihr Vertrauen auf ihn setzen, wird er etwas Tolles aus Ihrem Leben machen. Er sehnt sich danach, das zu tun. Das Einzige, was Gottes Wirken in Ihrem Leben Grenzen setzen kann, ist Ihr mangelnder Glaube.

~ 20. Mai ~

Durch Christus ist alles möglich

Wie kostbar sind deine Gedanken über mich, Gott!
Es sind unendlich viele.

Psalm 139,17

DER FEIND IN Ihren Gedanken redet Ihnen ein, dass Sie nicht das Zeug dazu hätten, es zu schaffen; Gott sagt, dass Sie sehr wohl das Zeug dazu haben. Der Feind sagt, dass Sie nie Erfolg haben werden; Gott sagt, Ihnen ist alles möglich durch Christus, der Ihnen die Kraft gibt, die Sie brauchen. Der Feind sagt, Sie werden nie gesund werden; Gott sagt, er wird Ihre Gesundheit wiederherstellen. Der Feind sagt, Ihre Probleme seien so groß, dass es keine Hoffnung für Sie gibt; Gott sagt, er wird Ihre Probleme lösen; ja, er wird sie sogar zu Ihrem Besten dienen lassen. Wem werden Sie glauben?

Gottes Gedanken werden Sie mit Glauben und Hoffnung erfüllen und Ihnen Sieg über Ihre Probleme verleihen. Gottes Gedanken werden Sie aufbauen und ermutigen. Sie werden Ihnen die Kraft geben, die Sie brauchen, um Schritt für Schritt voranzugehen. Gottes Gedanken werden Ihnen eine „Ich-kann's"-Mentalität schenken.

~ 21. MAI ~

Unendlich viel mehr

Durch die mächtige Kraft, die in uns wirkt,
kann Gott unendlich viel mehr tun,
als wir je bitten oder auch nur hoffen würden.

EPHESER 3,20

EIN KLEINER JUNGE ging einmal in den Garten, um mit einem Baseballschläger und einem Ball zu spielen. Er sagte sich: „Ich bin der beste Schlagmann auf der Welt." Dann warf er den Ball in die Luft und holte aus, aber er schlug daneben. Ohne einen Augenblick zu zögern, hob er den Ball auf, warf ihn wieder in die Luft und sagte, während er mit dem Schläger ausholte: „Ich bin der beste Schlagmann auf der ganzen Welt." Auch diesmal traf er nicht. Noch einmal warf er den Ball in die Höhe, konzentrierte sich noch mehr und sagte noch entschlossener: „Ich bin der beste Schlagmann auf der ganzen Welt!" Mit aller Kraft schwang er den Schläger – und wieder schlug er daneben. Da legte er seinen Schläger aus der Hand und grinste von einem Ohr zum anderen. „Na, so was?!", meinte er. „Ich bin der beste Werfer auf der ganzen Welt!"

Wenn die Dinge heute nicht so laufen, wie Sie das geplant haben, dann überlegen Sie, ob Ihre Umstände nicht auch eine gute Seite haben. Füllen Sie Ihren Kopf mit guten Gedanken.

~ 22. MAI ~

Vorsicht, Viren!

Und durch dieselbe mächtige Kraft hat er uns seine kostbaren und größten Zusagen geschenkt. Er hat versprochen, dass ihr Anteil an seiner göttlichen Natur haben werdet, denn ihr seid dem Verderben dieser verführerischen Welt entflohen.

2. PETRUS 1,4

SIE KÖNNEN DEN leistungsfähigsten Computer der Welt haben, aber wenn einer der zahllosen Viren, die inzwischen im Cyberspace lauern, in ihn eindringt und die Software infiziert, kann dies dazu führen, dass Ihre Festplatte zerstört wird und die Informationen, die Sie darauf gespeichert hatten, vernichtet werden. Und oft leiten Sie den Virus unabsichtlich an andere weiter und verschlimmern dadurch das Problem.

Ähnliches geschieht, wenn negative Gedanken, Worte und andere schädliche „Viren" unser Denken infizieren, unmerklich unsere Software umschreiben oder unsere Informationen und unsere Werte beschädigen. Wir wurden als Gottes Ebenbilder erschaffen. Er programmierte uns so, dass wir ein glückliches, gesundes und in jeder Hinsicht heiles, vollständiges Leben führen sollten. Aber oft wird unser Denken durch Sorgen, Versagensängste und Unsicherheit infiziert. Und um es noch schlimmer zu machen, stecken wir andere Menschen mit unserer negativen Haltung an. Wir können uns nur auf eine Weise vor diesem Problem schützen: indem wir unsere Gedanken immer wieder am Wort Gottes ausrichten.

~ 23. Mai ~

Programmieren Sie Ihr Denken um

Höre aufmerksam und achte auf die Worte der Weisen;
öffne dein Herz für meine Lehre. Denn es ist gut, sich diese Sprüche zu merken, damit du sie jederzeit aufsagen kannst.
Ich lehre dich heute, ja dich, damit du auf den Herrn vertraust.

Sprüche 22,17–19

WENN SIE MERKEN, dass Ihre „mentale Festplatte" mit negativen Gedanken infiziert ist, müssen Sie Ihren inneren Computer neu programmieren, indem Sie Ihr Denken ändern. Wenn Sie Ihre Gedanken auf das Gute gerichtet halten, das von Gott kommt, wird er Ihnen inmitten aller Stürme vollkommenen Frieden schenken (siehe Jesaja 26,3).

Machen Sie sich immer wieder bewusst, dass der allmächtige Gott auf Ihrer Seite ist. Machen Sie sich bewusst, dass keine Waffe, die gegen Sie geschmiedet wird, erfolgreich sein wird. Wenn Sie anfangen, sich mit solchen Wahrheiten zu beschäftigen, werden Sie mit Glauben und Zuversicht erfüllt werden, was auch immer Ihnen heute passiert.

~ 24. Mai ~

Kein Opfer mehr

Wir danken Gott, der uns durch Jesus Christus, unseren Herrn, den Sieg über die Sünde und den Tod gibt!

1. Korinther 15,57

WENN SIE JETZT damit beginnen wollen, das Beste aus Ihrem Leben zu machen, müssen Sie glauben, dass Sie kein Opfer sind, sondern ein(e) Sieger(in). Wenn Sie Enttäuschungen erleben – wie wir alle – oder wenn Sie einen Rückschlag erleiden und es so aussieht, als sei einer Ihrer Träume gestorben, dann halten Sie im Glauben an Gott fest. Wenn alles dunkel und trostlos erscheint und Sie keinen Ausweg sehen, dann erinnern Sie sich daran, dass Ihr himmlischer Vater das gesamte Universum erschaffen hat. Er hat Ihr Leben in seiner Hand und führt und lenkt Ihre Schritte. Sein Plan ist, Ihnen Heil zu geben und kein Leid (Jeremia 29,11). Machen Sie nicht den Fehler, die Hände in den Schoß zu legen und sich in Selbstmitleid zu ergehen. Entscheiden Sie sich für eine neue Einstellung. Nehmen Sie das, was Gott Ihnen gegeben hat, und machen Sie das Beste daraus.

Sie kennen die Wahrheit. Nun ist es Zeit, dass Sie sich von dieser Wahrheit frei machen lassen.

~ 25. Mai ~

Nehmen Sie das Land in Besitz

Doch Kaleb ermutigte die Israeliten, die sich gegen Mose stellten: „Lasst uns sofort aufbrechen und das Land einnehmen, denn wir können es ganz bestimmt erobern!", rief er.

4. Mose 13,30

DENKEN SIE HEUTE Morgen einmal daran, wie das Volk Israel auf wunderbare Weise von den Ägyptern befreit wurde. Sie kampierten direkt neben dem verheißenen Land, aber vor lauter Furcht vor den dort lebenden Riesen wagten sie es nicht, ihr „Traumland" in Besitz zu nehmen. Lassen Sie sich nicht von einem solchen Mangel an Glauben oder falschen Denkmustern um Ihre Bestimmung bringen. Vielleicht kampieren Sie bereits direkt neben Ihrem eigenen Traumland. Gott will großartige Dinge in Ihrem Leben tun. Er möchte Sie vorwärtsbringen, Sie gesund machen, Ihre Ehe wiederherstellen oder Sie finanziell segnen. Vielleicht stehen Sie direkt vor einem Wunder!

Wenn Sie Ihre Gedanken mit den Gedanken Gottes in Einklang bringen, wird nichts und niemand Sie aufhalten können. Kein Hindernis wird zu hoch und keine Situation zu schwierig sein. Wenn Sie dem Wort Gottes glauben, ist alles möglich.

~ 26. Mai ~

Behalten Sie den Mut

Hört mir zu, ihr jungen Männer Israels! Habt keine Angst, wenn ihr heute in die Schlacht gegen eure Feinde zieht! Erschreckt nicht und verliert nicht den Mut! Geratet nicht in Panik vor ihnen. Denn der Herr, euer Gott, geht mit euch! Er wird für euch gegen eure Feinde kämpfen und wird euch den Sieg geben!

5. Mose 20,3–4

MACHEN SIE SICH eines bewusst: Der Feind attackiert Sie gerade dann am heftigsten, wenn er weiß, dass Gott etwas Großartiges für Sie bereithält. Der erbittertste Kampf, der stärkste Sturm sind immer Vorboten des strahlendsten Sonnenaufgangs. Glauben Sie weiter, beten Sie weiter, gehen Sie weiter voran. In der Bibel steht: „Deshalb werdet nicht müde zu tun, was gut ist. Lasst euch nicht entmutigen und gebt nie auf, denn zur gegebenen Zeit werden wir auch den entsprechenden Segen ernten“ (Galater 6,9). Im Moment haben Sie es vielleicht schwer, aber denken Sie daran, dass Sie die Kraft Gottes in sich haben.

Gott hat gesagt, dass Sie sehr wohl imstande sind, Ihre Bestimmung zu erfüllen. Sie haben die Kraft, das Erforderliche zu tun.

~ 27. Mai ~

Gehen Sie mit Gott voran

Der Herr ist mein Licht und mein Heil – vor wem sollte ich mich fürchten? Der Herr beschützt mich vor Gefahr – vor wem sollte ich erschrecken?

Psalm 27,1

ALS MEIN VATER im Jahr 1999 starb, wusste ich tief in meinem Innern, dass ich die Leitung der *Lakewood*-Gemeinde übernehmen würde. Gleichzeitig jedoch sah ich erdrückende Gründe, warum das nicht möglich war. Ich dachte: *Mir fehlen einfach die Voraussetzungen, Herr. Ich habe erst ein einziges Mal gepredigt. Ich habe keine theologische Ausbildung.* Ich musste mich entscheiden: Wollte ich mich innerlich zurückziehen und bei dem bleiben, was ich immer getan hatte und was mir leichtfiel, oder wollte ich die Herausforderung annehmen und im Glauben vorangehen, getragen von der Gewissheit, dass Gott mit mir war?

Ich entschied mich, mit Gott voranzugehen, aber es war nicht einfach. Manchmal dachte ich sonntagmorgens beim Aufstehen: *Ich schaffe das nicht!* Aber dann stellte ich mich vor den Spiegel, blickte mir selbst direkt in die Augen und sagte: „Joel, du kannst es durch Christus, der dir die Kraft gibt, die du brauchst." Ich habe es geschafft und Sie schaffen es auch.

~ 28. MAI ~

Seien Sie konsequent

Wenn die Wege eines Menschen dem Herrn gefallen,
lässt er sogar seine Feinde in Frieden mit ihm leben.

SPRÜCHE 16,7

MANCHE MENSCHEN MACHEN in ihrem Glaubensleben einen Schritt nach vorne und zwei zurück. Heute sind sie froh und zuversichtlich und morgen sind sie negativ und deprimiert. Sie wagen sich ein Stück voran und dann ziehen sie sich wieder zurück. Weil ihr Glaube so wechselhaft ist, kommen sie nie dort an, wo Gott sie haben möchte. Sie erringen nie die Siege, die er eigentlich für sie bereithält.

Sie müssen lernen, konsequent zu sein. Ihre Haltung sollte sein: *Ich weigere mich zurückzuweichen. Ich gehe mit Gott voran. Ich werde so werden, wie er mich geplant hat. Ich werde meine Bestimmung erfüllen.* Wenn Sie das tun, wird Gott immer in Ihrem Leben am Werk sein. Wenn Sie ihm vertrauen, wird er Ihre Kämpfe für Sie ausfechten.

~ 29. Mai ~

Bleiben Sie ruhig

Da sagte Jesus zu den Jüngern: „Habt den Glauben Gottes."

Markus 11,22

Es IST VÖLLIG gleichgültig, was Sie gerade durchmachen oder wie stark Ihre Gegner sind. Halten Sie im Glauben an Gott fest. Bleiben Sie ruhig. Behalten Sie eine positive Haltung bei. Und versuchen Sie nicht, alles auf Ihre Weise zu machen. Lassen Sie es Gott auf seine Weise tun. Wenn Sie seinen Geboten gehorchen, wird er die Dinge zu Ihren Gunsten verändern.

Gott ermahnt uns: „Denkt an alles, was er ... ertragen hat, damit ihr nicht müde werdet und aufgebt" (Hebräer 12,3). Behaupten Sie das Feld. Wenn Ihnen negative Gedanken kommen, weisen Sie sie zurück und ersetzen Sie sie durch Gottes Gedanken. Wenn Sie in dieser Haltung des Glaubens verharren, öffnen Sie die Tür dafür, dass Gott in Ihre Situation eingreifen kann. Vielleicht können Sie nicht erkennen, dass irgendetwas geschieht, aber auf der unsichtbaren Ebene, in der geistigen Welt, ist Gott bereits am Werk. Und wenn Sie Ihren Beitrag leisten und im Glauben an ihm festhalten, wird Gott Sie, wenn die Zeit gekommen ist, als Sieger aus der Situation hervorgehen lassen.

~ 30. Mai ~

Was Sie sagen, wird sich bewahrheiten

Herr, lass dir die Worte meines Mundes und die Gedanken meines Herzens gefallen! Herr, mein Fels und mein Erlöser.

Psalm 19,15

JOSÉ LIMA SPIELTE in den späten 1990ern mehrere Jahre lang als Werfer für die *Houston Astros*. José ist ein offener, dynamischer, liebenswerter junger Spieler, der normalerweise eine sehr positive Ausstrahlung hat. Aber als die *Astros* ihr neues Stadion bezogen, das von allen Stadien der *Major League* eine der kürzesten Distanzen zwischen der Ausgangsbase und dem linken Außenfeldzaun hat, sagte José: „Hier werde ich nie werfen können." In der folgenden Saison hatte José das schlechteste Jahr seiner Karriere. Während er in der vorherigen Saison 20 Spiele gewonnen hatte, verlor er nun 16; noch nie hatte ein Spieler in zwei aufeinanderfolgenden Saisons einen so fatalen Absturz erlebt.

Was war José passiert? Dasselbe, was vielen von uns jeden Tag passiert – wir „ernten" das, was wir über eine bestimmte Sache sagen und denken. Unsere Worte werden zu Prophezeiungen, die sich erfüllen. Negative Gedanken führen zu negativen Worten und negative Worte haben negative Handlungen zur Folge.

~ 31. Mai ~

Ihre Worte haben Macht

Wer gern redet, muss die Folgen tragen, denn die Zunge kann töten oder Leben spenden.

Sprüche 18,20

UNSERE WORTE HABEN enorme Macht; sie sind im Grunde wie Samen. Wenn wir sie aussprechen, säen wir sie in unser Unterbewusstsein, und dort entwickeln sie ein Eigenleben; sie schlagen Wurzeln, wachsen und bringen die entsprechende Frucht hervor. Ob wir positive oder negative Worte aussprechen, wir werden immer das ernten, was wir säen. Darum müssen wir sehr genau darauf achten, was wir denken und sagen.

Die Bibel vergleicht die Zunge mit dem Ruder eines großen Schiffes (Jakobus 3,4). Obwohl das Ruder klein ist, bestimmt es die Richtung des ganzen Schiffes, und ebenso wird Ihre Zunge die Richtung Ihres Lebens bestimmen. Mit Ihren Worten schaffen Sie die Voraussetzungen dafür, ob in Ihrem Leben Gutes oder Schlechtes geschieht. Wenn Sie sich ständig beklagen und nur davon reden, wie schlecht es Ihnen geht und wie unfair das Schicksal zu Ihnen ist, leben Sie in einer ziemlich trübseligen Welt. Benutzen Sie Ihre Worte, um Ihre negativen Umstände zu *ändern* und Ihre inneren Wüsten zum Blühen zu bringen.

~ 1. Juni ~

Sprechen Sie Worte voller Zuversicht

Deshalb können wir zuversichtlich sagen: „Der Herr steht zu mir, deshalb fürchte ich mich nicht. Was können mir Menschen anhaben?“

Hebräer 13,6

ICH HÖRTE EINMAL von einem Arzt, der sich bewusst war, welche Macht unsere Worte haben. Ein Rezept, das er allen seinen Patienten mit auf den Weg gab, war: „Sagen Sie mindestens einmal pro Stunde: ‚Es geht mir jeden Tag in jeder Hinsicht immer besser.‘“ Seine Patienten erzielten erstaunliche Ergebnisse und wurden schneller gesund als die Patienten seiner Kollegen.

Wenn Sie etwas oft genug voller Enthusiasmus und Leidenschaft sagen, wird Ihr Unterbewusstsein bald aktiv werden und dafür sorgen, dass geschieht, was immer erforderlich ist, um diese Gedanken und Worte Wirklichkeit werden zu lassen. Wenn Sie unter mangelnder Selbstachtung leiden, dann können Sie gar nicht genug positive, zuversichtliche, hoffnungsvolle Worte über sich und Ihr Leben aussprechen. Sagen Sie sich jeden Morgen nach dem Aufstehen: „Ich bin wertvoll. Ich werde geliebt. Gott hat einen großartigen Plan für mein Leben. Ich bin gespannt auf meine wunderbare Zukunft!“ Glauben Sie mir – Ihre Worte haben große Macht.

~ 2. Juni ~

Sprechen Sie zu Ihren Bergen

Ich versichere euch: Wenn ihr zu diesem Berg sagt:
„Heb dich in die Höhe und wirf dich ins Meer", wird es geschehen.
Entscheidend ist, dass ihr glaubt und in euren Herzen nicht daran zweifelt.
Hört auf meine Worte! Ihr könnt beten, worum ihr wollt –
wenn ihr glaubt, werdet ihr es erhalten.

Markus 11,23–24

WAS FÜR EIN „Berg" liegt heute Morgen vor Ihnen – eine Krankheit, eine problematische Beziehung, ein Unternehmen, das rote Zahlen schreibt? Jesus hat gesagt, was auch immer Ihr Berg ist, Sie müssen mehr tun, als daran zu denken oder dafür zu beten. Sie müssen zu diesem Hindernis sprechen.

In der Bibel heißt es: „Auch der Schwächste soll sagen: Ich bin ein Held!" (Joel 4,10). Fangen Sie an, sich selbst zu sagen, dass Sie gesund, glücklich, heil, gesegnet und reich sind. Hören Sie auf damit, Gott zu sagen, wie hoch Ihre Berge sind – sagen Sie Ihren Bergen, wie groß Ihr Gott ist!

Im Namen des Herrn

Denn alles ist mir möglich durch Christus, der mir die Kraft gibt, die ich brauche.

Philipper 4,13

ALS DAVID MIT dem Riesen Goliat konfrontiert war, beschwerte er sich nicht und sagte: „Herr, warum habe ich immer solche Riesenprobleme?" Er richtete den Blick nicht darauf, dass Goliat dreimal so groß war wie er, oder darauf, dass Goliat ein erfahrener Krieger war und er selbst nur ein Hirtenjunge. Nein, er konzentrierte sich nicht darauf, wie groß das Hindernis war, das vor ihm stand. Er beschloss stattdessen, sich auf die Größe Gottes zu konzentrieren.

Er sah Goliat in die Augen und sagte mit großer Entschlossenheit: „Du trittst mir mit Schwert, Speer und Wurfspieß entgegen, ich aber komme im Namen des Herrn, des Allmächtigen – des Gottes des israelitischen Heeres, das du verhöhnt hast" (1. Samuel 17,45). Das waren Worte, aus denen Glauben sprach! David *dachte* sie nicht nur; er *betete* sie nicht nur. Er sprach direkt zu diesem Berg von einem Mann und brachte ihn zu Fall.

~ 4. Juni ~

Das Wunder ist in Ihrem Mund

Denn durch den Glauben in deinem Herzen wirst du vor Gott gerecht, und durch das Bekenntnis deines Mundes wirst du gerettet. So heißt es in der Schrift: „Wer an ihn glaubt, wird nicht umkommen."

Römer 10,10–11

GLAUBEN SIE MIR – Ihre Worte haben die Macht, ein Wunder herbeizurufen. Wenn Sie Ihre Welt verändern wollen, fangen Sie damit an, dass Sie Ihre Worte verändern. Wenn Hindernisse auf Ihrem Weg liegen, sagen Sie mutig: „Der Geist, der in mir lebt, ist größer als der Geist, der die Welt regiert" (vgl. 1. Johannes 4,4); „Keine Waffe, die gegen mich geschmiedet ist, wird erfolgreich sein" (vgl. Jesaja 54,17), und: „In alldem werde ich einen überwältigenden Sieg davontragen" (vgl. Römer 8,37).

Beklagen Sie sich nicht länger darüber, wie arm Sie sind und was Ihnen alles fehlt, sondern fangen Sie an zu erklären: „Gott wird mir aus seinem großen Reichtum alles geben, was ich brauche." Jammern Sie nicht länger darüber, dass Ihnen nie irgendetwas Gutes passiert, sondern beginnen Sie zu erklären: „Alles, was ich in Angriff nehme, gelingt." Hören Sie auf, über die Dunkelheit zu schimpfen, und gebrauchen Sie Ihre Worte, um Licht in Ihre Situation zu bringen. In Ihren Worten steckt die Kraft dazu!

~ 5. Juni ~

Worte, die Heilung bringen

Mein Sohn, achte auf das, was ich zu dir sage.
Höre meinen Worten gut zu. Vergiss sie nicht,
sondern bewahre sie tief in deinem Herzen, denn sie schenken jedem,
der ihren Sinn versteht, Leben und Gesundheit.

Sprüche 4,20–22

1981 ERFUHR MEINE Mutter, dass sie Krebs hatte und nur noch ein paar Wochen leben würde. Aber sie weigerte sich, darüber zu jammern, wie schwach oder krank sie sich fühlte oder wie hoffnungslos ihre Situation aussah. Nein, sie suchte systematisch nach Bibelstellen, in denen es um Heilung ging, und schrieb sich diejenigen heraus, die ihr am meisten bedeuteten – etwa 40 Stück. Sie las sie immer wieder, den ganzen Tag lang, und erklärte mutig: „Gott will mir ein langes Leben schenken und mich seine Hilfe erfahren lassen" (siehe Psalm 91,16). Ein paar Wochen vergingen und es ging ihr ein bisschen besser. Sie fuhr fort, Gottes Wort zu bekennen, und heute, über 20 Jahre später, ist ihr Körper völlig frei von Krebs. Durch die Kraft Gottes und seines Wortes wurde sie geheilt!

Meine Mutter gebrauchte ihre Worte, um ihre Welt zu verändern, und Sie können dasselbe tun.

~ 6. JUNI ~

Sprechen Sie Worte des Glaubens

Nein, seine Botschaft ist euch ganz nah; sie liegt auf euren Lippen und in eurem Herzen, sodass ihr sie befolgen könnt.

5. MOSE 30,14

WAS UNSERE WORTE betrifft, sind wir oft selbst unser schlimmster Feind. Wir machen alles und jeden verantwortlich, aber die Wahrheit ist: Das, was wir selbst sagen, hat ungeheuren Einfluss auf uns. Darauf weist schon die Bibel hin, wo es heißt, dass unsere eigenen Worte uns binden und zur Falle werden können (Sprüche 6,2).

Ihre Worte spielen eine entscheidende Rolle dabei, ob Ihre Träume Wirklichkeit werden. Es genügt nicht, dass wir die Dinge „im Glauben" oder in unserer Vorstellungskraft sehen. Sie müssen anfangen, Worte des Glaubens, des Sieges, der Gesundheit und des Erfolges über Ihr Leben auszusprechen. Ihre Worte haben enorme Kraft. In dem Augenblick, in dem Sie etwas aussprechen, rufen Sie es ins Sein. Das ist ein geistliches Prinzip, und es funktioniert unabhängig davon, ob das, was Sie sagen, positiv oder negativ ist. Achten Sie also darauf, dass es Worte des Glaubens sind, die Sie aussprechen.

~ 7. Juni ~

Bekennen Sie mutig Gottes Wort

Wer unüberlegt redet, der verletzt andere,
die Worte der Weisen aber sind wie Balsam.

Sprüche 12,18

WENN NEGATIVE AUSSAGEN wie „Mir passiert nie irgendetwas Gutes“ zu Ihrem Standardvokabular gehören, werden diese Sie ohne jeden Zweifel daran hindern, im Leben voranzukommen. Darum müssen Sie lernen, Ihre Zunge unter Kontrolle zu halten und nur Worte des Glaubens über Ihr Leben auszusprechen. Das ist einer der wichtigsten Grundsätze, die Sie sich jemals zu eigen machen können. Oder um es einfacher auszudrücken: Ihre Worte können Ihnen den Weg in eine glückliche Zukunft ebnen oder Ihnen das Genick brechen.

Sie müssen verstehen: Es genügt nicht, negatives Reden zu unterlassen. Sie müssen damit beginnen, Ihre Worte ganz bewusst dazu zu gebrauchen, im Leben voranzukommen. Wenn Sie Gottes Wort glauben und es mutig auszusprechen beginnen, dann bekräftigen Sie damit die Wahrheit der biblischen Aussage und nehmen sie für Ihr eigenes Leben in Anspruch. Dann wird Ihnen der ganze Himmel zu Hilfe eilen, um Gottes Wort zu bestätigen und all die großartigen Dinge geschehen zu lassen, die Gott für Sie bereithält.

~ 8. Juni ~

Sprechen Sie von seiner Güte

Dann will ich allen Menschen von deiner Gerechtigkeit und Güte erzählen und dich den ganzen Tag loben.

Psalm 35,28

GOTT HAT UNS nie befohlen, immer wieder unseren Schmerz und unser Leid in Worte zu fassen. Er hat uns nicht angewiesen, laufend mit unseren Freunden und Nachbarn über unsere negative Situation zu reden. Nein, Gott hat uns gesagt, dass wir unablässig von seiner Güte reden sollen, dass wir am Frühstückstisch, beim Abendessen und vor dem Schlafengehen über seine Verheißungen sprechen und uns fortwährend mit all dem Guten beschäftigen sollen, das von ihm kommt.

Sie könnten zu Hause eine ganz neue Freude erleben, wenn Sie einfach damit aufhören würden, über das Negative in Ihrem Leben zu reden, und stattdessen über das Wort Gottes sprächen. Wenn Sie ständig über Ihre Probleme sprechen, sollten Sie sich nicht darüber wundern, dass Sie eine Niederlage nach der anderen erleben. Hören Sie auf, über das Problem zu reden. Sprechen Sie stattdessen über die Lösung! Gebrauchen Sie Ihre Worte nicht, um Ihre Situation zu beschreiben; gebrauchen Sie Ihre Worte, um Ihre Situation zu *ändern*.

~ 9. Juni ~

Gehen Sie in die Offensive

Noch ein Wort zum Schluss: Werdet stark durch den Herrn und durch die mächtige Kraft seiner Stärke!

Epheser 6,10

VIELLEICHT SIND SIE mit einer „hoffnungslosen" Situation konfrontiert. Geben Sie nicht auf. Gott ist ein Gott, der Wunder tut. Er weiß, was Sie durchmachen, und er lässt Sie nicht im Stich.

Ähnlich wie eine Fußballmannschaft brauchen Sie nicht nur eine starke Abwehr, Sie müssen auch in die Offensive gehen. Legen Sie die Grundstimmung des ganzen Tages fest, sobald Sie aufgestanden sind. Wenn Sie warten, bis Sie die Zeitung gelesen haben, beginnen Sie Ihren Tag mit allen möglichen, schlechten Nachrichten. Versuchen Sie doch einmal, den Tag mit guten Nachrichten zu beginnen, indem Sie das Wort Gottes über Ihr Leben aussprechen! Geben Sie Ihren Träumen schon in dem Moment, wenn Sie aufwachen, neue Nahrung, indem Sie Worte des Sieges aussprechen. Fangen Sie heute an, Worte des Glaubens zu sprechen, und Sie werden sehen, wie Gott Ihre Situation zum Guten verändert.

~ 10. JUNI ~

Sie dürfen jubeln

Denn du bist mein Schutz und bewahrst mich vor Angst und Sorgen. Du lässt mich über meine Rettung jubeln.

PSALM 32,7

GOTT HAT UNS nicht deshalb Hunderte von Verheißungen gegeben, damit wir sie nur lesen und uns darüber freuen. Er hat uns seine Verheißungen gegeben, damit wir sie mutig aussprechen und so ein siegreiches Leben voller Gesundheit, Hoffnung und Überfluss an allem Guten führen können. In der Bibel steht: „Denn durch den Glauben in deinem Herzen wirst du vor Gott gerecht, und durch das Bekenntnis deines Mundes wirst du gerettet“ (Römer 10,10). Wenn Sie dem Wort Gottes glauben und es im Glauben auszusprechen beginnen, dann bekräftigen Sie damit die darin enthaltene Wahrheit und sorgen dafür, dass sie sich in Ihrem eigenen Leben manifestiert.

Wenn Sie mit einer Krankheit oder mit finanziellen Sorgen zu kämpfen haben, dann erklären Sie mutig, was das Wort Gottes dazu zu sagen hat. Wenn Sie solche mutigen Bekenntnisse ablegen, wird Gott dafür sorgen, dass genau das geschieht, was sein Wort verspricht.

~ 11. Juni ~

Sprechen Sie Segensworte aus

So kommen Segen und Fluch aus demselben Mund.
Und das, meine Freunde, darf nicht so sein!

Jakobus 3,10

Ob wir es begreifen oder nicht, unsere Worte beeinflussen die Zukunft unserer Kinder entweder zum Guten oder zum Schlechten. Wenn Sie wollen, dass Ihr Sohn oder Ihre Tochter kreativ und erfolgreich ist, dann müssen Sie anfangen, positive Dinge über sie zu sagen, statt Verhängnis und Verzweiflung zu prophezeien. Wir sollten liebevolle, aufbauende Worte aussprechen, die unsere Angehörigen und Freunde ermutigen – Worte, die sie begeistern und dazu motivieren, sich weiterzuentwickeln und sich neuen Herausforderungen zu stellen. Wir sprechen ihnen dadurch die Gnade, das Wohlergehen und das Leben im Überfluss zu, das Gott ihnen schenken möchte.

Gebrauchen Sie Ihre Worte, um Ihre Mitmenschen zu segnen. Als Ehemann oder Ehefrau geben wir die Richtung für unsere Familie vor. Als Geschäftsmann üben Sie unter Umständen entscheidenden Einfluss auf die Entwicklung Ihrer Angestellten aus. Lernen Sie, Segensworte in das Leben Ihrer Mitmenschen hineinzusprechen. Fangen Sie noch heute damit an!

~ 12. Juni ~

Sprechen Sie liebevolle Worte

Dies sind die zwölf Stämme Israels. Und mit diesen Segenssprüchen segnete Jakob sie, jeden mit einem besonderen Segen.

1. Mose 49,28

DIE MENSCHEN, DIE zur Zeit des Alten Testaments lebten, waren sich bewusst, welche Macht der Segen hatte. Wenn der Patriarch einer Familie alt wurde oder spürte, dass der Tod nahte, legte er der Reihe nach jedem seiner Söhne die Hände auf den Kopf und sprach dabei liebevolle, von Glauben erfüllte Worte aus, die ihre Zukunft betrafen. Diese Aussprüche wurden zusammenfassend als „der Segen" bezeichnet. Oft kämpften die Kinder um den Segen des Vaters. Sie stritten nicht um Geld oder darum, wer das Geschäft der Familie übernehmen würde. Nein, sie strebten danach, Worte des Glaubens zu empfangen. Sie wussten, wenn sie den Segen des Vaters empfingen, würden Wohlstand, Erfolg und Gesundheit eine selbstverständliche Begleiterscheinung sein. Und darüber hinaus wünschten sie sich aus tiefstem Herzen den Segen eines Menschen, den sie liebten und respektierten.

Die Worte, die wir zu unseren Kindern sagen, haben dieselbe Macht, und wir sollten sie gebrauchen, um Segen in ihr Leben hineinzusprechen.

~ 13. Juni ~

Worte, die ein Leben lang weiterwirken

Gott gebe dir Regen im Überfluss. Er mache dein Land fruchtbar und gebe dir Korn und Most die Fülle.

1. Mose 27,28

EINER DER ERSTAUNLICHSTEN Berichte über die Macht des Segens ist die Geschichte von Jakob und Esau, den beiden Söhnen Isaaks (1. Mose 27). Jakob wollte den Segen seines Vaters – nicht irgendeinen Segen, sondern den Segen, der eigentlich seinem Bruder Esau zustand, dem erstgeborenen Sohn der Familie. Isaak war alt, dem Tode nah und praktisch blind. Eines Tages nutzte Jakobs Mutter Rebekka eine häusliche Situation aus, um Jakob dazu zu bringen, seinen Vater zu betrügen und sich selbst den Segen zu sichern. Jakob wusste, dass er mit diesem Schachzug seine gesamte Zukunft aufs Spiel setzte. Ihm war klar, dass die Worte, die sein Vater ihm zusprechen würde, sich für den Rest seines Lebens auf ihn auswirken würden, sei es zum Guten oder zum Schlechten.

Machen Sie sich bewusst, dass auch Ihre Worte sich auf Ihre Kinder auswirken werden – selbst dann noch, wenn diese längst erwachsen sind und selbst Kinder haben.

~ 14. Juni ~

Sprechen Sie den Segen aus

Ein gutes Wort zur rechten Zeit ist so lieblich wie goldene Äpfel in einem silbernen Korb.

Sprüche 25,11

NEGATIVE WORTE KÖNNEN einen Menschen zerstören. Man kann nicht auf der einen Seite schlecht über jemanden reden und dann erwarten, dass derjenige gesegnet wird. Aber leider verfallen wir unseren Kindern gegenüber oft in einen lieblosen, kritischen Tonfall und finden ständig irgendwelche Fehler an ihnen. Unsere negativen Worte können dazu führen, dass sie das Selbstwertgefühl verlieren, das Gott in sie hineingelegt hat, und dem Feind die Tür dafür öffnen, ihr Leben mit Unsicherheit und Minderwertigkeitsgefühlen zu vergiften.

Was geben Sie an die nächste Generation weiter? Es genügt nicht, es zu denken; Sie müssen es aussprechen. Ein Segen ist erst dann ein Segen, wenn er ausgesprochen wird. Ihre Kinder müssen von Ihnen immer wieder Dinge hören wie: „Ich liebe dich. Ich glaube an dich. Ich finde, du bist ganz toll. Es gibt niemanden wie dich. Du bist etwas ganz Besonderes.“ Sie brauchen Ihre Wertschätzung. Sie brauchen Ihre Liebe. Sie brauchen Ihren Segen. Sprechen Sie ihn heute aus!

Segnen Sie Ihre Kinder

Der Herr sprach zu mir: „Ich kannte dich schon, bevor ich dich im Leib deiner Mutter geformt habe. Schon vor deiner Geburt habe ich dich dazu bestimmt, dass du den Völkern meine Botschaften überbringst."

JEREMIA 1,4–5

ALS ELTERN HABEN wir vor Gott und der Gesellschaft die Verantwortung, unseren Kindern angemessenes Verhalten beizubringen, sie zum Gehorsam anzuhalten und sie liebevoll zu korrigieren, wenn sie falsche Entscheidungen treffen. Aber wir sollten nicht ständig auf ihnen herumhacken. Wenn Sie fortwährend Dinge sagen, die Ihr Kind entmutigen und einschüchtern, werden Sie über kurz oder lang sein Selbstbild zerstören. Millionen von Erwachsenen leiden heute noch unter den negativen Worten, die sie als Kinder von ihren Eltern zu hören bekamen.

Wie reden Sie mit Ihren Kindern? Gott wird Sie für Ihre Worte und deren Folgen zur Rechenschaft ziehen. Mit Autorität geht immer auch Verantwortung einher, und als geistliche Autorität Ihrer Kinder sind Sie dafür verantwortlich, dass sie sich geliebt, angenommen und wertgeschätzt fühlen.

~ 16. JUNI ~

Achten Sie auf Ihre Worte

Und ihr Väter, seid nicht ungerecht gegen eure Kinder. Erzieht sie vielmehr mit Disziplin und zeigt ihnen den richtigen Weg, so wie es Christus entspricht.

EPHESER 6,4

DIE MEISTEN ELTERN wollen das Beste für ihre Kinder, und es gibt viele Situationen, in denen wir unsere Kinder zur Ordnung rufen und korrigieren müssen. Aber selbst wenn man es als Vater oder Mutter noch so gut meint, kann es passieren, dass man negative Dinge sagt, die ein Kind schneller zerstören, als man sich vorstellen kann. „Warum kannst du nicht bessere Noten nach Hause bringen? Du hast den Rasen nicht richtig gemäht. Geh dein Zimmer aufräumen – da sieht's ja aus wie in einem Schweinestall. Kannst du eigentlich nie irgendwas richtig machen?"

Sehen Sie, welche Macht Ihre Worte haben? Seien Sie äußerst vorsichtig mit dem, was Sie sagen. Wenn Sie das nächste Mal versucht sind, herablassend mit jemandem zu sprechen, Ihr Kind zu demütigen oder herabzusetzen, denken Sie daran: Sie können diese Worte niemals zurücknehmen. Sobald Sie sie ausgesprochen haben, entwickeln sie ein Eigenleben. Sorgen Sie dafür, dass es ein gutes ist.

~ 17. JUNI ~

Repräsentieren Sie den Charakter Gottes

Wie sich ein Vater über seine Kinder zärtlich erbarmt, so erbarmt sich der Herr über alle, die ihn fürchten.

PSALM 103,13

NIEMAND HÄTTE GOTT für uns Osteen-Kinder besser repräsentieren können, als mein Dad es tat. Auch wenn wir Fehler machten oder vom Weg abkamen und er uns korrigieren musste, blieb er dabei immer liebevoll und freundlich. Er prügelte uns nicht auf den richtigen Weg zurück – er liebte uns auf den richtigen Weg zurück. Obwohl er sehr viel zu tun hatte, nahm er sich immer Zeit für uns. Er ermutigte uns dazu, Großes zu tun und unsere Träume zu verwirklichen.

Wenn Sie Vater sind, dann denken Sie daran, dass das Gottesbild der meisten Kinder auf ihr Verhältnis zu ihrem Vater zurückzuführen ist. Wenn ihr Vater unfair, überaus kritisch und lieblos ist, werden die Kinder unvermeidlich mit einem verzerrten Bild von Gott aufwachsen. Wenn der Vater dagegen liebevoll, freundlich, mitfühlend und gerecht ist, wird das Kind Gottes Wesen besser verstehen.

~ 18. Juni ~

Proklamieren Sie die Güte Gottes

Der Herr segne dich und beschütze dich.
Der Herr wende sich dir freundlich zu und sei dir gnädig.

4. Mose 6,24–25

MEINE GESCHWISTER UND ich waren keine Engel. Aber meine Eltern konzentrierten sich nie auf unsere Schwächen oder auf die Probleme, die wir verursachten. Sie richteten ihren Blick immer auf die Lösung. Sie sagten uns ständig, dass wir die besten Kinder der Welt seien. Und wir wuchsen mit der beruhigenden Gewissheit auf, dass unsere Eltern nicht nur einander, sondern auch uns liebten und an uns glaubten. Wir wussten, sie würden mit uns durch dick und dünn gehen.

Wenn Sie Ihre Kinder segnen wollen, beginnen Sie damit, Gottes Güte über ihrem Leben auszurufen. Proklamieren Sie mutig: „Gottes Gesicht ist dir freundlich zugewandt, und er sehnt sich danach, dir Gutes zu tun. Ich sage dir zu, dass du gesegnet bist mit einem gehorsamen Herzen, mit Erfolg und mit übernatürlicher Weisheit und dass du genau weißt, welchen Weg du gehen sollst.“

~ 19. Juni ~

Von Generation zu Generation

Ihre Nachkommen werden zu Macht und Ansehen gelangen, und die Kinder der Gottesfürchtigen werden gesegnet werden.

Psalm 112,2

WEIL MEINE ELTERN mir in meiner Kindheit mit Annahme und Wertschätzung begegneten, halte ich es meinen Kindern gegenüber nun ebenso. Ich spreche Segensworte in ihr Leben hinein, die auch sie wieder an die nächste Generation weitergeben werden. Und so wird es immer weitergehen. Bevor unsere Kinder zu Bett gehen, versichern Victoria und ich ihnen: „Es gibt nichts, was ihr nicht erreichen könnt. Ihr habt eine tolle Zukunft vor euch. Gott ist immer bei euch und tut euch Gutes. Alles, was ihr in Angriff nehmt, wird euch gelingen." Wir glauben, dass wir die Möglichkeit und die Verantwortung haben, unseren Kindern nun, da sie noch jung sind, Segensworte von Gott zuzusprechen.

Warten Sie nicht, bis Ihre Kinder Teenager oder Mitte 20 sind und bald heiraten, bevor Sie beginnen, den Segen Gottes über ihrem Leben auszurufen. Tun Sie es Tag für Tag und fangen Sie heute damit an!

~ 20. Juni ~

Gott kann in Ihrer Ehe Wunder tun

Deshalb sage ich noch einmal, dass jeder Ehemann seine Frau so lieben soll, wie er sich selbst liebt, und dass die Ehefrau ihren Mann achten und respektieren soll.

Epheser 5,33

Es ist sehr wichtig, dass sich ein Ehemann bewusst macht, dass seine Worte eine große Auswirkung auf das Leben seiner Frau haben. Eine der Hauptursachen für seelische Zusammenbrüche bei verheirateten Frauen ist die Tatsache, dass sie sich nicht ausreichend geachtet und respektiert fühlen. Dies ist vor allem darauf zurückzuführen, dass ihre Ehemänner ihnen bewusst oder unbewusst die anerkennenden Worte vorenthalten, nach denen Frauen sich so verzweifelt sehnen.

Wenn Sie erleben wollen, dass Gott in Ihrer Ehe Wunder tut, fangen Sie an, Ihre Partnerin zu loben. Fangen Sie an, sie zu achten und zu ermutigen. Ein Ehemann sollte seiner Frau jeden Tag sagen: „Ich liebe dich. Ich bin so froh, dass ich dich habe. Du bist das Beste, was mir je passiert ist." Und eine Frau sollte dasselbe für ihren Mann tun. Ihre Beziehung würde sich enorm verbessern, wenn Sie anfingen, freundliche, positive Worte zu sprechen und Ihren Ehepartner zu segnen.

~ 21. JUNI ~

Lassen Sie die Vergangenheit los

Ich – ich allein – bin es, der deine Übertretungen um meiner selbst willen tilgt und nicht mehr an deine Sünden denkt.

JESAJA 43,25

WIR ALLE ERLEBEN von Zeit zu Zeit Enttäuschungen und Niederlagen, aber wenn wir die Schmerzen, die wir darüber empfinden, nicht loslassen, führt dies dazu, dass wir bittere, negative Menschen werden. Vielleicht haben Sie ein paar Fehler gemacht oder falsche Entscheidungen getroffen, und jetzt fühlen Sie sich schuldig und denken die ganze Zeit, Sie hätten besser einen anderen Beruf wählen oder jemand anderen heiraten sollen.

Die Versuchung ist groß, während unserer Lebensreise ständig in den Rückspiegel zu blicken. Aber wir können unsere Vergangenheit nicht ändern, und was in der Zukunft geschieht, liegt nicht in unserer Hand. Das Einzige, worauf wir wirklich Einfluss haben, ist die Gegenwart. Die gute Nachricht ist: Ihre Vergangenheit braucht Ihre Zukunft nicht zu vergiften. Gott hält immer noch Gutes für Sie bereit. Er will diese negative Situation herumdrehen und sie zu Ihrem Besten gebrauchen.

~ 22. Juni ~

Das Leben ist nicht fair

Kommt alle her zu mir, die ihr müde seid und schwere Lasten tragt, ich will euch Ruhe schenken. Nehmt mein Joch auf euch. Ich will euch lehren, denn ich bin demütig und freundlich, und eure Seele wird bei mir zur Ruhe kommen.

Matthäus 11,28–29

WIR LEBEN IN einer Gesellschaft, die gern Entschuldigungen vorschiebt, um Versagen zu kaschieren. Einer unserer Lieblingssätze lautet: „Es ist nicht meine Schuld." Aber die Wahrheit ist: Wenn wir verbittert oder ärgerlich sind, liegt das daran, dass wir uns selbst gestatten, diese Gefühle zu empfinden. Wir haben alle negative Dinge erlebt. Wenn wir ein bisschen nachdenken, kann jeder von uns Entschuldigungen finden und die Vergangenheit für seine schlechte Einstellung, seine falschen Entscheidungen oder seine Gereiztheit verantwortlich machen.

Es ist Zeit, dass Sie Ihre Entschuldigungen loslassen und aufhören, sich selbst zu bedauern. Niemand – noch nicht einmal Gott – hat je versprochen, dass das Leben gerecht wäre. Wenn Sie all Ihren Kummer zu Jesus bringen und loslassen, können Sie heute einen neuen Anfang machen.

~ 23. Juni ~

Neue Gnade

Die Gnade des Herrn nimmt kein Ende! Sein Erbarmen hört nie auf, jeden Morgen ist es neu. Groß ist seine Treue.

Klagelieder 3,22–23

EINS DER ERSTEN Dinge, die Sie jeden Morgen nach dem Aufstehen tun sollten, ist: Schütteln Sie die Enttäuschungen des vergangenen Tages von sich ab. Lassen Sie alle entmutigenden Erlebnisse und Schuld- und Verdammnisgefühle los. Ihre Haltung sollte sein: *Dies ist ein neuer Tag und ich werde die Verletzungen von gestern nicht mit in diesen Tag hineinnehmen. Ich werde einen ganz neuen Anfang machen.*

Gottes Gnade ist jeden Morgen neu. Sie haben vielleicht eine Menge Fehler gemacht, aber Gottes Gnade ist unerschöpflich. Er stellt Ihnen jeden Morgen eine neue Portion zur Verfügung. Wissen Sie, warum? Weil er wusste, dass wir die Portion, die er uns gestern gegeben hat, komplett aufbrauchen würden! Vielleicht haben Sie vorige Woche irgendetwas getan, worauf Sie nicht gerade stolz sind, aber Sie brauchen das nicht länger mit sich herumzuschleppen. Sie müssen einfach nur Gottes Gnade und Vergebung in Empfang nehmen.

~ 24. JUNI ~

Hören Sie auf zu vergleichen

Doch wenn ihr betet, dann vergebt zuerst allen, gegen die ihr einen Groll hegt, damit euer Vater im Himmel euch eure Sünden auch vergeben kann.

MARKUS 11,25

MÖGLICHERWEISE HABEN SIE gute Gründe dafür, sich selbst zu bemitleiden. Möglicherweise haben Sie Dinge erlebt, die niemand erleben sollte – vielleicht wurden Sie körperlich, verbal, sexuell oder emotional misshandelt. Vielleicht müssen Sie sich mit einer chronischen Erkrankung oder einer anderen körperlichen Behinderung herumschlagen. Vielleicht sind Ihre Träume nicht in Erfüllung gegangen. Ich möchte solche traurigen Erfahrungen nicht bagatellisieren, aber wenn Sie auf der Siegerseite leben wollen, dürfen Sie nicht zulassen, dass Ihre Vergangenheit Ihre Zukunft vergiftet.

Es ist Zeit, dass Sie Ihre emotionalen Wunden heilen lassen. Hören Sie auf, Ihr Leben mit dem anderer Menschen zu vergleichen, und beschäftigen Sie sich nicht länger mit dem, was hätte sein können oder sollen. Hören Sie auf, Fragen zu stellen wie: „Warum dies?“, „Warum das?“, oder: „Warum ich?“. Lassen Sie diese Schmerzen und Verletzungen los. Vergeben Sie den Menschen, die Ihnen unrecht getan haben. Und vergeben Sie sich selbst die Fehler, die Sie begangen haben.

~ 25. Juni ~

Lassen Sie das Alte los

Ihr werdet die Wahrheit erkennen,
und die Wahrheit wird euch frei machen.

Johannes 8,32

ICH BITTE SIE: Lassen Sie sich von Ihrer Vergangenheit nicht gefangen nehmen. Manche Leute beschäftigen sich ständig mit den Enttäuschungen, die sie erlebt haben. Sie können nicht verstehen, warum ihre Gebete nicht erhört werden, warum ihr Angehöriger nicht geheilt wurde oder warum sie selbst schlecht behandelt worden sind. Es gibt Menschen, die sich schon so lange selbst bedauern, dass das Selbstmitleid ein Teil ihrer Persönlichkeit geworden ist. Sie begreifen nicht, dass Gott ihnen zurückgeben möchte, was ihnen genommen wurde.

Wenn Sie nicht bereit sind, das Alte loszulassen, können Sie nicht erwarten, dass Gott das Neue tut. Wenn Ihnen ein paar unfaire Dinge passiert sind, dann treffen Sie die Entscheidung, dass Sie diese Dinge nicht länger in Gedanken erneut durchleben wollen. Denken Sie stattdessen an Gutes, an Dinge, die Sie aufbauen, statt Sie niederzudrücken, an Dinge, die Sie ermutigen und Ihnen die Hoffnung schenken, dass es eine bessere Zukunft für Sie gibt.

~ 26. JUNI ~

Gehen Sie vorwärts

Deine Leute werden die Ruinen aus alter Zeit wieder aufbauen. Die Grundmauern vieler vergangener Generationen werdet ihr wieder errichten. Dann wird man euch folgendermaßen nennen: „Die die Risse ausbessern und die Straßen erneuern, um sie bewohnbar zu machen."

JESAJA 58,12

WENN SIE IM Leben vorwärtsgehen wollen, müssen Sie aufhören zurückzuschauen. Warum? Weil Ihr Leben Ihren Gedanken folgt. Wenn Sie sich ständig mit all den negativen Dingen beschäftigen, die Ihnen passiert sind, und immer auf das schauen, was Sie falsch gemacht haben, dann sorgen Sie dafür, dass sich dieses Problem wiederholt. Sie werden niemals glücklich werden, solange Sie Bitterkeit in Ihrem Herzen hegen.

Vielleicht haben Sie Gott Vorwürfe gemacht, weil er Ihnen einen lieben Menschen genommen hat oder weil sich eine bestimmte Situation nicht gebessert hat, nachdem Sie dafür gebetet hatten. Wenn Sie diese Dinge nicht angehen, werden Sie im Selbstmitleid stecken bleiben. Sie dürfen nicht länger an diesen negativen Einstellungen und dem Ärger, der mit ihnen einhergeht, festhalten. Lassen Sie sie einfach los.

~ 27. Juni ~

Schalten Sie einfach um

Wer von seiner menschlichen Natur beherrscht wird, ist von ihren selbstsüchtigen Wünschen bestimmt, doch wer vom Heiligen Geist geleitet wird, richtet sich nach dem, was der Geist will.

Römer 8,5

WENN WIR IM Fernsehen etwas sehen, das uns nicht gefällt, schalten wir einfach um. Nun müssen wir lernen, wie wir im Kopf umschalten können, wenn unerwartet negative Bilder aus der Vergangenheit vor unserem inneren Auge auftauchen. Leider ziehen sich manche Menschen, wenn sie solche negativen Erfahrungen auf ihrem „mentalen Bildschirm" sehen, stattdessen einen Sessel heran und holen sich eine Schüssel Popcorn, ganz so, als würden sie einen guten Film anschauen. Auf diese Weise lassen sie zu, dass sie all diese Schmerzen und Verletzungen noch einmal erleben müssen. Und dann fragen sie sich, warum sie deprimiert, aufgewühlt oder mutlos sind.

Lernen Sie, auf einen anderen Sender umzuschalten. Lassen Sie nicht zu, dass Ihre Gedanken oder Ihre Gefühle Sie herunterziehen. Beschäftigen Sie sich stattdessen mit dem Guten, das Gott in Ihrem Leben getan hat.

~ 28. Juni ~

Gehen Sie nicht zurück

Doch Jesus sagte: „Wer eine Hand an den Pflug legt und dann zurückschaut, ist nicht geeignet für das Reich Gottes."

Lukas 9,62

ALLZU OFT DURCHLEBEN wir die schmerzlichen Erfahrungen unserer Vergangenheit wieder und wieder und ignorieren dabei völlig, dass Gott uns Heilung schenken möchte. Gerade wenn ein bisschen Gras darüber zu wachsen beginnt, fangen wir wieder damit an, über unser trauriges Erlebnis zu sprechen, und in unserer Vorstellung wird es wieder lebendig. Plötzlich empfinden wir dieselben Gefühle noch einmal von Neuem. Es ist, als rissen wir die alte Wunde wieder auf. Sie wird nie richtig heilen, solange wir nicht lernen, sie in Ruhe zu lassen. Wenn Sie sich mit schmerzhaften Erfahrungen aus Ihrer Vergangenheit beschäftigen, gehen Ihre Gefühle mit Ihnen dorthin zurück, und Sie empfinden die damaligen Schmerzen in der Gegenwart genauso intensiv wie vor 20 Jahren, als das Ereignis tatsächlich geschah.

Lassen Sie Ihre Gefühle nicht zu diesen schmerzlichen Ereignissen zurückkehren; weigern Sie sich, negative Erinnerungen wieder auszugraben. Schmerzliche Erfahrungen wieder zu erleben wird Ihnen nicht guttun. Im Gegenteil: Starke negative Gefühle besitzen das Potenzial, Ihre weitere Entwicklung zu verhindern.

~ 29. Juni ~

Wenn Sie jemanden verloren haben

Als die Trauerzeit vorüber war, ging Josef …

1. Mose 50,4

VIELLEICHT LEIDEN SIE heute Morgen immer noch darunter, dass Sie einen Menschen verloren haben, der Ihnen viel bedeutet hat. Einige Zeit, nachdem mein Vater gestorben war, war ich eines Tages ganz allein im Haus meiner Eltern und ging durch den Raum, in dem er seinen Herzanfall erlitten hatte. In Gedanken sah ich all das vor mir, und ich begann, dieselben Gefühle von Verzweiflung, Trauer und Mutlosigkeit zu empfinden, die ich in jener Nacht verspürt hatte. In jenem Moment traf ich die Entscheidung, dass ich mir selbst nicht erlauben würde, diese Nacht noch einmal zu durchleben. Statt mich mit dem vergangenen Schmerz zu beschäftigen, begann ich, mir bewusst all die schönen Zeiten in Erinnerung zu rufen, die Dad und ich in diesem Haus miteinander erlebt hatten. In Gedanken sah ich, wie mein Vater in diesem Haus mit unseren Kindern gespielt hatte, und ich erinnerte mich daran, wie viel Sinn für Humor er besessen hatte.

Aber dies geschah nicht einfach von selbst. Es war eine Entscheidung, die ich treffen musste, und dasselbe müssen auch Sie tun.

~ 30. Juni ~

Werfen Sie den Schlüssel weg

Gott, wir denken über deine Gnade nach,
wenn wir dich in deinem Tempel anbeten.

Psalm 48,10

JEDER MENSCH HAT zwei Hauptdateien in seinem Erinnerungsspeicher. Die erste ist mit all dem Guten gefüllt, das uns passiert ist. Sie enthält unsere Erfolgserlebnisse und all die Dinge, die uns im Laufe unseres Lebens Freude und Glück geschenkt haben. Die andere Datei ist das genaue Gegenteil. Sie enthält die Schmerzen und Verletzungen der Vergangenheit und all das Negative, das uns über die Jahre widerfahren ist. Sie ist voller Niederlagen und Versagen, voller Dinge, die uns Sorgen bereitet und uns niedergedrückt haben. Es ist an uns zu entscheiden, auf welche Datei wir zugreifen wollen. Manche Menschen öffnen immer wieder Datei Nummer 2 und erleben die schmerzhaften Dinge, die ihnen passiert sind, ständig neu. Sie sind so sehr mit diesen negativen Dingen beschäftigt, dass sie gar nicht dazu kommen, sich den Inhalt von Datei 1 anzuschauen.

Wenn Sie frei sein und Ihr Selbstmitleid überwinden wollen, dann werfen Sie den Zugangsschlüssel zu Datei Nummer 2 weg. Halten Sie Ihre Gedanken auf das Gute gerichtet, das Gott in Ihrem Leben getan hat.

~ 1. Juli ~

Werfen Sie Ihr Gepäck ab

Meine Schuld überwältigt mich, sie ist mir wie eine schwere Last.

Psalm 38,5

VIELE LEUTE FRAGEN sich, warum sie nicht glücklich sind. Oft liegt das daran, dass sie lauter Gepäck aus der Vergangenheit mit sich herumschleppen. Jemand hat sie letzte Woche beleidigt und sie haben den damit verbundenen Schmerz in ihren Rucksack gepackt. Sie sind aus der Haut gefahren, haben etwas gesagt, was sie nicht hätten sagen sollen, und haben auch dies in ihren Rucksack gestopft. In ihrer Kindheit sind sie nicht richtig behandelt worden. Diesen Koffer voller Müll besitzen sie auch noch. Und was noch schlimmer ist, sie tragen ihr Gepäck die ganze Zeit mit sich herum, wohin sie auch gehen. Sie haben ihr Gepäck nicht nur ständig bei sich, sie packen es auch öfter mal wieder aus, um sich zu vergewissern, dass es noch da ist. Sie haben ihre schweren Gepäckstücke so viele Jahre lang mit sich herumgeschleppt, dass sie unter dieser Bürde förmlich zusammenbrechen.

Werfen Sie heute Morgen all Ihr emotionales Gepäck ab und wagen Sie den Schritt in ein reiches, erfülltes Leben!

~ 2. JULI ~

Legen Sie die alten Lasten nieder

Jedes Herz hat seine eigene Bitterkeit und auch seine Freude kann kein anderer vollkommen mit ihm teilen.

SPRÜCHE 14,10

DIE EHE VON Marie (Name geändert) war vor vielen Jahren gescheitert. Sie betete, dass Gott einen neuen Mann in ihr Leben bringen würde. Und tatsächlich, sie lernte einen netten, sehr gläubigen und erfolgreichen Mann kennen und freute sich riesig über die Freundschaft mit ihm. Aber wenn sie zusammen waren, sprach sie über nichts anderes als darüber, wie schrecklich ihre Ehe gewesen war. Schließlich kam es so weit, dass ihr neuer Freund den Kontakt zu ihr abbrach und sich völlig von ihr abwandte.

Wenn Sie an den Schmerzen und Verletzungen der Vergangenheit festhalten, werden diese Sie vergiften, wo auch immer Sie hingehen, und Sie daran hindern, gute, gesunde Beziehungen aufzubauen. Sie denken vielleicht, die anderen wären das Problem, aber prüfen Sie Ihr Herz. Hören Sie auf, über etwas zu jammern, das aus und vorbei ist. Gott sagt, Sie müssen jede Last ablegen, die Sie behindert, und alles loslassen, in das Sie sich verstrickt haben (Hebräer 12,1).

~ 3. Juli ~

Gott hält Gutes bereit

Du wirst mir den Weg zum Leben zeigen und mir die Freude deiner Gegenwart schenken. Aus deiner Hand kommt mir ewiges Glück.

Psalm 16,11

GLAUBEN SIE MIR, Gott ist größer als Ihre Vergangenheit, Ihre Enttäuschungen und Ihre Probleme. Vielleicht haben Sie eine Menge Fehler gemacht, aber Gott kann all diese Dinge herumdrehen. Vielleicht haben andere Menschen Sie verletzt und Ihnen unrecht getan, aber wenn Sie diese Dinge Gott überlassen, kann er Sie dafür entschädigen. Er kann das Unrecht, das Ihnen zugefügt wurde, wiedergutmachen. Fangen Sie an, sich auf Ihre Möglichkeiten zu konzentrieren. Lassen Sie Gott Ihr Herz mit Hoffnung erfüllen.

Was auch immer Sie durchgemacht haben, Gott sagt, dass Sie eine großartige Zukunft haben. Sagen Sie: „Ich lasse mich von meiner Vergangenheit nicht gefangen nehmen. Es reicht mir jetzt. Ich werde den Blick nicht länger auf meine Enttäuschungen richten. Ich werde jetzt die Vergangenheit hinter mir lassen und meinen Blick in die Zukunft richten, denn ich weiß, dass Gott Gutes für mich bereithält." Wenn Sie solch eine Einstellung entwickeln, wird Gott Ihnen einen neuen Anfang schenken.

~ 4. JULI ~

Stehen Sie auf und setzen Sie sich in Bewegung

Als Jesus ihn sah und erfuhr, wie lange er schon krank war, fragte er ihn: „Willst du gesund werden?“

JOHANNES 5,6

IN DER BIBEL steht eine Geschichte über einen Mann aus Jerusalem, der 38 Jahre lang gelähmt gewesen war. Er hatte sein Leben damit verbracht, auf einer Matte am Teich Betesda zu liegen und auf ein Wunder zu hoffen (Johannes 5,2–15). Als Jesus den Kranken dort liegen sah, stellte er ihm eine einfache, direkte Frage: „Willst du gesund werden?“ Die Antwort des Mannes war sehr aufschlussreich. Er begann, alle möglichen Entschuldigungen anzuführen: „Ich bin ganz allein. Ich habe niemanden, der mir hilft. Ich habe keine Chance im Leben.“ Ist es da ein Wunder, dass er all die Jahre lang nicht geheilt worden war?

Jesus sah ihn an und sagte quasi zu ihm: „Wenn es dir ernst damit ist, gesund zu werden, wenn du wirklich aus diesem Schlamassel herauswillst, dann steh auf, nimm deine Matte und geh.“ Als der Mann tat, was Jesus ihm sagte, wurde er auf wunderbare Weise geheilt.

Wagen Sie den Schritt

Da wir von so vielen Zeugen umgeben sind, die ein Leben durch den Glauben geführt haben, wollen wir jede Last ablegen, die uns behindert, besonders die Sünde, in die wir uns so leicht verstricken. Wir wollen den Wettlauf bis zum Ende durchhalten, für den wir bestimmt sind.

Hebräer 12,1

Der Gelähmte in Johannes 5 hatte ein schweres chronisches Leiden, und ich glaube, auch heute noch leiden viele Menschen an solchen chronischen Erkrankungen. Ihre Krankheiten sind vielleicht nicht körperlicher, sondern seelischer Art, aber sie sind dennoch schwer und chronisch. Sie können beispielsweise durch mangelnde Vergebungsbereitschaft oder das Festhalten an erlittenen seelischen Verletzungen verursacht werden und sie können sich auf die Persönlichkeit, die Beziehungen und das Selbstbild auswirken. So wie der Mann am Teich legen manche Menschen auch heute die Hände in den Schoß und warten Jahr um Jahr darauf, dass irgendein Wunder geschieht und sich alles schlagartig bessert.

Wenn es Ihnen ernst damit ist, körperlich und seelisch heil zu werden, dürfen Sie nicht länger herumliegen und sich selbst bemitleiden. Reden Sie sich nicht länger heraus. Der heutige Tag kann zu einem Wendepunkt in Ihrem Leben werden. Vertrauen Sie Gott, stehen Sie auf, und wagen Sie den Schritt in die großartige Zukunft, die er für Sie bereithält.

~ 6. JULI ~

Willst du gesund werden?

Der Vater rief: „Ich glaube! Aber hilf mir, dass ich nicht zweifle!"

MARKUS 9,24

SIE BRAUCHEN NICHT deprimiert und mutlos zu sein; weigern Sie sich, mit einer Opfermentalität zu leben. Vielleicht sagen Sie: „Ich verstehe einfach nicht, warum mir das passiert. Ich verstehe nicht, warum ich krank geworden bin. Warum ist dieser Mensch, den ich so geliebt habe, gestorben? Warum ist meine Ehe zerbrochen? Warum bin ich als Kind misshandelt worden?" Schieben Sie all dies nicht als Entschuldigung dafür vor, sich in Selbstmitleid zu ergehen, denn das würde nur dazu führen, dass es Ihnen immer schlechter geht.

Der heutige Tag kann zu einem Wendepunkt und Neuanfang in Ihrem Leben werden. Bringen Sie genug Glauben auf, um zu sagen: „Gott, ich verstehe es nicht, aber ich vertraue dir trotzdem, dass du etwas Gutes daraus machst. Du bist ein guter Gott, und ich weiß, dass du nur mein Bestes willst. Du hast versprochen, dass für die Menschen, die dich lieben, alles zum Guten führt." Das ist Glaube, und das ist die Einstellung, die Gott belohnt.

~ 7. JULI ~

Strecken Sie sich nach Höherem aus

Hanna war ganz in ihren Kummer versunken und weinte bitterlich, während sie zum Herrn flehte.

1. SAMUEL 1,10

MEINE MUTTER HATTE als Kind Polio. Sie musste viele Jahre lang eine Beinschiene tragen und auch heute noch ist eines ihrer Beine kürzer als das andere. Mutter hätte mit Leichtigkeit sagen können: „Gott, warum ist mir das passiert?" Aber sie weigerte sich, sich selbst als Opfer zu sehen, und Gott trug sie durch dieses Problem hindurch.

Schwierigkeiten können entweder dazu führen, dass Sie bitter werden – oder dazu, dass Sie lernen, besser mit Niederlagen umzugehen. Sie können Sie entweder herunterziehen oder Sie dazu inspirieren, sich nach neuen Höhen auszustrecken. Es ist leicht, sich herauszureden und eine schlechte Einstellung oder ein miserables Selbstbild zu haben. Jeder kann das. Aber wenn Sie jetzt das Beste aus Ihrem Leben machen wollen, müssen Sie sich nach Gott ausstrecken, Ihr Selbstmitleid abschütteln und Ihr Leben weiterleben.

~ 8. Juli ~

Werden Sie nicht verbittert

Hört auf, andere zu verurteilen,
und ihr werdet auch nicht verurteilt werden. Hört auf, andere zu tadeln,
oder es wird euch ebenso ergehen. Wenn ihr anderen vergebt,
wird euch auch vergeben werden.
LUKAS 6,37

IN DER BIBEL steht ein interessanter Bericht über ein Kind von König David, das schwer krank war (2. Samuel 2,12). Obwohl David sieben Tage lang fastete und betete, starb das Kind. David war verzweifelt, aber er wurde nicht bitter und stellte Gott nicht infrage. Nein, er hatte den Mut, Gott trotz seiner Enttäuschung zu vertrauen. Er wusch sich das Gesicht und ging vorwärts.

Wenn Ihnen Dinge widerfahren, die Sie nicht verstehen, werden Sie nicht verbittert. Stellen Sie Gott nicht infrage. Machen Sie es wie David: Waschen Sie Ihr Gesicht, behalten Sie eine gute Einstellung und gehen Sie vorwärts. Wenn Sie voller Zuversicht und Glauben an Gott festhalten, wird er Ihre seelischen Verletzungen heilen. Ja, er wird sie sogar zu Ihrem Heil gebrauchen, und es wird Ihnen am Ende vielleicht sogar besser gehen, als wenn Sie sie nie erlitten hätten.

~ 9. JULI ~

Die ewigen Fragen nach dem Warum

Sollte nicht der Richter der ganzen Welt gerecht handeln?

1. MOSE 18,25B

VERSCHWENDEN SIE KEINE weitere Minute mehr damit, darüber nachzugrübeln, warum Ihnen oder Ihren Lieben bestimmte schlimme Dinge zugestoßen sind. Vielleicht erfahren Sie die Antwort nie. Aber schieben Sie das nicht als Entschuldigung dafür vor, sich in Selbstmitleid zu ergehen. Lassen Sie die Sache auf sich beruhen, stehen Sie auf und gehen Sie los. Vertrauen Sie Gott, und akzeptieren Sie einfach, dass Sie nicht auf alle Fragen eine Antwort finden. Dass Sie die Antwort nicht kennen, bedeutet nicht, dass es keine gibt.

Jeder von uns sollte einen, wie ich es nennen würde, „Verstehe-ich-nicht"-Ordner haben. Wenn etwas passiert, wofür Sie keine vernünftige Erklärung haben, dann stecken Sie es einfach, statt sich mit dem „Warum" zu beschäftigen, in Ihren „Verstehe-ich-nicht"-Ordner. Lassen Sie sich nicht länger von solchen Dingen gefangen nehmen – schütteln Sie diese Fesseln ab und gehen Sie vorwärts.

~ 10. Juli ~

Graben Sie tiefer

Versucht, mit allen Menschen in Frieden zu leben, und bemüht euch, ein heiliges Leben nach dem Willen Gottes zu führen, denn wer nicht heilig ist, wird den Herrn nicht sehen. Achtet aufeinander, damit niemand die Gnade Gottes versäumt. Seht zu, dass keine bittere Wurzel unter euch Fuß fassen kann, denn sonst wird sie euch zur Last werden und viele durch ihr Gift verderben.

Hebräer 12,14–15

VIELE MENSCHEN VERSUCHEN, ihr Leben dadurch zu verbessern, dass sie sich mit vordergründigen Dingen befassen. Sie bemühen sich, ihre schlechten Angewohnheiten, ihre schädliche Einstellung, ihr zorniges Temperament und ihr negatives, bitteres Wesen abzulegen. Es ist gut, dass sie sich mit der Frucht ihres Lebens beschäftigen, aber sie werden diese Frucht nicht ändern können, ohne bis zur Wurzel vorzudringen. Denn solange in ihrem Innern diese bittere Wurzel wächst, wird das Problem bestehen bleiben. Vielleicht gelingt es ihnen eine Zeitlang, ihr Verhalten zu kontrollieren oder eine gute Einstellung beizubehalten, aber sie können nicht wirklich frei werden.

Erst wenn sie tiefer graben und an die Wurzel gelangen, werden sie das wahre Problem in den Griff bekommen, es überwinden und damit beginnen, sich wirklich zu verändern.

~ 11. JULI ~

Die Macht der Vergebung

... und vergib uns unsere Schuld, wie wir denen vergeben haben, die an uns schuldig geworden sind.

MATTHÄUS 6,12

GIBT ES BEREICHE in Ihrem Leben, die Ihnen ständig zu schaffen machen, weil es Ihnen einfach nicht gelingt, sich zu ändern, sosehr Sie sich auch bemühen? Wenn das so ist, dann bitten Sie Gott, Ihnen zu zeigen, was Sie daran hindert, frei zu werden.

Ich erinnere mich an eine junge Frau, die zu meinem Vater kam, weil sie seelsorgerliche Hilfe benötigte. Sie war als Teenager von ein paar jungen Burschen sexuell belästigt worden. Das hatte zur Folge, dass sie keine intime Beziehung zu ihrem Mann haben konnte. Sie begriff, dass all der Zorn und Hass auf diese Jungen, den sie immer noch in ihrem Herzen trug, die Beziehung zu ihrem Mann belastete. Sie wusste, dass es nicht einfach sein würde, den Jungen zu vergeben, aber sie tat es, denn sie wollte nicht länger zulassen, dass die Vergangenheit ihre Gegenwart und ihre Zukunft vergiftete. Interessanterweise konnte sie von diesem Tag an das Zusammensein mit ihrem Mann genießen. Sie hatte die bittere Wurzel ausgerissen und dadurch der Vergangenheit die Macht genommen.

~ 12. JULI ~

Treiben Sie keine Schulden ein

An seinem eigenen Körper hat er unsere Sünden an das Kreuz hinaufgetragen, damit wir für die Sünde tot sind und für die Gerechtigkeit leben können. Durch seine Wunden seid ihr geheilt worden!

1. PETRUS 2,24

WENN WIR HIER und heute glücklich leben wollen, müssen wir den Menschen vergeben, die uns in der Vergangenheit verletzt haben. Allzu oft versuchen wir, die Schulden, die andere bei uns haben, selbst „einzutreiben". Wenn uns jemand wehtut, haben wir das Gefühl, dass derjenige in unserer Schuld steht. Irgendjemand sollte für den Schmerz, den wir erlitten haben, bezahlen! So lassen wir unseren Frust an anderen Menschen aus, auch wenn sie gar nichts damit zu tun hatten.

Aber das Problem ist: Nur Gott kann diese Schuld wiedergutmachen; Menschen sind dazu nicht imstande. Und außerdem sollten Sie etwas, das in der Vergangenheit geschehen ist, nicht in Ihre heutigen Beziehungen hineintragen. Bestrafen Sie Ihren Ehepartner, Ihre Kinder, Ihre Freunde oder Ihre Kollegen nicht für etwas, das Ihnen früher einmal jemand angetan hat. Bringen Sie es zu Gott und halten Sie Ihr Herz frei von Groll und Bitterkeit.

~ 13. JULI ~

Machen Sie jeden Morgen einen neuen Anfang

Sündigt nicht, wenn ihr zornig seid,
und lasst die Sonne nicht über eurem Zorn untergehen.

EPHESER 4,26

IN DER BIBEL steht, dass wir jeden Tag unbelastet und mit einer guten Einstellung beginnen sollen. Dies gilt vor allem für unsere Beziehungen zu unseren Angehörigen. Lassen Sie nicht zu, dass Kleinigkeiten zu Problemen aufgebauscht werden. Geben Sie Groll und Bitterkeit keinen Raum. Lassen Sie nicht zu, dass sich verkehrte Einstellungen entwickeln, auch nicht solche, die Ihnen unbedeutend erscheinen. Denn im Laufe der Zeit kann solch ein kleiner Groll immer belastender werden und größere Probleme verursachen. Sie müssen Ihr Bestes tun, um Ihr Herz frei und rein zu erhalten, sonst werden sich Zorn und Bitterkeit darin ausbreiten und Ihre Beziehungen vergiften.

Vergeben Sie jeden Morgen den Menschen, die Sie verletzt haben. Lassen Sie jeden Morgen Ihre Enttäuschungen und Niederlagen los. Empfangen Sie jeden Morgen die Gnade und Vergebung Gottes für die Fehler, die Sie gemacht haben. Konzentrieren Sie sich heute auf Ihre Möglichkeiten. Konzentrieren Sie sich auf das, was Sie ändern können, und beschäftigen Sie sich nicht mit dem, worauf Sie keinen Einfluss haben.

~ 14. JULI ~

Empfangen Sie seine Gnade

Dankt dem Herrn, denn er ist gut und seine Gnade bleibt ewig bestehen.

1. CHRONIK 16,34

WAS PASSIERT IST, ist passiert, und Sie müssen lernen, sich damit abzufinden. Wenn Sie gestern aus der Haut gefahren sind, dann denken Sie nicht länger darüber nach. Sie können es nicht ungeschehen machen. Bitten Sie um Vergebung und machen Sie es heute besser. War Ihr Chef unfreundlich zu Ihnen? Nehmen Sie es sich nicht zu Herzen. Gehen Sie morgen nicht mit einem miesen Gefühl zur Arbeit. Morgen ist ein neuer Tag! Sie sind nicht befördert worden? Gut, dann hält Gott wahrscheinlich etwas Besseres für Sie bereit.

Übernehmen Sie Verantwortung für Ihre Worte und Taten. Wenn Sie etwas falsch gemacht oder jemanden gekränkt oder verletzt haben, sollten Sie denjenigen um Verzeihung bitten. Aber Sie müssen nicht versuchen, etwas in Ordnung zu bringen, von dem Sie wissen, dass es sich nicht in Ordnung bringen lässt. Wenn Sie alles getan haben, was Ihnen möglich ist, dann überlassen Sie die Sache einfach Gott. Empfangen Sie seine Gnade, gehen Sie vorwärts und machen Sie jetzt das Beste aus Ihrem Leben.

~ 15. JULI ~

Werden Sie das Gift los

Erforsche mich, Gott, und erkenne mein Herz, prüfe mich und erkenne meine Gedanken. Zeige mir, wenn ich auf falschen Wegen gehe, und führe mich den Weg zum ewigen Leben.

PSALM 139,23–24

VOR VIELEN JAHREN starben in einem kleinen Dorf im afrikanischen Busch viele Menschen, weil ihr Trinkwasser verunreinigt war. Sie holten ihr Wasser aus einem Fluss, der in den Bergen entsprang. Einige Taucher, die den Grund für die Verschmutzung herausfinden sollten, entdeckten schockiert, dass ein paar ertrunkene Schweine am Grund der Quelle festgeklemmt waren und das klare, reine Quellwasser verschmutzten. Nachdem die Taucher die toten Schweine entfernt hatten, war das Wasser innerhalb kürzester Zeit wieder kristallklar und sauber.

Etwas Ähnliches geschieht in unserem Leben, wenn wir nicht vergeben und eine bittere Wurzel in unserem Herzen aufwächst, die unsere Seele verschmutzt. Sie müssen dieses Gift loswerden, das Ihr Leben verunreinigt. Gehen Sie heute dagegen an, indem Sie jemandem vergeben, der Sie verletzt hat. Heute ist ein neuer Tag – genießen Sie die Freiheit, die Gott Ihnen schenken will.

~ 16. Juli ~

Lebendiges Wasser

Wer an mich glaubt, aus dessen Innerem werden Ströme lebendigen Wassers fließen, wie es in der Schrift heißt.

Johannes 7,38

WENN WIR NICHT bereit sind zu vergeben, wird unser Herz von Bitterkeit vergiftet. Und was noch schlimmer ist: Nach einer Weile finden wir uns damit ab und lernen, damit zu leben. Wir sagen: „Tja, ich bin eben ein zorniger Mensch. Das ist ein Charakterzug von mir. Ich bin immer verbittert. So bin ich eben." Nein, so sind Sie nicht. Sie sollen ein kristallklarer Fluss sein. Gott hat Sie nach seinem Bild geschaffen. Er will, dass Sie Ihr Leben von ganzem Herzen genießen. Er möchte nicht, dass Sie mit Groll und Bitterkeit leben, selbst voller Gift sind und alle verunreinigen, mit denen Sie in Kontakt kommen.

Es ist gleichgültig, wie verschmutzt das Wasser in Ihrem Leben heute ist. Wenn Sie anfangen, den Menschen zu vergeben, die Sie gekränkt haben, und all diese Schmerzen und Verletzungen loslassen, wird die Verbitterung verschwinden, und Sie werden anfangen, die Freude, den Frieden und die Freiheit zu erfahren, die Gott Ihnen schenken möchte.

Vergeben Sie schnell und bereitwillig

Da wir also einen großen Hohen Priester haben …
wollen wir mit aufrichtigem Herzen in die Gegenwart Gottes treten
und ihm ganz und gar vertrauen. Denn unsere Herzen wurden mit
dem Blut Christi besprengt, um unsere Gewissen von Schuld zu reinigen,
und unsere Körper sind mit reinem Wasser gewaschen!

HEBRÄER 10,21–22

MEIST SIND ES die kleinen Dinge, die uns in Schwierigkeiten bringen. Vielleicht verbringt Ihr Ehepartner nicht so viel Zeit mit Ihnen, wie Sie sich wünschen, und Sie merken, wie Sie bitter werden. Sie sind kurz angebunden, unfreundlich und sarkastisch oder sprechen in Rätseln. Statt schnell zu vergeben und die Schmerzen und Verletzungen der Vergangenheit loszulassen, begraben wir sie tief in unserem Herzen und in unseren Gedanken. Wir wollen nicht über das Problem sprechen. Wir wollen nicht darüber nachdenken. Wir möchten es ignorieren und hoffen, dass es von selbst verschwindet. Doch das wird nicht passieren.

Lassen Sie nicht zu, dass Ihr Herz verschmutzt wird. Vergeben Sie schnell und bereitwillig, dann wird die Freude am Herrn in Ihrem Innern wieder sprudeln wie ein klarer Gebirgsbach.

~ 18. Juli ~

Nutzen Sie die Zeit

Lehre uns, unsere Zeit zu nutzen, damit wir weise werden.

Psalm 90,12

UNSERE ZEIT HIER auf Erden ist so kurz. Es wäre doch schade, wenn wir zuließen, dass irgendetwas, das in der Vergangenheit passiert ist, auch nur einen weiteren Tag ruiniert. Wenn Sie in einen Verkehrsstau geraten, an dem Sie nichts ändern können, dann machen Sie sich klar, dass Gott immer noch alles unter Kontrolle hat. Wenn jemand Sie verletzt, sollten Sie die Einstellung haben: *Ich lasse nicht zu, dass mir das den Rest des Tages verdirbt. Nein, ich reise mit leichtem Gepäck; ich lade mir keinen zusätzlichen Ballast auf.*

Ich bin fest entschlossen, mein Bestes zu tun, um jeden einzelnen Tag meines Lebens zu genießen. Ich mache vielleicht Fehler, und die Dinge laufen nicht immer so, wie ich mir das vorstelle. Ich bin vielleicht manchmal enttäuscht, aber ich habe eine Entscheidung getroffen: Ich werde nicht zulassen, dass das, was geschieht oder nicht geschieht, mir meine Freude raubt und mich daran hindert, das Leben im Überfluss zu genießen, das Gott mir schenken will.

~ 19. JULI ~

Vorsicht, Falle!

„Dann verurteile ich dich auch nicht", erklärte Jesus. „Geh und sündige nicht mehr."

JOHANNES 8,11

WENN SIE MORGENS aufstehen, denken Sie vielleicht an die Fehler, die Sie am vergangenen Tag gemacht haben – an die Situationen, als Sie Mist gebaut haben, als Sie eine schlechte Einstellung hatten oder als Sie sich nicht beherrschen konnten. Nein, fangen Sie Ihren Tag nicht so an. Sagen Sie morgens beim Aufstehen: „Vater, ich danke dir, dass das ein großartiger Tag wird. Ich danke dir, dass ich Disziplin und Selbstkontrolle besitze und dass ich kluge Entscheidungen treffe. Ich habe gestern vielleicht nicht alles getan, was ich hätte tun können, aber das ist vorbei. Heute werde ich es besser machen."

Wenn Sie morgens schon mit dem Gefühl aufwachen, dass Sie am Vortag versagt haben, müssen Sie sofort etwas dagegen unternehmen. Sonst wird dieser Tag genauso misslingen, weil Sie die ganze Zeit über missmutig und niedergeschlagen sind. Passen Sie auf, dass Sie nicht in diese Falle tappen.

Vergessen Sie, was Gott vergisst

So fern der Osten vom Westen ist,
hat er unsere Verfehlungen von uns entfernt.

PSALM 103,12

WENN SIE FEHLER machen, bitten Sie Gott um Vergebung, und gehen Sie dann zur Tagesordnung über. Vertrauen Sie darauf, dass Gott Ihnen sofort vergibt, wenn Sie ihn darum bitten. Und er vergibt Ihnen nicht nur, er beschließt, sich überhaupt nicht an Ihre Fehler zu erinnern. Wenn irgendjemand ständig negative Vorkommnisse aus Ihrer Vergangenheit hervorholt, dann seien Sie gewiss, dass das nicht Gott ist. Er führt noch nicht einmal Buch über all dies. Er wird nicht durch seine Akten blättern und sagen: „Oh, warte mal einen Augenblick. Da war doch diese Sache im Jahr 2005. Ich kann dich nicht segnen."

Nein, was Gott angeht, haben Sie überhaupt keine Vergangenheit. Sie ist vergeben und vergessen. Sie sind bereit für eine tolle Gegenwart und eine großartige Zukunft. Gott hat die Vergangenheit losgelassen. Die Frage ist: Werden Sie sie auch loslassen? Werden Sie aufhören, sich an das zu erinnern, was Gott vergessen hat?

~ 21. Juli ~

Der Gott der zweiten Chancen

Doch wenn wir ihm unsere Sünden bekennen, ist er treu und gerecht, dass er uns vergibt und uns von allem Bösen reinigt.

1. Johannes 1,9

IM ALTEN TESTAMENT wird uns berichtet, wie König David einen Mann ermorden ließ, damit er dessen Frau heiraten konnte. Aber als David seine Tat bereute, vergab Gott ihm und gebrauchte ihn trotzdem in großartiger Weise. Und in der Apostelgeschichte lesen wir von einem Mann namens Saulus, der die Christen hasste und verfolgte und sie ins Gefängnis werfen ließ. Dennoch vergab Gott ihm und gab ihm einen neuen Namen. Paulus schrieb beinah die Hälfte der Bücher des Neuen Testaments.

Wir machen alle Fehler, aber Gott zieht uns nicht aus dem Verkehr, nur weil wir versagt haben. Er ist ein Gott der zweiten Chancen. Sie haben vielleicht Plan A für Ihr Leben verpasst, aber Gott hat einen Plan B und einen Plan C und einen Plan D und einen Plan E. Gott wird immer einen Weg finden, um Sie an Ihr Ziel zu bringen, wenn Sie ihm vertrauen.

~ 22. JULI ~

Schönheit statt Asche

Er hat mich gesandt, um es den Trauernden zu ermöglichen, dass ihnen ein Kopfschmuck anstelle von Asche, Freudenöl anstelle von Trauerkleidern und Lobgesang anstelle eines betrübten Geistes gegeben werde und dass man sie „Eichen der Gerechtigkeit“ und „Pflanzung zur Verherrlichung des Herrn“ nennen kann.

JESAJA 61,3

MEIN VATER HEIRATETE früh und leider endete die Ehe mit einer Scheidung. Seine Träume waren zerbrochen, weil er falsche Entscheidungen getroffen hatte, und er glaubte nicht, dass er jemals wieder predigen oder noch einmal heiraten würde. Er hätte die Hoffnung aufgeben können, den Plan Gottes für sein Leben zu erfüllen. Aber Daddy traf die Entscheidung, Gottes Gnade zu empfangen, und nach und nach brachte Gott sein Leben in Ordnung und setzte ihn wieder zum Dienst ein. Schließlich verliebte er sich und heiratete wieder. Er leitete über 40 Jahre lang die *Lakewood*-Gemeinde in Houston und heute arbeiten alle fünf Kinder meiner Eltern in einer Gemeinde mit. Gott nahm das, was der Feind zum Bösen gebrauchen wollte, drehte es herum und gebrauchte es zum Guten.

Gott gab Daddy Schönheit statt Asche und er kann dasselbe für Sie tun.

~ 23. Juli ~

Schütteln Sie die Vergangenheit ab

Als wir das hörten, ängstigten wir uns schrecklich!
Keiner hat noch den Mut zu kämpfen.
Denn der Herr, euer Gott, ist der Gott
oben im Himmel und unten auf der Erde.

Josua 2,11

RAHAB WAR EINE Prostituierte, aber sie setzte ihr Vertrauen auf Gott und bekannte dies den jüdischen Spionen, die in ihre Heimatstadt Jericho gekommen waren. Gott gebrauchte sie, um Israel einen gewaltigen Sieg zu schenken (Josua 2). Sie hätte sich leicht zu schuldig fühlen können, um vorwärtszugehen. Sie konnte zwar nichts an ihrer Vergangenheit ändern, aber sie hatte die Möglichkeit, ihre gegenwärtige Lage zu beeinflussen, indem sie den Spionen half.

Niemand ist zu tief gefallen für Gott, ganz egal, was er oder sie getan hat. Vielleicht haben Sie ein paar schwere Fehler gemacht, und jetzt sind Sie voller Schuldgefühle und denken, Sie seien zu nichts mehr fähig. Aber Gott liebt Sie immer noch und seine Gnade ist niemals erschöpft. Bitten Sie um Vergebung und dann gehen Sie vorwärts. Gott hat einen großartigen Plan für Ihr Leben und er kann ihn verwirklichen.

~ 24. JULI ~

Geben Sie die Opfer-Mentalität auf

Steh auf und leuchte!
Denn dein Licht ist gekommen und die Herrlichkeit des Herrn erstrahlt über dir.

JESAJA 60,1

ALLZU VIELE MENSCHEN leben heute mit einer Opfer-Mentalität. Sie sind auf das fixiert, was sie durchgemacht haben, und beklagen sich ständig darüber, wie ungerecht das war. Dabei merken sie gar nicht, dass sie die Schmerzen, die sie in der Vergangenheit erlitten haben, hinter sich herschleppen in die Gegenwart. Es ist, als würden sie jeden Morgen eine große Schubkarre mit altem Müll beladen und sie mitnehmen in den neuen Tag.

Lassen Sie diesen Schrott los! Ihre Vergangenheit muss Ihre Zukunft nicht vergiften. Vielleicht haben Sie Schmerzen und Verletzungen erlitten, aber das bedeutet nicht, dass Gott nun keinen Plan mehr für Sie hätte. Gott hält eine tolle Zukunft für Sie bereit!

~ 25. JULI ~

Leben Sie im Licht

Auch wenn es früher in euch finster war,
seid ihr jetzt vom Licht des Herrn erfüllt;
deshalb lebt nun auch als Kinder des Lichts!
Denn dieses Licht in euch bringt lauter Güte,
Gerechtigkeit und Wahrheit hervor.

EPHESER 5,8–9

WIR HABEN ALLE den Wunsch, von unserer Vergangenheit frei zu werden, aber damit dies geschehen kann, müssen wir ein wichtiges Grundprinzip verstehen: Die Vergangenheit ist *vergangen.* Sie können nichts von dem, was Ihnen widerfahren ist, ungeschehen machen. Sie können die Zeit nicht zurückdrehen und keinen Augenblick Ihres Lebens noch einmal leben. Aber Sie haben Einfluss auf das Hier und Heute. Ihre Haltung sollte sein: *Ich werde mich nicht länger mit den negativen Dingen beschäftigen, die mir widerfahren sind. Ich werde nicht über all das nachdenken, was ich verloren habe. Ich werde nicht auf das schauen, was hätte passieren können oder sollen. Heute ist ein neuer Tag, und ich werde nach vorn schauen und vorangehen, denn ich weiß, dass Gott eine großartige Zukunft für mich hat.*

Wenn Sie das tun, wird Gott Ihnen einen neuen Anfang schenken.

~ 26. JULI ~

Leben Sie mit einer Sieger-Mentalität

30 Tage lang trauerten die Israeliten in den Ebenen von Moab um Mose, bis die übliche Trauerzeit vorüber war.

5. MOSE 34,8

IM ALTEN TESTAMENT lesen wir, dass die Menschen in Zeiten der Trauer ihre Stirn mit Asche bestrichen, um dadurch ihren Schmerz zum Ausdruck zu bringen. Diese Art der Trauer war zulässig und wurde erwartet. Interessanterweise war es dem Volk Gottes erlaubt, für eine gewisse Zeit zu trauern, aber dann befahl Gott ihnen, vorwärtszugehen und ihr Leben weiterzuführen.

Dasselbe gilt auch für uns. Wenn wir einen Verlust oder eine Enttäuschung erleben, erwartet Gott nicht von uns, dass uns das völlig unberührt lässt. Es ist in Ordnung, eine Zeit lang zu trauern. Aber passen Sie auf, dass Sie nicht an diesem Punkt stehen bleiben. Lassen Sie nicht zu, dass die Trauer zu Ihrem Lebensstil wird. Sie dürfen kein verbitterter, negativer Mensch werden, der innerlich voller Groll und Selbstmitleid ist. Gott will Ihre Situation verändern. Fangen Sie heute Morgen an, mit einer Sieger-Mentalität zu leben.

Erheben Sie sich aus der Asche

Mein Diener Mose ist jetzt tot. Geh nun zusammen mit meinem Volk über den Jordan in das Land, das ich den Israeliten gebe.

Josua 1,2

Die Bibel berichtet uns von einem frommen Mann namens Hiob, der unvermittelt seine Familie, seine Gesundheit und all seinen Besitz verlor. Es überrascht nicht weiter, dass er angesichts dieser persönlichen Tragödie einige falsche Entscheidungen traf – jedenfalls anfänglich. So lesen wir, dass er sich mitten in die Asche setzte und sich mit einer Tonscherbe kratzte (Hiob 2,8).

Sitzen Sie heute in der Asche einer persönlichen Niederlage? Sind Sie immer noch missmutig, weil Sie damals nicht befördert worden sind? Haben Sie eine negative Einstellung, weil Sie das Haus oder das Auto nicht kaufen konnten, das Sie sich so sehr gewünscht hatten? Sind Sie verbittert, weil ein Beziehung zerbrochen ist oder weil Sie in Ihrer Kindheit schlecht behandelt wurden? Hören Sie auf, über Dinge zu trauern, die „Schnee von gestern“ sind. Heute ist ein neuer Tag. Gerade jetzt kann Ihre Zukunft beginnen!

~ 28. Juli ~

Stehen Sie auf

Wach auf, du Schläfer, steh von den Toten auf,
dann wird Christus dir aufleuchten.

Epheser 5,14

ICH SPRACH EINMAL mit einer jungen Frau, deren Eltern es sich nicht leisten konnten, sie zum College zu schicken. Auch ihr Antrag auf ein Stipendium wurde abgelehnt, und sie konnte nicht das Geld aufbringen, das sie für ihr Studium benötigte. Sie nahm eine Arbeitsstelle an, die ihr nicht gefiel, und nun spritzte das Gift förmlich aus ihr heraus. Sie war so bitter und negativ eingestellt, dass sie dadurch ihre gesamte Zukunft zerstörte. Ich sagte zu ihr: „Sie müssen all das loslassen, bevor sich etwas ändern kann. Sie müssen aufhören, daran zu denken, darüber zu reden und sich immer wieder damit zu beschäftigen. Der Feind hat ein brennendes Interesse daran, dass Sie für den Rest Ihres Lebens eine negative, mürrische Einstellung haben."

Wenn auch Sie diesen Fehler gemacht haben, gibt es eine gute Nachricht für Sie: Gott will all diese negativen Erfahrungen nehmen und zu Ihrem Vorteil gebrauchen – wenn Sie den Mut aufbringen, Ihren Teil zu tun und aufzustehen.

~ 29. Juli ~

Richten Sie den Blick nach vorn

Aber sie haben nicht gehorcht, sie haben nicht einmal richtig zugehört.
Sie haben stattdessen getan, was ihnen in den Sinn kam
und was ihr böses Herz ihnen eingab zu tun.
Sie drehten mir den Rücken zu – und damit das Gesicht weg von mir.

Jeremia 7,24

DER APOSTEL PAULUS brannte für Gott und diese Einstellung spiegelte sich auch in seinem Alltagsleben wider. Er schrieb: „Ich lasse alles hinter mir und sehe nur noch, was vor mir liegt“ (Philipper 3,3b; Gute Nachricht). Ich rate Ihnen, sich heute Morgen dieselbe Haltung zu eigen zu machen. Schütteln Sie die Asche der gestrigen Enttäuschungen und entmutigenden Erlebnisse von sich ab und sagen Sie sich selbst: „Ich werfe meinen Rückspiegel fort. Ich werde nicht länger an die Situationen denken, in denen ich schlecht behandelt wurde oder den Kürzeren gezogen habe. Ich werde nicht nach links oder rechts schauen. Ich richte meinen Blick nach vorn und gehe vorwärts, denn ich weiß, dass Gott Gutes für mich bereithält.“

~ 30. Juli ~

Vergeben Sie – um Ihrer selbst willen

Wer seine Sünden verheimlicht, dem wird es nicht gut gehen. Aber wenn er sie bekennt und davon lässt, wird er Barmherzigkeit finden.

Sprüche 28,17

VOR ZWANZIG ODER dreißig Jahren versuchten mehrere amerikanische Firmen mit Erlaubnis der Regierung, Giftmüll unter der Erde zu lagern. Sie füllten große Metallcontainer mit chemischem Abfall und anderen lebensgefährlichen Stoffen, versiegelten die Behälter und vergruben sie tief unter der Erdoberfläche. Aber schon nach kurzer Zeit begannen viele der Container zu lecken, und der Giftmüll begann, in die Erde zu sickern und alle möglichen Probleme zu verursachen. An manchen Orten brachte er die Vegetation zum Absterben und verseuchte das Grundwasser und viele Menschen mussten umziehen. Was war schiefgelaufen? Die Leute hatten versucht, etwas zu vergraben, das zu giftig war. Das Material besaß so viel Kraft, dass die Container ihm nicht standhalten konnten. Hätten sie es gleich zu Beginn ordnungsgemäß entsorgt, wäre dieses furchtbare Problem gar nicht entstanden.

Ebenso ist es mit uns. Wenn uns jemand verletzt hat, müssen wir bereit sein zu vergeben. Sonst wird das Gift der Unversöhnlichkeit unser Leben verseuchen und uns die Zukunft verderben.

~ 31. JULI ~

Behüten Sie Ihr Herz

Vor allem aber behüte dein Herz,
denn dein Herz beeinflusst dein ganzes Leben.

SPRÜCHE 4,23

WENN UNS JEMAND verletzt oder unrecht tut, dann vergraben wir das oft tief in unserem Innern, statt es loszulassen und Gott zu vertrauen, dass er uns entschädigt. Wir versuchen, Schuldzuweisungen, Groll, Ärger und andere destruktive Reaktionen in unsere „absolut dichten" Container zu stopfen. Doch leider werden die Dinge, die Sie in Ihrem Unterbewusstsein versenkt oder im hintersten Winkel Ihres Herzens vergraben haben, eines Tages wieder an die Oberfläche kommen. Wir können nicht mit Gift in unserem Innern leben und erwarten, es würde uns nicht schaden.

Vergebung ist der Schlüssel, der Sie von all diesem Giftmüll befreit. Vergeben Sie den Menschen, die Sie verletzt haben. Vergeben Sie dem Chef, der Ihnen unrecht getan hat. Vergeben Sie der Freundin, die Sie verraten hat. Vergeben Sie dem Erwachsenen, der Sie misshandelt hat, als Sie klein und hilflos waren. Befreien Sie sich von all diesem Gift. Lassen Sie nicht zu, dass die Wurzel der Bitterkeit sich immer tiefer in Sie hineinfrisst und Ihr Leben verunreinigt.

~ 1. August ~

Lösen Sie Ihre inneren Probleme

Der Herr antwortete ihm: „Ist es recht, dass du deshalb zornig bist?"

Jona 4,4

WIE MACHT SICH der Giftmüll in unserem Leben bemerkbar? Bei manchen Menschen wird er in Form von Ärger sichtbar. Bei anderen riecht er nach Depression. Bei wieder anderen stinkt er nach geringem Selbstwertgefühl. Er kann sich auf verschiedene Arten zeigen, und manchmal richtet er schon Schaden an, bevor wir überhaupt gemerkt haben, dass er wieder an die Oberfläche gedrungen ist. Die Wahrheit ist: Wenn wir Bitterkeit im Herzen haben, dann wird diese letztlich all das verunreinigen, was aus uns herauskommt. Sie wird unsere Persönlichkeit und unsere Einstellung verunreinigen und auch die Art, wie wir andere Menschen behandeln.

Wenn Sie zornig sind, dann fragen Sie sich einmal, warum. Wenn Sie immer eine negative Einstellung haben – zu sich selbst, zu anderen Menschen, zum Leben an sich –, dann haben Sie den Mut, sich zu fragen, warum das so ist. Sie müssen zuerst Ihre inneren Probleme lösen, bevor Sie wirklich glücklich sein können. Erst dann können Sie ein echtes Überwinderleben führen.

~ 2. AUGUST ~

Vergeben Sie, um frei zu sein

Seid stattdessen freundlich und mitfühlend zueinander
und vergebt euch gegenseitig,
wie auch Gott euch durch Christus vergeben hat.

EPHESER 4,32

WENN SIE JETZT das Beste aus Ihrem Leben machen wollen, müssen Sie lernen, rasch zu vergeben. Sie müssen vergeben, um ein glückliches, von Gebundenheiten befreites Leben zu führen. Wenn wir vergeben, tun wir das nicht nur der anderen Person zuliebe, wir tun es für uns. Wenn wir an unseren Vorwürfen festhalten und mit Groll im Herzen leben, bauen wir nur Trennwände um uns auf. Wir glauben, uns selbst dadurch zu schützen, aber das stimmt nicht. Das Einzige, was wir tun, ist, dass wir andere aus unserem Leben ausschließen. Wir werden zu einsamen Gefangenen unserer eigenen Bitterkeit. Und diese Wände sperren nicht nur andere Menschen aus, sie sperren uns selbst ein.

Sie müssen den Menschen, die Sie verletzt haben, vergeben, damit Sie aus dem Gefängnis herauskommen. Vergebung ist eine Entscheidung, aber keine, die Sie nach Ihrem eigenen Gutdünken treffen können.

~ 3. AUGUST ~

Vergeben Sie vollkommen

So hat uns Christus also wirklich befreit. Sorgt nun dafür, dass ihr frei bleibt, und lasst euch nicht wieder unter das Gesetz versklaven.

GALATER 5,1

1973 SPIELTE RUDY Tomjanovich für den Basketballklub *Houston Rockets,* dessen Trainer er später wurde. Mitten im Verlauf eines Spiels, das noch sehr ausgeglichen war, brach plötzlich im Mittelfeld ein Streit aus, und Rudy rannte, so schnell er konnte, dorthin, um zu schlichten. In dem Augenblick, als er ankam, fuhr ein Spieler herum und schlug mit voller Kraft zu. Der Schlag brach Rudy den Schädel, die Nase und die Wangenknochen und brachte ihn beinah um. Es dauerte Monate, bis er sich erholte.

Als er einige Zeit darauf von einem Reporter gefragt wurde, ob er dem anderen Spieler vergeben hätte, antwortete Rudy, ohne eine Sekunde zu zögern: „Ja, absolut. Ich habe ihm vollkommen vergeben ... Ich wusste, wenn ich mein Leben weiterleben wollte, musste ich loslassen. Ich habe es nicht für ihn getan. Ich habe es für mich getan. Ich tat es, um frei zu werden."

~ 4. AUGUST ~

Wahre Freiheit

Wenn ihr denen vergebt, die euch Böses angetan haben,
wird euer himmlischer Vater euch auch vergeben.
Wenn ihr euch aber weigert,
anderen zu vergeben, wird euer Vater euch auch nicht vergeben.

MATTHÄUS 6,14–15

IST IHNEN KLAR, dass Wände der Unversöhnlichkeit auch Mauern sind, die den Segen Gottes in Ihrem Leben zurückhalten? Sie können den freien Fluss seiner Gnade behindern und bewirken, dass Ihre Gebete nicht erhört werden. Sie werden dazu führen, dass Ihre Träume sich nicht erfüllen. Sie müssen diese Wände niederreißen. Solange Sie das nicht tun, werden Sie niemals frei sein. Lassen Sie das Unrecht los, das andere Ihnen angetan haben. Reißen Sie die bittere Wurzel aus Ihrem Leben heraus. Das ist der einzige Weg, wie Sie wirklich frei werden können.

Vielleicht erfahren Sie spürbare körperliche und seelische Heilung, wenn Sie Ihr Herz durchforschen und bereit sind zu vergeben. Vielleicht erleben Sie Gottes Gnade auf eine ganz neue, ungeahnte Weise. Sie werden staunen über das, was geschehen kann, wenn Sie sich von all dem Gift befreien, das Sie jetzt noch in sich tragen.

~ 5. AUGUST ~

Heilung durch Vergebung

Und Gott gab Hiobs Schicksal eine Wendung,
weil er Fürbitte für seine Freunde getan hatte,
ja, er schenkte ihm doppelt so viel, wie er vorher besessen hatte!

HIOB 42,10

ALS ICH NOCH ein Kind war, ging ein Mann in unsere Gemeinde, dessen Hände so von Arthritis verkrüppelt waren, dass er sie kaum gebrauchen konnte. Aber eines Tages hörte er meinen Vater über fehlende Vergebungsbereitschaft predigen. Dad sprach darüber, wie sie die Kraft Gottes daran hindert, in unserem Leben wirksam zu werden, und dass sie die Ursache dafür sein kann, dass unsere Gebete nicht erhört werden. Daraufhin bat der Mann Gott, ihm dabei zu helfen, den Zorn und die Bitterkeit loszulassen, die er gegen die Menschen hegte, die ihn im Laufe der Jahre verletzt hatten. Als er ihnen vergab, geschah etwas höchst Erstaunliches: Nach und nach, einer nach dem anderen, wurden seine Finger wieder gerade, und schließlich waren seine Hände völlig gesund.

Vielleicht werden auch Sie erleben, dass Ihre Gebete schneller erhört werden, wenn Sie die Vergangenheit loslassen und sich von Groll und Bitterkeit befreien.

~ 6. August ~

Prüfen Sie Ihr Herz

Bekennt einander eure Schuld und betet füreinander, damit ihr geheilt werdet.

Jakobus 5,16

ALS MEINE MUTTER 1981 erfuhr, dass sie Krebs hatte, tat sie als Erstes Folgendes: Sie vergewisserte sich, dass ihr Verhältnis zu ihren Mitmenschen nicht durch unvergebene Schuld getrübt war. Sie setzte sich hin und schrieb Briefe an ihre Freunde und Angehörigen, in denen sie die Betreffenden bat, ihr zu vergeben, wenn sie jemals einem von ihnen unrecht getan hatte. Sie wollte sicherstellen, dass nichts Gottes heilende Kraft daran hindern konnte, in sie hineinzuströmen.

Vielleicht haben Sie heute Morgen Probleme, die Sie lösen müssen, oder es gibt Menschen, denen Sie vergeben müssen. Sie können ignorieren, was Sie nun wissen, und zulassen, dass Ihre Unversöhnlichkeit Sie selbst und die Menschen in Ihrer Umgebung weiterhin vergiftet. Oder Sie können etwas viel Besseres tun: Sie können all dies ans Licht bringen und Gott bitten, Ihnen dabei zu helfen, vollkommen zu vergeben und alles loszulassen.

~ 7. August ~

Vertrauen Sie Gottes Gerechtigkeit

Manche Völker verlassen sich auf ihre Heere und Waffen,
wir aber vertrauen dem Herrn, unserem Gott.

Psalm 20,8

VIELLEICHT WURDEN SIE bei einer geschäftlichen Transaktion betrogen, von einem Freund verraten oder einem geliebten Menschen verlassen. Natürlich hinterlassen solche Vorkommnisse tiefe Narben und sind schwer zu vergessen, und es wäre logisch, wenn Sie sich dafür rächen wollten. Viele Leute würden Sie sogar dazu ermutigen. „Wie du mir, so ich dir" ist in der heutigen Gesellschaft ein weitverbreiteter Grundsatz.

Aber Gott hat einen anderen Plan für Sie. Der Verfasser des Hebräerbriefs betont, dass Gott gerecht ist und über sein Volk richten wird (Hebräer 10,30). Wenn Sie jetzt das Beste aus Ihrem Leben machen wollen, müssen Sie lernen, Gott zu vertrauen. Übergeben Sie ihm alles und lassen Sie ihm freie Hand. Er wird Gerechtigkeit in Ihr Leben bringen.

~ 8. AUGUST ~

Reagieren Sie mit Nachsicht

Liebe Freunde, rächt euch niemals selbst,
sondern überlasst die Rache dem Zorn Gottes.
Denn es steht geschrieben: „Ich allein will Rache nehmen;
ich will das Unrecht vergelten", spricht der Herr.

RÖMER 12,19

GOTT HAT VERSPROCHEN: Wenn Sie Ihre Hoffnung auf ihn setzen und darauf vertrauen, dass er Gerechtigkeit in Ihr Leben bringt, wird er Sie für all die unfairen Dinge entschädigen, die Ihnen zugefügt worden sind (Jesaja 61,7–9). Das bedeutet, Sie brauchen nicht zu versuchen, jedem heimzuzahlen, was er Ihnen angetan hat. Sie brauchen sich nicht zu rächen. Gott wird sich der Sache annehmen – er wird Ihre Kämpfe für Sie ausfechten.

Wenn Sie wirklich begreifen, dass Sie nicht alles selbst zurechtrücken müssen, was Ihnen widerfährt, brauchen Sie nicht zu versuchen, Umstände oder Menschen zu manipulieren und die Sache selbst irgendwie hinzubiegen. Überlassen Sie es Gott. Entscheiden Sie sich für den richtigen Weg, reagieren Sie mit Nachsicht, und beobachten Sie, was Gott tut. Denken Sie daran: Er wird Sie immer reichlich entschädigen.

~ 9. AUGUST ~

Gott wird Ihnen helfen

Der Herr wird seinem Volk zu Hilfe kommen,
er wird Erbarmen haben mit den Seinen.

5. MOSE 32,36A (GUTE NACHRICHT)

VOR EIN PAAR Jahren gab es im Leben von Victoria und mir jemanden, der uns in einer geschäftlichen Angelegenheit schlimm geprellt hatte. Wir widerstanden der Versuchung, es ihm heimzuzahlen und ihm das Leben schwer zu machen. Es war schwer für uns, die Sache Gott zu überlassen, und wir mussten uns immer wieder ins Gedächtnis rufen, dass Gott ein gerechter Gott ist. Das Ganze zog sich über mehrere Jahre hin, ohne dass sich irgendetwas veränderte.

Doch eines Tages, aus heiterem Himmel, griff Gott auf übernatürliche Weise ein. Er entfernte den Mann nicht nur aus unserem Leben, er entschädigte uns auch überreich für alles, was dieser uns genommen hatte. Tragischerweise verlor der Mann, der uns zu betrügen versucht hatte, zum Schluss seine Familie, sein Geschäft, seinen Ruf – alles. Ich wünsche das wirklich niemandem, aber auch das ist die Gerechtigkeit Gottes. Am Ende werden wir das ernten, was wir gesät haben.

~ 10. August ~

Wahre Gerechtigkeit

Wenn ihr standhaft bleibt, werdet ihr eure Seelen retten.

Lukas 21,19

WENN SIE VERSUCHEN, es den Menschen heimzuzahlen, die Ihnen unrecht getan haben, verhindern Sie dadurch, dass Gott eingreift. Sie können das Problem entweder auf Gottes Art lösen oder auf Ihre Art. Gehen Sie nicht mit der Einstellung an die Situation heran: *Ich werde ihnen schon zeigen, mit wem sie es zu tun haben.* Das wird Gott davon abhalten, auf seine Weise für Sie einzutreten. Wenn Sie die Tür dafür offen halten wollen, dass Gott wahre Gerechtigkeit in Ihr Leben bringt, müssen Sie ihm die Sache vollkommen überlassen.

Vielleicht befinden Sie sich schon seit Monaten oder gar Jahren in einer schwierigen Situation und nun fragen Sie sich: *Wird Gott mir jemals Gerechtigkeit widerfahren lassen? Interessiert es ihn überhaupt, was ich durchmache?* Geben Sie nicht auf! Fahren Sie fort, das Richtige zu tun. Gott ist dabei, Ihren Charakter zu formen, und Sie bestehen den Test. Denken Sie daran: Je härter der Kampf, desto größer der Lohn. Vertrauen Sie darauf, dass Gott Ihnen *zu seiner Zeit* Gerechtigkeit widerfahren lässt, nicht dann, wenn Sie dies erwarten.

~ 11. August ~

Das Richtige tun

Gott segnet denjenigen, der die Prüfungen des Glaubens geduldig erträgt. Wenn er sich bewährt hat, wird er das ewige Leben empfangen, das Gott denen versprochen hat, die ihn lieben.

Jakobus 1,12

ALS DAVID EIN junger Mann war, wurde er von dem Propheten Samuel zum nächsten König von Israel gesalbt. Kurze Zeit später besiegte er den Riesen Goliat und wurde über Nacht zum Volkshelden. Die Leute liebten ihn und sein Beliebtheitsgrad wuchs ins Astronomische. Aber König Saul, der damalige Regent Israels, wurde furchtbar eifersüchtig auf David und versuchte, ihn zu töten. David musste in die Berge fliehen. Monatelang zog er von Höhle zu Höhle und hielt sich versteckt.

Stellen Sie sich das nur einmal vor. David hatte überhaupt nichts Böses getan. Statt zu rebellieren und die Sache selbst in die Hand zu nehmen, hat er Saul weiterhin Ehre und Respekt gezollt. Das Richtige zu tun, kann uns manchmal durchaus einiges kosten.

Respektieren Sie Autoritätspersonen

Der Herr wird zwischen uns entscheiden. Er wird dich für das strafen, was du mir anzutun versuchst, aber ich werde dir niemals Schaden zufügen.

1. Samuel 24,12

ALS DAVID VON König Saul ungerecht behandelt wurde, hätte er allen Grund gehabt, verbittert zu sein. Er hätte sagen können: „Gott, ich dachte, du hättest mich zum König erwählt. Was ist hier eigentlich los?“ Aber das tat David nicht. Er behielt eine gute Einstellung bei und ließ sich nicht dazu hinreißen, Saul Schaden zuzufügen, als er die Gelegenheit dazu hatte. Obwohl Saul ihn schlecht behandelte, respektierte David dessen Autorität als König.

Es ist leicht, Autoritätspersonen zu respektieren, solange sie uns freundlich behandeln oder wir mit ihnen einer Meinung sind. Die wirkliche Prüfung beginnt, wenn ein „Saul“ in Ihr Leben tritt – wenn jemand Sie ohne ersichtlichen Grund ungerecht behandelt. Wenn Sie dann die richtige Einstellung behalten, wird Gott Sie zur rechten Zeit an den Platz stellen, den er Ihnen zugedacht hat.

~ 13. AUGUST ~

Lernen Sie, Enttäuschungen zu überwinden

Der Herr ist gut zu denen, die auf ihn warten und ihn suchen.

KLAGELIEDER 3,25

EINER DER WICHTIGSTEN Schlüssel, um in die wunderbare Zukunft hineinzuwachsen, die Gott für Sie geplant hat, besteht darin, dass Sie lernen, die Enttäuschungen des Lebens zu überwinden. Da Enttäuschungen erfahrungsgemäß große Hindernisse sein können, wenn man die Vergangenheit loslassen möchte, müssen Sie diese Thematik bewältigen, bevor Sie den nächsten Schritt in Richtung auf ein erfülltes Leben in Angriff nehmen können.

Oft sind das Überwinden von Enttäuschungen und das Loslassen der Vergangenheit die beiden Seiten ein und derselben Medaille, vor allem, wenn Sie von sich selbst enttäuscht sind. Wenn Sie etwas falsch gemacht haben, sollten Sie sich nicht ständig damit beschäftigen und sich deswegen Vorwürfe machen. Geben Sie es zu, bitten Sie um Vergebung und gehen Sie vorwärts. Lassen Sie Ihre Fehler und Ihr Versagen, Ihre Schmerzen, Verletzungen und Sünden schnell und bereitwillig los. Machen Sie Ihr Selbstwertgefühl nicht an Ihren Niederlagen fest.

~ 14. August ~

Vertrauen Sie Gott

Was noch kommen wird, weiß allein der Herr.
Seinen Willen hat er uns und unseren Nachkommen jedoch für immer gezeigt, damit wir alle Anweisungen dieses Gesetzes befolgen.

5. Mose 29,28

Wir alle erleben von Zeit zu Zeit Enttäuschungen. Gleichgültig, wie viel Glauben Sie haben oder wie viel Charakterstärke Sie besitzen – früher oder später wird etwas (oder jemand!) Ihren Glauben in seinen Grundfesten erschüttern. Vielleicht ist es etwas Einfaches, zum Beispiel, dass Sie den Kredit für das Haus nicht bekamen, das Sie so gern haben wollten. Vielleicht ist es auch etwas, das schwerer wiegt – eine zerbrochene Ehe, der Tod eines geliebten Menschen oder eine unheilbare, schmerzhafte Krankheit. Was immer es ist, diese Enttäuschung birgt in sich das Potenzial, Sie aus der Bahn zu werfen und Ihren Glauben zu erschüttern.

Machen Sie sich im Voraus klar, dass Enttäuschungen auf Sie zukommen werden. Stellen Sie sich darauf ein, Gott zu vertrauen, wenn es so weit ist.

~ 15. August ~

Manche Dinge tun einfach weh

Hab keine Angst und verliere nicht den Mut,
denn der Herr selbst wird vor dir hergehen.
Er wird bei dir sein. Er wird sich nicht von dir zurückziehen
und dich nicht im Stich lassen.

5. Mose 31,8

ENTTÄUSCHUNGEN SIND MEIST die Begleiterscheinung von schlimmen Ereignissen. Wenn Sie Ihren Arbeitsplatz verlieren, werden Sie höchstwahrscheinlich sehr enttäuscht sein. Wenn Sie eine Trennung durchmachen, wird das wehtun. Wenn Sie einen geliebten Menschen verlieren, dann ist es völlig normal, dass Sie eine Zeit der Trauer durchmachen.

Wenn Sie einen Verlust erleiden, erwartet niemand von Ihnen, dass Sie ein unerschütterlicher Fels oder eine unzugängliche Insel im Meer sind. Nicht einmal Gott verlangt von Ihnen, dass Sie so hart im Nehmen sind, dass Sie Enttäuschungen einfach ignorieren und von sich abschütteln, als hätten Sie überhaupt kein Schmerzempfinden. Es ist ganz natürlich, dass wir Kummer oder Reue empfinden, wenn wir versagt haben, gescheitert sind oder jemanden verloren haben. So hat Gott uns gemacht. Vertrauen Sie ihm einfach, dass er auch in solchen Zeiten bei Ihnen ist.

~ 16. August ~

Glaube ist gegenwärtig und real

Sie werden heimkommen und auf den Höhen Jerusalems Freudenlieder singen; sie werden strahlen vor Freude über die vielen Gaben, die der Herr ihnen gegeben hat: Korn, Most, Öl, dazu junge Schafe und Rinder. Mein Volk wird wie ein gut bewässerter Garten sein, nie mehr werden sie Mangel leiden müssen.

Jeremia 31,12

WENN SIE JEMANDEN verloren oder eine Niederlage erlebt haben, ist es ganz natürlich, dass Sie eine Zeitlang trauern. Gott hat uns als fühlende Menschen erschaffen. Aber Sie müssen irgendwann die Entscheidung treffen, Ihren Lebensweg fortzusetzen. Das wird nicht automatisch geschehen. Sie müssen entschlossen sagen: „Es ist mir egal, wie schwer das ist – ich werde nicht zulassen, dass mich das noch länger herunterzieht."

Lassen Sie nicht zu, dass Ihr Leben von Kummer und Reue geprägt ist. Das wird nur Ihren Glauben schädigen. Glaube muss immer gegenwärtig und real sein, nicht eine Erinnerung an vergangene Zeiten. Gott wird sich um Ihre Enttäuschungen kümmern und etwas Gutes daraus machen. Er wird Ihre Tränen nehmen und Perlen daraus machen, die zu seiner Ehre funkeln.

~ 17. August ~

Trauern Sie eine Zeitlang

Herr, bist du nicht von alters her mein heiliger Gott? ...
Warum aber siehst du jetzt dem Tun dieser Verräter zu?
Warum schweigst du jetzt, wenn durch diese Räuber andere vernichtet werden, die doch gerechter leben als sie?

Habakuk 1,12–13

DER FEIND TUT nichts lieber, als uns dazu zu bringen, dass wir uns in Selbstmitleid suhlen, uns ärgern und auf Gott und die Welt wütend sind. „Warum ist mir das passiert? Gott liebt mich bestimmt nicht. Er erhört meine Gebete nicht. Warum ist meine Ehe kaputtgegangen? Warum bin ich finanziell am Ende? Warum ist dieser Mensch gestorben, den ich geliebt habe? Warum geht in meinem Leben alles schief?"

Solche Fragen mögen berechtigt sein, und manchmal kann es sogar helfen, eine Zeitlang darüber nachzudenken. Aber wenn Ihnen eine Enttäuschung, die bereits ein Jahr oder länger zurückliegt, immer noch nachgeht und Sie darunter leiden, dann stimmt irgendetwas nicht. Dann stehen Sie Ihrer Zukunft im Wege. Hören Sie auf, Ihre Zeit mit sinnlosen Grübeleien über Dinge zu verschwenden, die Sie nicht ändern können. Es ist Zeit, vorwärtszugehen und damit anzufangen, jetzt das Beste aus Ihrem Leben zu machen.

~ 18. August ~

Gott hat mehr als einen Plan

Doch der Herr tröstet sie und spricht:
„Hör auf zu weinen und zu klagen, denn das,
was du für deine Kinder getan hast, soll nicht vergeblich gewesen sein.
Deine Kinder werden aus dem Land des Feindes zu dir zurückkehren“,
spricht der Herr. „Es gibt noch eine Hoffnung für die Zukunft …“

Jeremia 31,16–17

Manchmal entwickeln sich die Dinge nicht so, wie wir gehofft hatten, auch wenn wir intensiv dafür gebetet haben. Manche Menschen beten, dass ihre Ehe in Ordnung kommt; andere bitten Gott, ein Zerwürfnis zwischen Kollegen zu schlichten. Ich mache den Menschen immer wieder Mut, durchzuhalten, weiterzubeten und daran zu glauben, dass sich alles zum Besten wendet. Aber wir müssen uns auch bewusst sein, dass Gott den Willen eines anderen Menschen nicht manipulieren wird. Er hat jedem den freien Willen gegeben zu wählen, ob er das Richtige oder das Falsche tun will.

Vielleicht sind Sie zutiefst traurig, weil eine Beziehung zerbrochen oder ein Unternehmen bankrottgegangen ist, aber tragen Sie diesen Schmerz nicht Jahr für Jahr mit sich herum. Lassen Sie nicht zu, dass der Gedanke, abgelehnt zu werden oder gescheitert zu sein, an Ihnen frisst und Ihre Zukunft vergiftet. Gott hält etwas Neues für Sie bereit.

~ 19. AUGUST ~

Enttäuschungen können zu Neuanfängen werden

Ich weiß alles, was du tust, und ich habe eine Tür für dich geöffnet, die niemand schließen kann.

OFFENBARUNG 3,8A

WENN GOTT ZULÄSST, dass eine Tür sich schließt, dann wird er eine andere Tür für Sie öffnen und Ihnen etwas Größeres und Besseres zeigen. Die Bibel weist darauf hin, dass Gott das Böse, das der Feind in unser Leben bringt, nehmen und in etwas Gutes verwandeln wird (1. Mose 50,20). Gott will Ihre Enttäuschungen in Neuanfänge verwandeln. Aber Sie müssen sich einer Sache bewusst sein: Ob Sie all diese guten Dinge erleben, hängt zu einem hohen Grad davon ab, ob Sie bereit sind, die Vergangenheit loszulassen.

Setzen Sie kein Fragezeichen, wo Gott einen Punkt gesetzt hat. Hören Sie auf, über Dinge nachzugrübeln, die Geschichte sind. Richten Sie Ihre Aufmerksamkeit auf das, was Sie ändern können, nicht auf das, was Sie nicht ändern können. Schütteln Sie diese „Hätte-ich-doch-wäre-ich-doch“-Haltung ab, und lassen Sie nicht zu, dass das Bedauern über gestern die Träume von morgen zunichtemacht.

~ 20. AUGUST ~

Gott will Ihnen Heilung schenken

Er weidet mich auf grünen Auen und führt mich zu stillen Wassern. Er erquickt meine Seele.

PSALM 23,2–3A (SCHLACHTER)

SIE HABEN KEINEN Einfluss auf das, was vorbei ist, aber Sie haben großen Einfluss auf das, was noch kommt. Vielleicht haben Sie einige falsche Entscheidungen getroffen, die Ihnen viel Kummer und Not bereitet haben. Vielleicht haben Sie das Gefühl, dass Sie Ihr Leben verpatzt haben und es nie mehr in Ordnung bringen können. Vielleicht haben Sie das Gefühl, dass Sie nicht mehr berechtigt sind, das Beste von Gott zu bekommen, und sind überzeugt davon, dass Sie sich für den Rest Ihres Lebens mit dem Zweitbesten abfinden müssen.

Vielleicht war es auch noch schlimmer: Nicht Sie selbst, sondern eine andere Person hat schlimme Fehler begangen und Ihnen dadurch furchtbare Schmerzen zugefügt. Selbst wenn es so war – beschäftigen Sie sich nicht länger damit. Vergeben Sie dem Menschen, der Ihnen Kummer und Sorgen bereitet hat, und wagen Sie noch heute einen Neuanfang. Wenn Ihre Gedanken weiterhin um jene alten Enttäuschungen kreisen, blockieren Sie dadurch die Segnungen, die Gott Ihnen heute zuteilwerden lassen will. Das ist die Sache einfach nicht wert. Und noch etwas: Gott wünscht es sich noch mehr als Sie selbst, dass Sie wieder heil und glücklich werden.

~ 21. AUGUST ~

Wie lange wollen Sie trauern?

Der Herr sprach zu Samuel: „Wie lange willst du noch um Saul trauern? Ich habe mich von ihm als König über Israel abgewandt."

1. SAMUEL 16,1

AUF GOTTES ANWEISUNG hin hatte der Prophet Samuel Saul zum König von Israel erklärt. Samuel tat sein Bestes, um Saul dabei zu helfen, ein guter König zu sein. Aber leider wurde Saul Gott ungehorsam und schließlich wandte sich Gott von ihm ab. Samuel war enttäuscht und am Boden zerstört. Aber während er sich die Wunden leckte, fragte Gott ihn, wie lange er noch um Saul trauern wollte.

Vielleicht haben Sie viel Zeit, Mühe und Geld in eine Beziehung investiert; Sie haben Ihr Bestes getan, damit sie gelingt. Aber aus irgendeinem Grund ist sie zerbrochen und nun fühlen Sie sich beraubt. Vielleicht stellt Gott Ihnen heute eine ähnliche Frage: „Wie lange willst du um deine zerbrochenen Träume trauern?" Wenn wir ständig um unsere Enttäuschungen kreisen, hindern wir Gott daran, uns zu segnen und Neues in unserem Leben zu tun.

Gehen Sie mutig voran

Der Herr sprach zu Samuel: „... Jetzt füll dein Horn mit Öl und mach dich auf den Weg. Such in Bethlehem einen Mann namens Isai auf, denn ich habe mir unter seinen Söhnen einen als König ausgewählt."

1. SAMUEL 16,1

GOTT GAB SAMUEL klare Anweisungen: „Wenn du aufhörst, wegen Saul zu trauern, und in die Gänge kommst, werde ich dir einen tollen Neuanfang zeigen." Ja, Saul war Gottes erste Wahl, aber Gott hat immer einen Plan in Reserve. Beachten Sie, was Gott Samuel befohlen hat: „Fülle dein Horn mit Öl." Mit anderen Worten: „Hab eine neue Einstellung! Begrüß den Tag mit einem Lächeln! Geh mutig und beschwingt voran!"

Wenn Samuel Gott in dieser Situation nicht gehorcht hätte, hätte er vielleicht David niemals kennengelernt, einen der größten Könige, von dem uns in der Bibel berichtet wird. Ähnliches gilt auch für uns: Wenn wir uns in unseren Enttäuschungen suhlen, riskieren wir, das Neue zu verpassen, das Gott in unserem Leben tun will. Es ist Zeit, in die Gänge zu kommen!

~ 23. August ~

Gott will alles neu machen

Und der, der auf dem Thron saß, sagte: „Ja, ich mache alles neu!“

Offenbarung 21,5

ICH KENNE EINEN Mann, der vor über zehn Jahren seine hübsche junge Frau bei einem Autounfall verlor. Er trauert heute noch um sie. Ich habe immer wieder versucht, ihm Mut zu machen, aber er ist überhaupt nicht darauf eingegangen und war Gott und seinen Mitmenschen gegenüber voller Vorwürfe. Schließlich begriff ich, dass er gar nicht gesund werden wollte. Er genoss die Aufmerksamkeit, die ihm sein Leid eintrug. Er wurde bekannt als „der Mann, der seine Frau verlor“. Er hatte sogar mehrere Zeitungsartikel über jenen Unfall auf seinem Kaffeetisch liegen, die ihn ständig an seinen schmerzlichen Verlust erinnerten. Er beging den traurigen Fehler, sein Unglück zu seiner Identität zu machen. Bis heute ist er ein deprimierter, niedergeschlagener Mensch. Er hat zugelassen, dass aus einer „Zeit der Trauer“ ein „Leben der Trauer“ wurde.

Gott will uns Neuanfänge schenken, aber das kann er nur, wenn wir das Alte loslassen.

~ 24. AUGUST ~

Gott möchte uns Freude schenken

Du hast meine Trauer in einen Tanz voller Freude verwandelt.
Du hast mir die Trauergewänder ausgezogen und mir Freude geschenkt.

JESAJA 61,3

VIELE MENSCHEN VERBRINGEN ihr Leben damit, in den Rückspiegel zu blicken. Sie denken darüber nach, was hätte sein können und was hätte sein sollen, und beschäftigen sich ständig mit dem Kummer von gestern. Wenn Ihnen Dinge passiert sind, die nicht fair waren, müssen Sie sich heute entscheiden, all dies loszulassen – sonst wird es Gott daran hindern, Gutes in Ihrem Leben zu tun.

Die Bibel weist uns darauf hin, dass Gott uns einen „Kopfschmuck anstelle von Asche, Freudenöl statt Trauerkleidern" schenken will (Jesaja 61,3). Aber der Schlüssel ist: Sie müssen die Asche loslassen, ehe Gott Ihnen den Kopfschmuck geben kann. Asche steht für das, was übrig bleibt, wenn etwas verbrannt ist – für unsere zerbrochenen Träume, unsere Enttäuschungen, unsere Verletzungen, unser Versagen. Wir haben alle unseren Anteil Asche und Gott will uns etwas anderes, Besseres dafür geben und unsere Trauer in Freude verwandeln.

~ 25. AUGUST ~

Gott schenkt neue Träume

Ich bringe meine Klagen vor ihn und breite all meine Sorgen vor ihm aus.

PSALM 142,2

WENN SIE VERSUCHT sind, die Hände in den Schoß zu legen, sich zu bemitleiden und sich darüber zu beklagen, wie unfair das Leben ist, dann beantworten Sie folgende Frage einmal ganz ehrlich: Wollen Sie wirklich gesund werden, oder haben Sie es sich da, wo Sie im Leben stehen, im Grunde ganz gemütlich gemacht? Lassen Sie niemals zu, dass Ihre Niederlage zu Ihrer Identität wird. Um es einmal krass auszudrücken: Sie müssen darüber hinwegkommen. Hören Sie auf, darüber zu reden. Hören Sie auf, die alte Wunde immer wieder aufzureißen. Vielleicht haben Sie durch eine Scheidung tiefe Narben davongetragen. Es ist Zeit, das loszulassen. Gehen Sie vorwärts. Hören Sie auf, über etwas zu trauern, was Sie nicht ändern können.

Sie müssen Ihre zerbrochenen Träume loslassen, wenn Sie wollen, dass Gott Ihnen neue Träume schenkt. Hören Sie auf, sich mit Ihren Enttäuschungen zu beschäftigen. Vergeben Sie den Menschen, die Sie verletzt haben. Lassen Sie jegliche Bitterkeit los, die Sie noch in sich tragen. Dann wird Gott Ihnen einen neuen Anfang schenken.

~ 26. AUGUST ~

Beschäftigen Sie sich mit positiven Dingen

Im Vergleich zu dem, was du dann hast,
wird dir dein früherer Besitz ganz armselig vorkommen.

HIOB 8,7

GOTT WILL IMMER beides: Er will etwas Neues in Ihrem Leben tun und er will Sie von dem Alten befreien. Wir müssen es vermeiden, uns mit Dingen zu beschäftigen, die uns an die Schmerzen der Vergangenheit erinnern und negative, schmerzliche Gefühle in uns wecken. Ich zum Beispiel gehe nicht zum Grab meines Vaters, weil ich mich nicht an die schmerzlichen Umstände seines Todes erinnern möchte. Stattdessen haben wir in unserem Haus Bilder von meinem Vater hängen, auf denen er mit unseren Kindern zu sehen ist, weil diese glückliche Erinnerungen in uns wecken. Wenn es Ihnen natürlich inneren Frieden schenkt, das Grab eines geliebten Menschen zu besuchen, dann ist das völlig in Ordnung. Wenn es jedoch nur alte Wunden wieder aufreißt, dann lassen Sie es. Das ist nicht gesund.

Glauben Sie mir, Gott hat immer einen neuen Anfang für Sie. Die Frage, um die es wirklich geht, lautet: Sind Sie bereit, Ihr Leben mit einer guten Einstellung fortzusetzen, in dem Bewusstsein, dass Gott eine strahlende Zukunft für Sie bereithält?

~ 27. AUGUST ~

Wachsen Sie durch Widerstände

Der Herr ist mein Hirte, ich habe alles, was ich brauche.

PSALM 23,1

VIELLEICHT HABEN SIE in Ihrem Leben gerade mit irgendwelchen Widerständen zu kämpfen. Vielleicht ist mit jemandem, der Ihnen nahesteht, schwer auszukommen. Sie fühlen sich nicht wohl an Ihrem Arbeitsplatz oder irgendein anderes Hindernis liegt Ihnen im Weg. Was auch immer in Ihrem Leben gerade los ist, machen Sie sich eins klar: Gerade die schwierigen Zeiten sind die Zeiten, in denen wir uns entwickeln; gerade dann wird unser Glaube herausgefordert und wächst. Gerade dann arbeitet Gott an uns. Es ist vielleicht unbequem, und es gefällt uns nicht, aber Gott hat uns versprochen: Wenn wir die richtige Einstellung behalten, wird diese Schwierigkeit zu unserem Besten dienen. Gott wird sie zu unserem Vorteil gebrauchen.

Wenn wir mit Schwierigkeiten konfrontiert sind, sollte unsere Einstellung sein: *Gott, ich weiß, dass du die absolute Kontrolle über mein Leben hast. Ich stehe jetzt genau dort, wo du mich haben willst. Darum halte ich voller Vertrauen an dir fest.*

~ 28. August ~

Seien Sie mutig und stark

Seid wachsam. Haltet treu an dem fest, was ihr glaubt.
Seid mutig und stark.

1. Korinther 16,13

IHR GLAUBE LÄSST sich mit einem Muskel vergleichen. Durch Widerstände wird er stärker. Er wird trainiert, wenn er angespannt und beansprucht wird. Darum befreit Gott uns normalerweise nicht über Nacht von Widerständen oder aus unangenehmen Situationen. Er gebraucht diese Zeiten, um unsere „geistlichen Muskeln" aufzubauen.

Manche Menschen sind voller Enttäuschung und Verzweiflung, nur weil ihre Lebensumstände nicht genau so sind, wie sie sich das wünschen. Sie sind nur glücklich, wenn alles genau nach ihren Vorstellungen verläuft, wenn alle nett zu ihnen sind und sie keinerlei Unannehmlichkeiten erleben. Mit anderen Worten: Sie sind *niemals* glücklich! Außerdem ist das eine sehr oberflächliche Art zu leben. Und wenn Sie jedes Mal, wenn Ihnen irgendetwas Negatives passiert, Ihre Freude verlieren, wird Ihr Feind dafür sorgen, dass es immer etwas oder jemanden in Ihrem Leben gibt, der Ihnen Probleme macht. Geben Sie ihm diese Waffe nicht in die Hand!

~ 29. AUGUST ~

Widerstände sind Glaubensprüfungen

Liebe Brüder, wenn in schwierigen Situationen euer Glaube geprüft wird, dann freut euch darüber.
Denn wenn ihr euch darin bewährt, wächst eure Geduld.

JAKOBUS 1,2–3

SIE HABEN VIELLEICHT tausend Gründe, warum Sie unglücklich sein könnten, aber tappen Sie nicht in diese Falle. Entscheiden Sie sich, jeden Tag zu genießen, ganz egal, wie Ihre Lebensumstände sind. Jeder Tag, den Sie mutlos und mit einer negativen Einstellung leben, ist ein verlorener Tag. Und wie schade ist es, etwas zu verschwenden, das Gott uns geschenkt hat!

Machen Sie sich klar, dass Widerstände schlicht und einfach Glaubensprüfungen sind. Vielleicht will Gott sehen, wie Sie mit den Menschen umgehen, die Sie schlecht behandelt haben. Welche Einstellung haben Sie, wenn Ihre Gebete nicht umgehend erhört werden? Unser Charakter entwickelt sich in den schwierigen Zeiten. Dann tut sich etwas in uns; Gott sorgt dafür, dass wir erwachsen werden. Wenn er uns sofort von jedem Problem befreien würde, würden wir niemals so werden, wie er uns haben will.

~ 30. August ~

Vertrauen Sie Gottes Lehrplan

Meine lieben Freunde, erschreckt nicht über die schmerzhaften Prüfungen, die ihr jetzt durchmacht, als wären sie etwas Ungewöhnliches.

1. Petrus 4,12

WENN PROBLEME AUFTAUCHEN, denken manche Menschen sofort, dass sie etwas falsch gemacht haben und dass Gott sie nun bestraft. Aber glauben Sie mir: Gott verfolgt mit jeder Herausforderung, die er in Ihrem Leben zulässt, einen bestimmten Zweck. Sicher, es gibt Zeiten, in denen wir nicht verstehen, warum wir etwas durchmachen, aber wir müssen lernen zu glauben, dass Gott etwas Gutes daraus entstehen lassen wird.

Gott sagt: „Denkt nicht, dass es eine große Sache wäre, wenn ihr diese schwierigen Zeiten durchmacht." Lernen Sie, mit Gott zusammenzuarbeiten, und seien Sie schnell bereit, sich zu verändern und die Lebensbereiche in Ordnung zu bringen, auf die Gott Sie aufmerksam macht. Dann werden Sie die Prüfung bestehen und Gott kann Sie in die nächste Klasse versetzen.

~ 31. AUGUST ~

Bleiben Sie beweglich

Er schneidet die Rebe ab, die keine Frucht bringt,
und beschneidet auch die Reben, die bereits Früchte tragen,
damit sie noch mehr Frucht bringen.

JOHANNES 15,2

ICH HABE HERAUSGEFUNDEN, dass Gott mehr daran interessiert ist, mich zu verändern, als meine Umstände. Ich behaupte nicht, dass Gott uns niemals von unseren Problemen befreit, indem er die Umstände verändert. Aber in den meisten Fällen gebraucht Gott Widerstände, um bestimmte Charakterschwächen oder Bereiche unseres Lebens ans Licht zu bringen, in denen wir uns verändern müssen. Gott gebraucht solche Situationen wie einen Spiegel, damit wir das Problem in uns selbst erkennen und lernen, daran zu arbeiten. Er merzt etwas in uns aus, damit wir mehr und mehr so werden, wie er uns haben will.

Gott gebraucht vielleicht Menschen wie Ihren Ehepartner oder Ihre Kinder oder bestimmte Situationen in Ihrem Leben als Spiegel, die Ihnen Bereiche zeigen, in denen Sie sich verändern müssen. Sehen Sie genau hin und nehmen Sie die notwendigen Korrekturen vor.

~ 1. SEPTEMBER ~

Eisen schärft Eisen

Eisen schärft Eisen, ebenso schärft ein Mensch einen anderen.

SPRÜCHE 27,17

VIELLEICHT GIBT ES in Ihrem Leben irgendjemanden, den Sie überhaupt nicht leiden können, und Sie fragen sich, wann Gott diesen Menschen verändert. Haben Sie je daran gedacht, dass Gott vielleicht *Sie* verändern möchte? Vielleicht hat er es absichtlich so eingerichtet, dass Sie ständig mit dieser Person zu tun haben. Vielleicht möchte er Sie ja ein bisschen abhärten und Ihr Durchhaltevermögen stärken, damit Sie nicht gleich davonlaufen, wenn eine Situation schwierig, unangenehm oder unbequem ist.

Bevor Gott sich daranmacht, jemanden zu verändern, mit dem Sie zu tun haben, wird er zunächst einmal Sie verändern. Hören Sie auf, sich, über alle anderen zu beschweren, gehen Sie stattdessen einmal in sich, und lassen Sie sich von Gott zeigen, was er an *Ihnen* verändern möchte. Dann wird Gott auch Ihre Mitmenschen verändern. Beginnen Sie heute damit, Ihre Einstellungen und Motive zu überprüfen.

~ 2. SEPTEMBER ~

Lassen Sie sich von Gott verändern

Freut euch deshalb von Herzen! Vor euch liegt eine große Freude, auch wenn ihr für eine Weile viel erdulden müsst.

1. PETRUS 1,6

VIELLEICHT BEFINDEN SIE sich gerade in einer Prüfungssituation, und Sie beten, dass Gott Sie aus dieser unangenehmen Lage befreit. Das ist ein legitimes Gebet, aber vielleicht haben Sie völlig übersehen, *warum* Gott Sie diese schwierige Zeit durchmachen lässt.

Machen Sie sich klar, dass Gott an Ihnen arbeiten will. Er gestaltet Sie um und reinigt Sie. Sie können beten, Sie können dem Satan widerstehen, Sie können böse Mächte binden, Sie können singen und schreien, aber das wird Ihnen überhaupt nichts nützen, wenn es Gott darum geht, Sie zu verändern. Je schneller Sie Ihre Lektion lernen, Ihre falschen Einstellungen korrigieren und Ihre Gefühle in den Griff bekommen, desto schneller werden Sie die nächste Ebene auf Ihrer „geistlichen Reise" erreichen. Wir können nicht vor allem davonlaufen, was schwierig ist.

~ 3. SEPTEMBER ~

In der Hand des Töpfers

Und doch, Herr, bist du unser Vater. Wir sind der Ton, du bist der Töpfer und wir sind das Werk deiner Hand.

JESAJA 64,7

VIELLEICHT GERATEN SIE in Sorge und bekommen Angst, wenn wichtige Dinge sich nicht so entwickeln, wie Sie sich das wünschen. Haben Sie jemals darüber nachgedacht, dass Gott vielleicht diese Dinge zulässt, damit Sie lernen, ihm zu vertrauen? Vielleicht möchte er sehen, ob Sie inmitten des Sturmes ruhig bleiben und Ihren Frieden bewahren. Vielleicht möchte er Sie abhärten und Ihnen helfen, ein bisschen Rückgrat und Stabilität zu entwickeln.

Ton lässt sich am besten bearbeiten, wenn er weich, biegsam und formbar ist. Wenn Sie jedoch spröde und unflexibel sind und sich nichts sagen lassen, muss Gott auf diesem alten, harten Ton herumhämmern, um die Unebenheiten zu glätten. Beschäftigen Sie sich bereitwillig mit allem, was Gott ans Licht bringt. Kämpfen Sie nicht gegen Gott an – gehen Sie auf seine Hinweise ein und arbeiten Sie mit ihm zusammen.

~ 4. SEPTEMBER ~

Arbeiten Sie an sich selbst

Arbeitet an euch selbst mit Furcht und Zittern, damit ihr gerettet werdet.

PHILIPPER 2,12 (GUTE NACHRICHT)

NATÜRLICH HAT NIEMAND von uns gern mit Widerständen zu kämpfen. Aber Sie müssen sich klarmachen, dass diese Widerstände für Sie vielleicht eine Möglichkeit darstellen, zu lernen und voranzukommen. Das, wogegen Sie so hartnäckig ankämpfen, ist vielleicht das Sprungbrett, das Sie auf eine neue Ebene katapultiert. Ihre Herausforderungen könnten zu Ihrem größten Kapital werden.

Ohne den Luftwiderstand könnte ein Adler nicht fliegen. Ohne den Wasserwiderstand könnte ein Schiff nicht schwimmen. Ohne den Widerstand der Schwerkraft könnten Sie noch nicht einmal laufen. Ohne Widerstände gibt es keinen Fortschritt. Leider gibt es auf dem Weg zu körperlicher, seelischer und geistlicher Reife keine Abkürzungen. Sie müssen das Ziel im Auge behalten und mit Gott zusammenarbeiten. Beim Gerettetwerden geht es um mehr als um ein einmaliges Gebet. Es bedeutet, fortwährend mit Gott zusammenzuarbeiten, sich den Problemen zu stellen, die er ans Licht bringt, eine gute Einstellung zu behalten und ihm zu erlauben, uns nach seinen Vorstellungen zu verändern.

Loben Sie Gott

Es ist gut, dem Herrn zu danken und den Höchsten zu loben. Es ist gut, am Morgen von deiner Gnade zu erzählen und in der Nacht von deiner Treue.

PSALM 92,2–3

HABEN SIE JE darüber nachgedacht, dass Gott Ihre Gebete vielleicht deshalb nicht erhört, weil Sie nicht dankbar sind für das, was er bereits getan hat? Die Bibel weist uns darauf hin, dass wir Gott ständig danken sollen; unsere Lebenseinstellung sollte eine Haltung der Dankbarkeit sein.

Sie sagen vielleicht: „Ich habe so viele Enttäuschungen erlebt. Letztes Jahr ist meine Firma bankrottgegangen. Meine Ehe ist zerbrochen. Ich habe so viel verloren. Wie können Sie von mir erwarten, dass ich dankbar bin?“ Wenn Gott Sie in seiner Güte nicht bewahrt hätte, hätten Sie möglicherweise alles verloren. Sie wären heute vielleicht gar nicht mehr da. Hören Sie auf, auf das zu schauen, was Sie verloren haben, und beginnen Sie, Gott für das zu danken, was Ihnen geblieben ist.

~ 6. SEPTEMBER ~

Seien Sie dankbar

Wir danken Gott, der uns durch Jesus Christus, unseren Herrn, den Sieg über die Sünde und den Tod gibt!

1. KORINTHER 15,57

MEIN FREUND FREDDIE Lamb stand gerade auf dem Randstreifen der Autobahn und wechselte einen platten Reifen, als ein betrunkener Fahrer ihn über den Haufen fuhr. Infolge des Unfalls verlor Freddie beide Unterschenkel. Einige Tage nach dem tragischen Ereignis besuchten meine Eltern ihn im Krankenhaus. Sie erwarteten, dass er wegen seines Verlustes am Boden zerstört sein würde. Aber das Einzige, worüber Freddie reden konnte, war, wie Gott sein Leben gerettet hatte. Freddie schaute nicht auf das, was er nicht hatte. Er dankte Gott für das, was er besaß. Heute hat er zwei Unterschenkelprothesen, und überall, wo er hinkommt, erzählt er den Leuten, was Gott für ihn getan hat.

Entscheiden Sie sich heute dafür, eine dankbare Einstellung beizubehalten, was auch immer Ihnen widerfährt. Sie werden ganz bestimmt irgendetwas finden, wofür Sie Gott danken können.

~ 7. SEPTEMBER ~

Schauen Sie auf das Gute

Was ihr auch tut, tut es, ohne zu klagen und zu zweifeln,
damit niemand euch irgendetwas vorwerfen kann.
Als Kinder Gottes sollt ihr ein reines, vorbildliches Leben führen.

PHILIPPER 2,14–15

VIELE LEUTE BEKLAGEN sich ständig und schauen fortwährend auf das, was in ihrem Leben schlecht ist. Sie sehen das Negative in jeder Situation, und dann fragen sie sich, warum sie ihr Leben nicht genießen können. Das liegt einzig und allein daran, dass sie eine undankbare Einstellung haben. Sie haben die falsche Herzenshaltung, und wenn sie das Übel nicht bei der Wurzel packen und anfangen, dankbarer zu werden, wird sich das nie ändern.

Gott hat uns unseren Mund nicht geschenkt, damit wir uns beklagen. Sie haben vielleicht nicht alles, was Sie heute gern hätten. Sie haben vielleicht sogar eine Menge Probleme, aber wenn Sie sich darüber beschweren, machen Sie sie nur schlimmer. Hören Sie auf, sich ständig mit dem zu beschäftigen, was schlecht ist. Fangen Sie stattdessen an, Gott für das zu danken, was gut ist, für das, was er schon für Sie getan oder Ihnen schon geschenkt hat. Solange Sie keine dankbare Einstellung entwickeln, werden Sie genau da stehen bleiben, wo Sie sind.

~ 8. SEPTEMBER ~

Ändern Sie Ihren Blickwinkel

Sie sollen Dankopfer darbringen und voll Freude von seinen herrlichen Taten erzählen.

PSALM 107,22

IHR LEBEN KÖNNTE sich schlagartig bessern, wenn Sie Ihre Perspektive ändern und dankbarer werden würden. Denken Sie daran: Wie viele negative Dinge es in Ihrem Leben auch geben mag, es gibt irgendjemanden, der froh wäre, wenn er mit Ihnen tauschen könnte. Vielleicht haben Sie nicht gerade den perfekten Job, aber wenn Sie entlassen würden und sechs Monate lang Ihre Rechnungen nicht bezahlen könnten, würden Sie Ihren alten Job mit Kusshand wieder nehmen.

Wir müssen uns selbst ins Gedächtnis rufen: „Vielleicht mag ich diesen Job nicht, aber es ist ein Segen, dass ich ihn habe. Vielleicht mag ich das Haus nicht, in dem ich lebe, aber was würde ich tun, wenn ich kein Dach über dem Kopf hätte? Ich bin vielleicht nicht sehr begeistert von dem Menschen, mit dem ich verheiratet bin, aber was würde passieren, wenn dieser Mensch plötzlich nicht mehr da wäre?“ Wir müssen lernen, unsere Situation in einem anderen Licht zu sehen.

~ 9. SEPTEMBER ~

Danken Sie Gott den ganzen Tag

Gott, wir danken dir und preisen deinen herrlichen Namen.

1. CHRONIK 29,13

MANCHE ELTERN BEKLAGEN sich unablässig über ihre Kinder: „Diese Kinder treiben mich zum Wahnsinn. Sie richten solch ein Chaos an.“ Ist Ihnen klar, dass manche Ehepaare Tausende von Euros ausgegeben und alle möglichen medizinischen Behandlungen auf sich genommen haben, um ein Kind bekommen zu können? Sie würden alles dafür geben, dieses Chaos aufräumen zu dürfen.

Wenn Sie zur Arbeit fahren, wenn es Zeit ist, zum Gottesdienst zu gehen, wenn Sie morgens aufstehen, dann seien Sie Gott dankbar, ganz egal, was Ihnen widerfährt. Wenn Sie nur 15 Euro besitzen, dann gehören Sie zu den privilegierten acht Prozent, die die reiche Oberschicht der Weltbevölkerung ausmachen! Wir haben so viel, wofür wir dankbar sein können. Wir sollten uns angewöhnen, den ganzen Tag lang in einer Haltung der Dankbarkeit zu leben. Beginnen Sie damit, Gott für diesen neuen Morgen zu danken.

~ 10. September ~

Genießen Sie den Alltag

Senkt eure Wurzeln tief in seinen Boden und schöpft aus ihm, dann werdet ihr im Glauben wachsen und in der Wahrheit, in der ihr unterwiesen wurdet, standfest werden. Und dann wird euer Leben überfließen von Dankbarkeit für alles, was er getan hat.

Kolosser 2,7

Es ist leicht zu denken: *Ich kann nicht glücklich sein. In meinem Leben passiert überhaupt nichts Aufregendes.* Aber wenn der Mensch, den Sie lieben, krank würde oder wenn Sie Ihre Arbeit verlören, dann würden Sie sich nach dem „ganz normalen Alltag" sehnen. Sie würden sich danach sehnen, wieder dahin zu gelangen, wo Sie jetzt gerade stehen. Warum entscheiden Sie sich nicht ganz bewusst dafür, dankbar zu sein für das, was Gott in Ihrem Leben getan hat? Nehmen Sie Ihr „normales" Leben nicht als selbstverständlich hin. Lernen Sie, das zu schätzen, was Sie haben – warten Sie damit nicht, bis Ihnen etwas genommen wird.

Lernen Sie zu genießen, was Gott Ihnen geschenkt hat. Nehmen Sie sich Zeit für die Menschen, die Sie lieben. Hören Sie auf, die ganze Zeit nur zu arbeiten. Wenn Sie am Ende Ihres Lebens angelangt sind, werden Sie niemals die Zeit bereuen, die Sie mit Ihrer Familie verbracht haben. Niemand sagt auf dem Sterbebett: „Wenn ich doch noch einmal von vorn anfangen könnte. Dann würde ich mehr Zeit im Büro verbringen."

~ 11. SEPTEMBER ~

Worauf es wirklich ankommt

Nur wie ein Hauch ist jeder Mensch, wie sicher er auch steht.

PSALM 39,6

IMMER WIEDER SAGEN Leute zu mir: „Ich schaffe es ohnehin schon kaum, alle meine Aufgaben zu erledigen – wo soll ich da noch Zeit für meine Familie hernehmen?" Schön, aber wenn Sie einmal alt sind, werden Sie immer noch Aufgaben haben, die Sie erledigen müssen. Ihr Terminkalender wird sich niemals von allein ändern. Sie müssen sich bewusst Zeit nehmen für das, was wirklich wichtig ist. Wenn Sie keine Freiräume schaffen für die Menschen, die Sie lieben, wird das niemand anders für Sie übernehmen.

Alle Menschen, die lebensbedrohliche Krankheiten überstanden haben, sagen dasselbe: wie sehr sie jeden einzelnen Tag zu schätzen wissen. Ihnen ist bewusst, dass jeder neue Sonnenaufgang ein Geschenk Gottes ist. Wir müssen uns klarmachen, dass wir von einem Moment zum andern sterben könnten. Wir müssen lernen, jeden Tag zu genießen und so zu leben, als wäre es unser letzter.

~ 12. SEPTEMBER ~

Nichts ist selbstverständlich

Deshalb sorgt euch nicht um morgen,
denn jeder Tag bringt seine eigenen Belastungen.
Die Sorgen von heute sind für heute genug.

MATTHÄUS 6,34

EIN JUNGER MANN, mit dem ich Basketball spielte, bekam eines Tages Probleme mit seinem einen Auge. Er ging zum Arzt, und der stellte die Diagnose, dass das Auge von Krebs befallen sei. Da es sehr danach aussah, dass er erblinden würde, war der junge Mann verzweifelt. Bei der vorbereitenden Untersuchung für die geplante Operation entdeckten die Ärzte jedoch, dass es sich nicht um Krebs, sondern um einen sehr seltenen Pilz handelte. Sie teilten ihm mit, dass es möglich sei, diesen zu entfernen und sein Augenlicht zu retten. Als der junge Mann diese gute Nachricht hörte, sagte er: „Das ist der schönste Tag meines Lebens."

Denken Sie einmal darüber nach. Er hatte nur die Nachricht bekommen, dass er weiterhin würde sehen können. Wenn Sie heute sehen und hören können, wenn Sie gesund sind, wenn Sie eine Familie und Freunde, Arbeit, Essen und ein Dach über dem Kopf haben, dann sollten Sie diese Dinge schätzen lernen. Danken Sie Gott für alles, was Sie haben.

~ 13. SEPTEMBER ~

Preisen Sie Gottes Güte

Geht durch die Tempeltore ein mit Dank,
tretet ein in seine Vorhöfe mit Lobgesang.
Dankt ihm und lobt seinen Namen.

PSALM 100,4

ICH FANGE MEINEN Tag gern damit an, dass ich Gott für die grundlegenden Dinge danke: „Vater, danke für meine Gesundheit. Danke für meine Kinder. Danke für meine Familie. Danke für unser Haus. Danke, Vater, für alles, was du für mich getan hast." Und die Gebete, die ich im Laufe des Tages spreche, bestehen zum größten Teil auch einfach darin, dass ich Gott für irgendetwas danke.

Gott weiß schon, was Sie brauchen. Er weiß schon, was Sie sagen werden, ehe Sie es aussprechen. Es ist natürlich nicht falsch, Gott um bestimmte Dinge zu bitten – die Bibel weist uns deutlich darauf hin, dass wir uns mit allem, was wir brauchen, an ihn wenden sollen. Aber wir sollten mehr Zeit damit verbringen, seine *Güte* zu preisen, als damit, um seine *Güter* zu bitten. Wir sollten mehr Zeit damit verbringen, Gott für das zu danken, was er bereits getan hat, als damit, ihn darum zu bitten, neue Dinge für uns zu tun.

~ 14. SEPTEMBER ~

Loben Sie den Herrn

Ich will den Herrn allezeit loben und nie aufhören, ihm zu danken.

PSALM 34,1

WIE UNSER LEBEN ist, hängt völlig davon ab, wie wir die Dinge sehen. Sie können sich über Ihren Chef beklagen oder Sie können Gott für Ihren Arbeitsplatz danken. Sie können sich darüber beschweren, dass Sie den Rasen mähen müssen, oder Sie können Gott dafür danken, dass Sie einen Garten haben. Sie können darüber jammern, wie teuer das Benzin geworden ist, oder Sie können Gott dafür danken, dass Sie ein Auto haben.

Vor Jahren fuhr ich einmal im strömenden Regen auf der Autobahn. Ich verlor die Kontrolle über meinen Wagen und geriet ins Schleudern, krachte an die Leitplanke und wurde beinah von einem riesigen Lkw mit Anhänger überrollt. Erstaunlicherweise kam ich ohne einen Kratzer davon, aber mein Auto war ein einziger Blechklumpen. Ein Freund von mir dachte, ich würde mich wegen des Autos aufregen, aber ich war einfach nur dankbar, dass ich noch lebte. Ich habe mich entschlossen, Gott allezeit zu loben und nie aufzuhören, ihm zu danken.

~ 15. SEPTEMBER ~

Richten Sie sich innerlich auf

Bedient euch der ganzen Waffenrüstung Gottes.
Wenn es dann so weit ist, werdet ihr dem Bösen widerstehen können
und noch aufrecht stehen, wenn ihr den Kampf gewonnen habt.

EPHESER 6,13

HEUTE DAS BESTE aus unserem Leben zu machen, kann manchmal ziemlich schwierig sein. Viele Menschen geben viel zu schnell auf, wenn sich die Dinge nicht nach ihren Wünschen entwickeln oder wenn sie mit irgendwelchen Widerständen konfrontiert werden. Statt durchzuhalten, knicken sie innerlich ein. Bald liegen sie entmutigt am Boden. Das ist verständlich, vor allem, wenn wir schon länger mit einem Problem oder einer Schwäche ringen. Dann kann es passieren, dass wir irgendwann an einen Punkt kommen, an dem wir uns damit abfinden.

Aber das dürfen Sie niemals tun. Die gute Nachricht ist: Sie brauchen nicht liegen zu bleiben. Selbst wenn Sie äußerlich nicht aufstehen können – richten Sie sich innerlich auf! Leben Sie in der Haltung eines Siegers. Blicken Sie voller Vertrauen auf Gott. Ihr Herz, Ihre Gedanken und Ihr Wille können sich immer wieder aufrichten.

~ 16. September ~

Bieten Sie Problemen die Stirn

Der Herr freut sich an einem aufrichtigen Menschen und führt ihn sicher. Auch wenn er stolpert, wird er nicht fallen, denn der Herr hält ihn fest an der Hand.

Psalm 37,23–24

WENN SIE IHR volles Potenzial ausschöpfen wollen, müssen Sie lernen, durch Widerstände zu wachsen. Unsere Lebensumstände werfen uns vielleicht manchmal zu Boden oder zwingen uns, uns eine Zeitlang hinzusetzen, aber wir dürfen nicht sitzen bleiben.

Bieten Sie den Problemen die Stirn und sagen Sie: „Gott, ich verstehe das nicht, aber ich weiß, dass du alles in deiner Hand hast. Und du hast gesagt, dass alles, was geschieht, zu meinem Besten dienen muss. Du hast gesagt, dass du dieses Schlechte nehmen und verwandeln wirst, sodass es zu meinem Vorteil dient. Darum danke ich dir, Vater, dass du mich durch diese Sache hindurchtragen wirst!" Was auch immer Sie im Leben durchmachen – wenn Sie gelernt haben, innerlich aufzustehen, werden Sie an Widerständen nicht zerbrechen.

~ 17. SEPTEMBER ~

Geben Sie nicht auf

Sucht den Herrn und seine Macht, sucht seine Gegenwart allezeit.

PSALM 105,4

VIELLEICHT HAT IHR Arzt Ihnen mitgeteilt, dass Sie eine schwere Krankheit haben. Vielleicht haben Sie Ihren wichtigsten Kunden verloren. Vielleicht haben Sie gerade herausgefunden, dass Ihr Kind in Schwierigkeiten ist. Vielleicht sind Sie mit einem anderen ernsthaften Problem konfrontiert, und es kommt Ihnen so vor, als würde alles über Ihnen zusammenbrechen und Sie unter sich begraben. Vielleicht befinden Sie sich heute in einer Situation, in der Sie alles getan haben, was in Ihrer Macht stand. Sie haben gebetet. Sie haben geglaubt. Sie haben fest auf Gottes Wort vertraut. Aber es hat nicht den Anschein, als würde irgendetwas passieren. Jetzt sind Sie versucht zu sagen: „Es hat alles keinen Sinn. Das wird sich nie ändern."

Geben Sie nicht auf! Behaupten Sie das Feld. Beten Sie weiter; glauben Sie weiter; hoffen Sie weiter. In der Bibel steht: „Werft dieses Vertrauen auf den Herrn nicht weg, was immer auch geschieht, sondern denkt an die große Belohnung, die damit verbunden ist" (Hebräer 10,35).

~ 18. SEPTEMBER ~

Behaupten Sie das Feld

Sei mutig! Lass uns tapfer für unser Volk und die Städte unseres Gottes kämpfen.

2. SAMUEL 10,12

VOR EINIGER ZEIT sprach ich mit einem Mann, der seine Stelle verloren hatte. Er hatte eine angesehene Position bekleidet und ein gutes Gehalt bekommen, doch dann war er plötzlich entlassen worden. Ich war sicher, dass er sich aufregen und verzweifelt sein würde, aber als er mich besuchen kam, sagte er: „Ich kann es kaum erwarten zu sehen, was Gott als Nächstes für mich bereithält, Joel." Er war zu Boden geworfen worden, aber er hatte eine Überwinder-Mentalität. Seine Einstellung war: *Diese Geschichte wird mir nicht meine Freude rauben. Ich weiß, wenn sich eine Tür schließt, wird Gott eine größere und bessere Tür für mich öffnen.*

Auch Sie haben die Möglichkeit, heute zu sagen: „Auch wenn der Feind seine stärkste Waffe gegen mich einsetzt, wird sie nicht stark genug sein. Wenn alles gesagt und getan ist, wenn der Rauch abgezogen ist und der Staub sich gelegt hat, dann werde ich immer noch da sein und das Feld behaupten."

~ 19. September ~

Stärken Sie sich im Herrn

Und David geriet in große Bedrängnis,
weil die Leute ihn steinigen wollten;
denn die Seele des ganzen Volks war erbittert,
ein jeder wegen seiner Söhne und Töchter.
David aber stärkte sich in dem Herrn, seinem Gott.

1. Samuel 30,6 (Luther)

Bevor David König von Israel wurde, war er einmal mit seinen Männern im Auftrag Gottes unterwegs. Während ihrer Abwesenheit fielen Banditen in ihre Stadt ein. Sie brannten ihre Häuser nieder, stahlen ihren Besitz und schleppten Frauen und Kinder als Gefangene weg. Als David zurückkehrte und sah, was geschehen war, traf er eine Entscheidung. Statt herumzusitzen und über das zu trauern, was er verloren hatte, „stärkte David sich in dem Herrn" und brachte seine Männer dazu, den Feind anzugreifen. Gott unterstützte sie im Kampf, und sie konnten alles zurückerobern, was ihnen gestohlen worden war.

Wenn Sie jetzt das Beste aus Ihrem Leben machen wollen, dürfen Sie sich nicht nur von Ihren Gefühlen leiten lassen – gebrauchen Sie Ihren Willen! Manchmal bedeutet das, dass Sie Glaubensschritte gehen müssen, auch wenn Sie verletzt und traurig sind oder ein Angriff des Feindes Sie ins Wanken gebracht hat. Entwickeln Sie eine Überwinder-Mentalität, und lassen Sie sich von dem überraschen, was Gott tut.

~ 20. SEPTEMBER ~

Halten Sie durch

Werft dieses Vertrauen auf den Herrn nicht weg,
was immer auch geschieht, sondern denkt an die große Belohnung,
die damit verbunden ist! Was ihr jetzt braucht, ist Geduld,
damit ihr weiterhin nach Gottes Willen handelt.
Dann werdet ihr alles empfangen, was er versprochen hat.

HEBRÄER 10,35–36

VIELLEICHT WARTEN SIE heute Morgen darauf, dass Gott in Ihre Situation eingreift. *Dann* werden Sie glücklich sein, *dann* werden Sie eine gute Einstellung haben, *dann* werden Sie Gott preisen. Aber Gott wartet darauf, dass Sie sich innerlich aufrichten und Mut fassen. Sie brauchen Entschlossenheit, um das zu tun, aber Sie können es schaffen.

Gott will, dass Sie ein Held sind, keine Heulsuse. Verbieten Sie sich selbst, die weiße Fahne zu schwenken und aufzugeben. Zeigen Sie dem Feind, dass Ihre Entschlossenheit größer ist als seine. Rufen Sie, wenn es sein muss, laut aus: „Ich werde im Glauben auf Gottes Eingreifen warten, selbst wenn ich mein Leben lang warten muss!" Wenn Sie Ihren Teil tun, wird Gott eingreifen und Ihre Situation verändern.

~ 21. SEPTEMBER ~

Bleiben Sie standhaft

Denn dein Reich bleibt ewig und deine Herrschaft besteht von Generation zu Generation ... Der Herr hält die fest, die hinfallen, und hilft denen auf, die zusammengebrochen sind.

PSALM 145,13–14

DIESES LEBEN IST zu kurz, als dass wir es uns leisten könnten, deprimiert und kraftlos hindurchzustolpern. Was auch immer Ihnen widerfahren ist, was auch immer Sie zu Fall gebracht hat, was auch immer Sie zu Boden drückt – richten Sie sich innerlich auf. Gott hat uns nicht dazu geschaffen, in Depression und Kraftlosigkeit zu leben. Eine negative Einstellung zehrt an Ihren Kräften und schwächt Ihr Immunsystem. Viele Menschen leben mit körperlichen oder seelischen Leiden, weil sie innerlich nicht aufstehen.

Wenn Sie Ihren Feind zur Verzweiflung treiben wollen, dann lernen Sie, eine gute Einstellung beizubehalten, auch wenn Ihnen der Boden unter den Füßen weggezogen wird! Lernen Sie, glücklich zu sein, auch wenn sich die Dinge nicht so entwickeln, wie Sie das gerne hätten. Bleiben Sie standhaft und kämpfen Sie den guten Kampf des Glaubens.

~ 22. SEPTEMBER ~

Seien Sie entschlossen und couragiert

Seid immer fröhlich. Hört nicht auf zu beten.
Was immer auch geschieht, seid dankbar,
denn das ist Gottes Wille für euch, die ihr Christus Jesus gehört.

1. THESSALONICHER 5,16–18

WENN SIE MIT Widerständen konfrontiert werden, lassen viele Menschen zu, dass Zweifel ihre Entschlossenheit dämpfen und ihren Glauben schwächen. Sie halten nicht durch; sie behalten nicht die richtige Einstellung bei. Paradoxerweise halten die negativen Umstände oft gerade dadurch länger an als nötig. Die medizinische Forschung hat nachgewiesen, dass entschlossene, couragierte Menschen normalerweise schneller gesund werden als solche, die zu Mutlosigkeit und Schwarzseherei neigen. Das liegt daran, dass Gott uns dazu *geschaffen* hat, entschlossen zu sein.

Werfen Sie diese „innere Schallplatte" fort, die Ihnen ständig einredet: „Du schaffst es nicht; du kannst nicht glücklich werden; du kannst all diese Hindernisse nicht überwinden." Das sind alles Lügen des Feindes. Lernen Sie, die Kraft anzuzapfen, die Gott in Sie hineingelegt hat. Jeder Mensch hat einen Grund, Gott zu danken. Also freuen Sie sich und seien Sie fröhlich.

~ 23. SEPTEMBER ~

Weichen Sie nicht zurück

Kämpfe den guten Kampf des Glaubens. Halte an dem ewigen Leben fest, das Gott dir geschenkt hat und das du vor so vielen Zeugen bekannt hast!

1. TIMOTHEUS 6,12

IN MEINER KINDHEIT hatten wir zu Hause einen Hund namens Scooter. Er war ein großer, kräftiger Schäferhund und der ungekrönte König unseres Wohnviertels. Scooter war stark und schnell, und er sah aus, als könnte er es mit einem Tiger aufnehmen. Aber eines Tages kam ein winziger Chihuahua aus einem Haus geschossen. Der mutige kleine Kerl sauste mit wütendem Gekläff auf Scooter zu. Während der kleine Hund sich näherte, ließ Scooter den Kopf immer mehr hängen und zog den Schwanz ein. Und als der Chihuahua vor ihm stand, legte sich Scooter einfach auf den Boden, rollte sich auf den Rücken und streckte alle viere in die Luft.

Allzu oft reagieren wir wie Scooter, wenn Widerstände auf uns zukommen und die Zähne fletschen: Obwohl wir wissen, dass wir von Gottes Kraft erfüllt sind, weichen wir zurück, ergeben uns und sagen: „Ich kann das nicht. Das ist zu schwer für mich.“ Es ist Zeit, dass Sie die Kraft Gottes anzapfen, innerlich aufstehen und kämpfen.

~ 24. SEPTEMBER ~

Gott sieht Ihre Entschlossenheit

Doch Gott, der Herr, wird mir helfen.
Darum werde ich nicht beschämt dastehen.
Deshalb habe ich mein Gesicht gehärtet wie einen Kieselstein.
Ich weiß, dass ich nicht blamiert dastehen werde.

JESAJA 50,7

GEHEN SIE IN Ihrem Leben gerade durch ein dunkles Tal? Vielleicht hat jemand Sie betrogen, ausgenutzt oder misshandelt, und nun möchten Sie am liebsten herumsitzen und um das trauern, was Sie verloren haben. Vielleicht denken Sie darüber nach, wie ungerecht das war und dass Ihr Leben nie mehr so sein wird, wie es einmal war.

Schütteln Sie diese Verlierer-Haltung von sich ab, und beginnen Sie, Gutes zu denken und zu glauben. Es gibt keinen Grund, warum Sie ständig „den Umständen entsprechend" leben sollten – ständig entmutigt, ständig am Boden. Ihre Einstellung sollte sein: *Ich werde aus dieser Sache herauskommen!* Gleichgültig, wie oft Sie zu Boden geworfen werden, stehen Sie immer wieder auf. Gott sieht Ihre Entschlossenheit. Und wenn Sie alles tun, was Sie tun können, wird er eingreifen und das tun, was Sie nicht tun können.

~ 25. SEPTEMBER ~

Vertrauen Sie auf Gottes Zeitplan

Denn das, was du siehst, wird erst zu einer bestimmten Zeit eintreten. Aber du kannst dich darauf verlassen, dass es eintrifft, auch wenn es eine Weile auf sich warten lässt. Du kannst darauf zählen, denn es ist keine Täuschung.

HABAKUK 2,3

WIR MENSCHEN NEIGEN dazu, alles sofort zu wollen. Wenn wir dafür beten, dass unsere Träume in Erfüllung gehen, dann wollen wir, dass das sofort geschieht. Aber wir müssen begreifen, dass Gott einen bestimmten Zeitplan hat, nach dem er unsere Gebete erhört und unsere Träume in Erfüllung gehen lässt. Und die Wahrheit ist: Wie sehr wir uns auch wünschen, dass es schneller geht, das wird den von ihm gesetzten Zeitpunkt nicht ändern.

Wir müssen alle lernen, zu warten und Gott zu vertrauen. Die Schlüsselfrage ist: Warten wir mit der richtigen Einstellung und in der Erwartung, dass Gott in unserem Leben am Werk ist, ob wir äußerlich etwas davon mitbekommen oder nicht? Wir müssen fest darauf vertrauen, dass er hinter den Kulissen all die Puzzleteile zusammensetzt.

~ 26. SEPTEMBER ~

Gott hat alles in der Hand

Lasst uns deshalb zuversichtlich vor den Thron
unseres gnädigen Gottes treten.
Dort werden wir Barmherzigkeit empfangen und Gnade finden,
die uns helfen wird, wenn wir sie brauchen.

HEBRÄER 10,16

GOTT IST KEIN Geldautomat, in den Sie die richtigen Zahlen eintippen und dann bekommen, was Sie verlangen. Unsere Gebete werden nicht immer innerhalb von 24 Stunden erhört. Oft tut Gott gerade dann am meisten, wenn wir am wenigsten davon sehen und spüren.

Wenn Sie Gottes Timing nicht vertrauen, sind Sie traurig und frustriert und fragen sich, wann Gott endlich eingreifen wird. Wenn Sie jedoch begreifen, dass Gott für alles einen bestimmten Zeitpunkt hat, werden Sie nicht länger beunruhigt und gestresst sein. Sie können sich entspannen in dem Bewusstsein, dass Gott alles in seiner Hand hat und dass er eingreifen wird, wenn der richtige Zeitpunkt gekommen ist. Das kann nächste Woche sein, nächstes Jahr oder in zehn Jahren. Wenn es geschieht, werden Sie mit einem Mal all das sehen, was Gott die ganze Zeit über hinter den Kulissen getan hat.

~ 27. SEPTEMBER ~

Entspannen Sie sich

Wer in Gottes Ruhe hineingekommen ist,
wird sich von seiner Arbeit ausruhen,
so wie auch Gott nach der Erschaffung der Welt geruht hat.

HEBRÄER 4,10

WENN SIE GOTT vollkommen vertrauen, dann brauchen Sie sich nicht abzumühen. Sie können ruhig und gelassen sein, weil Sie wissen, dass Gott zur rechten Zeit sein Versprechen einlösen wird. Und die gute Nachricht ist: Es wird keine Sekunde zu spät geschehen. Wenn Sie ledig sind und dafür beten, dass Gott Ihnen eine(n) Partner(in) schenkt, dann brauchen Sie ihm nicht unaufhörlich in den Ohren zu liegen und ihn an Ihr Anliegen zu erinnern. Wenn Sie dafür beten, dass Ihre Angehörigen Gott kennenlernen, brauchen Sie nicht bei jeder passenden und unpassenden Gelegenheit Bibelstellen auf sie abzufeuern. Wenn es in Ihrem Leben Bereiche gibt, in denen Veränderungen erforderlich sind, brauchen Sie sich keine Vorwürfe zu machen, weil Sie nicht schnell genug vorankommen.

Wenn Sie wirklich im Glauben leben, können Sie sich entspannen in dem, was die Bibel „Gottes Ruhe“ nennt. Wenn Sie in diesem Zustand völligen Vertrauens leben, wissen Sie, dass Gott alles erfüllen wird, was er versprochen hat.

~ 28. SEPTEMBER ~

In Gottes Händen

Doch ich vertraue auf dich, Herr, und sage: „Du bist mein Gott!“
Meine Zukunft liegt in deinen Händen.

PSALM 31,15–16

DAVID HATTE EINEN großen Traum für sein Leben. Er sehnte sich danach, etwas für Gott zu bewegen, aber als junger Mann hütete er viele Jahre lang die Schafe seines Vaters. Ich bin sicher, dass er oft versucht war zu denken, dass Gott ihn vergessen hätte. Er muss gedacht haben: *Gott, was mache ich bloß hier draußen? Hier habe ich doch keine Zukunft. Wann wirst du diese Situation verändern?* Aber David kannte das Prinzip des „göttlichen Timings“. Er wusste, wenn er im Verborgenen treu sein würde, würde Gott seine Träume zur rechten Zeit in Erfüllung gehen lassen.

Sie wissen ja, wie die Geschichte weiterging: Gott brachte David an den Hof von Saul, David besiegte Goliat und wurde König über Israel. Zufriedenheit beginnt in unserem Herzen und wird belohnt mit Geduld.

~ 29. SEPTEMBER ~

Seien Sie zufrieden

Ich habe gelernt, mit dem zufrieden zu sein, was ich habe.

PHILIPPER 4,11

VIELLEICHT HABEN SIE einen großen Traum in Ihrem Herzen – vielleicht träumen Sie davon, eine bessere Ehe zu führen, eine eigene Firma zu gründen, Menschen zu helfen, die in Not sind –, aber Sie sehen keine menschliche Möglichkeit, wie Ihr Traum in Erfüllung gehen könnte.

Ich habe eine gute Nachricht für Sie: Gott ist nicht an menschliche Möglichkeiten oder Naturgesetze gebunden. Wenn Sie im Augenblick nicht sehen, dass Gott in Ihrem Leben irgendetwas tut, müssen Sie zwei Möglichkeiten in Betracht ziehen: Entweder möchte Gott Ihnen etwas anderes, Besseres schenken oder der richtige Zeitpunkt ist noch nicht gekommen. Wenn Sie Gott vertrauen und eine positive Haltung bewahren, wenn Sie treu dort ausharren, wo Sie gerade sind, und nicht versuchen, Veränderungen gewaltsam herbeizuführen, wird Gott Sie zur rechten Zeit dorthin bringen, wo Sie nach seinem Willen sein sollen. Er wird Ihre Träume in Erfüllung gehen lassen. Bleiben Sie ganz ruhig – Sie sind in seiner Hand.

~ 30. September ~

Gott hat den Überblick

„Meine Gedanken sind nicht eure Gedanken", sagt der Herr,
„und meine Wege sind nicht eure Wege.
Denn so viel der Himmel höher ist als die Erde,
so viel höher stehen meine Wege über euren Wegen
und meine Gedanken über euren Gedanken."

Jesaja 55,8–9

WIR VERSTEHEN NICHT immer, warum Gott Dinge tut (oder nicht tut). Seine Vorgehensweise erscheint uns nicht immer logisch, aber wir müssen uns bewusst machen, dass Gott den Überblick hat. Ziehen Sie einmal folgende Möglichkeit in Betracht: Sie sind vielleicht bereit für das, was Gott für Sie geplant hat, aber jemand anderer, der daran mitwirken soll, ist noch nicht bereit. Gott ist noch in einem anderen Menschen oder einer anderen Situation am Werk, bevor Ihr Gebet so beantwortet werden kann, wie es seinem Willen für Ihr Leben entspricht. Wenn der richtige Zeitpunkt gekommen ist, werden alle Puzzleteile an ihren Platz rücken.

Wenn Sie jetzt das Beste aus Ihrem Leben machen wollen, müssen Sie lernen, Gottes Timing zu vertrauen. Lassen Sie es Gott auf seine Weise tun. Er wird antworten, und zwar genau zur rechten Zeit.

~ 1. Oktober ~

Gott arbeitet an einer Lösung

Deshalb werdet nicht müde zu tun, was gut ist.
Lasst euch nicht entmutigen und gebt nie auf, denn zur gegebenen Zeit
werden wir auch den entsprechenden Segen ernten.

Galater 6,9

VIELLEICHT SIND SIE heute Morgen frustriert, weil Sie nicht das Gefühl haben, dass Ihr Leben nach Gottes Plan verläuft. Aber seien Sie ganz unbesorgt: Gott ist dabei, alle Puzzleteile so zu arrangieren, dass sein Plan für Ihr Leben umgesetzt wird. Auch wenn Sie es vielleicht nicht spüren oder sehen – schon lange, bevor Sie das Problem bekommen haben, ist Gott dabei, an einer Lösung zu arbeiten.

Werden Sie nicht ungeduldig, und versuchen Sie nicht, mit Gewalt Türen zu öffnen. Versuchen Sie nicht, aus eigener Kraft irgendwelche Dinge durchzusetzen. Ihre Situation sieht vielleicht noch genauso aus wie vor zehn Jahren, aber eines Tages, von einem Moment zum anderen, werden alle Mosaiksteine an den rechten Platz fallen. Wenn Gottes Zeitpunkt gekommen ist, können alle Mächte der Finsternis ihn nicht aufhalten. Dann wird geschehen, was er für Sie geplant hat.

~ 2. Oktober ~

Besser als zuvor

Hier auf der Erde werdet ihr viel Schweres erleben.
Aber habt Mut, denn ich habe die Welt überwunden.

Johannes 16,33b

SCHWIERIGKEITEN UND WIDERSTÄNDE können wie Trittsteine sein, über die wir auf eine höhere Ebene kommen. Darum wird Gott in unserem Leben auch nicht alles Negative von uns fernhalten. Jesus hat gesagt: „Euch werden Dinge passieren, die schwer zu verkraften sind. Aber lasst euch dadurch nicht entmutigen, denn ich habe die Welt besiegt."

Gott weist uns in der Bibel immer wieder auf folgende Wahrheit hin: Solange wir fröhlich bleiben und voller Hoffnung sind, werden wir, auch wenn er nicht alle Probleme von uns fernhält, hinterher besser dastehen als zuvor. Wir werden in den meisten Fällen gesegneter, gesünder und wohlhabender sein als vorher. Niemand von uns leidet gern. Aber wir können trotzdem voller Hoffnung sein und darauf vertrauen, dass Gott das Leid niemals umsonst zulässt. Er wird immer dafür sorgen, dass es letztlich zu unserem Vorteil dient.

~ 3. OKTOBER ~

Gott kann den Hebel umlegen

Der Herr spricht: „Ich will euch zurückgeben, was die Heuschrecken, die Grashüpfer, die Raupen und Käfer gefressen haben."

JOEL 2,25

DENKEN SIE EINMAL an Josef. Seine Brüder waren so eifersüchtig auf ihn, dass sie ihn als Sklaven verkauften. Andere junge Männer in seinem Alter hatten zweifellos ein angenehmes Leben, das sie in vollen Zügen genossen. Aber Josef war eingesperrt, lebte in einem fremden Land und musste ständig arbeiten. Das war ungerecht, und mehr noch – er musste all dies erleiden, weil andere Menschen falsche Entscheidungen getroffen hatten und eine schlechte Einstellung besaßen.

Aber Gott sah diese Ungerechtigkeit, und er findet immer eine Möglichkeit, um all das, was wir erlitten haben, wiedergutzumachen. Das tat er auch für Josef (vgl. 1. Mose 41). Nachdem Josef 13 Jahre lang Sklavendienste getan und im Gefängnis gesessen hatte, holte Gott ihn aus alldem heraus und machte ihn zu einem wohlhabenden, einflussreichen Mann. Er wurde zum Stellvertreter des Pharaos und erhielt die Regierungsgewalt über ganz Ägypten. Weil Josef die richtige Einstellung beibehielt, sorgte Gott dafür, dass er hinterher viel besser dastand als je zuvor.

~ 4. OKTOBER ~

Gefangene der Hoffnung

Kehrt zur Festung zurück, ihr auf Hoffnung Gefangenen! Auch heute verkündige ich: Doppeltes erstatte ich dir.

SACHARJA 9,12 (ELBERFELDER)

ES GIBT SO viele Menschen, die mutlos sind und sich als Verlierer fühlen. Statt voller Hoffnung zu sein, sind sie voller Zorn und Bitterkeit. „Aber Joel, du hast ja keine Ahnung, was ich durchgemacht habe. Du weißt nicht, wie schrecklich meine Ehe war oder wie viele Schulden ich habe."

Ich bitte Sie: Hören Sie auf, sich damit zu beschäftigen. Machen Sie nicht Ihre Probleme groß, machen Sie Ihren Gott groß. Je größer Sie Gott machen, desto kleiner werden Ihre Probleme werden und desto mehr Glauben wird in Ihrem Herzen wachsen. Sie können sicher sein, dass Gott nichts entgangen ist von dem, was Sie erlebt haben. Wenn jemand Sie schlecht behandelt und Ihnen unrecht getan hat, dann ergehen Sie sich nicht in Selbstmitleid. Gott will Ihr Herz mit neuer Hoffnung erfüllen. Machen Sie sich bewusst, dass Gott Sie für das, was Sie verloren haben, doppelt entschädigen wird. Er wird niemals zulassen, dass Sie irgendetwas umsonst durchmachen.

~ 5. Oktober ~

Das wird sich alles ändern

So sind wir nicht auf das Schwere fixiert, das wir jetzt sehen, sondern blicken nach vorn auf das, was wir noch nicht gesehen haben. Denn die Sorgen, die wir jetzt vor uns sehen, werden bald vorüber sein, aber die Freude, die wir noch nicht gesehen haben, wird ewig dauern.

2. Korinther 4,18

DIE BIBEL FORDERT uns dazu auf, nicht auf das zu schauen, was sichtbar ist, sondern auf das Unsichtbare. Denn die Dinge, die wir mit unseren natürlichen Augen sehen können, sind veränderlich, aber die Dinge, die wir mit den Augen des Glaubens sehen, sind ewig. In einer englischen Übersetzung steht: „Die Dinge, die gesehen werden, werden sich ändern." Das bedeutet: Mit unserer Gesundheit oder unseren Finanzen sieht es heute vielleicht nicht allzu gut aus, aber das wird sich ändern. Heute scheint in Ihrem Leben vielleicht überhaupt nichts zu klappen, aber das wird sich alles ändern.

Wenn Sie an Ihr Kind denken, das nicht so lebt, wie es Gott gefällt, dann verlieren Sie nicht den Mut. Schauen Sie es an und sagen Sie: „Du wirst dich ändern." (Sie müssen es ja nicht unbedingt laut aussprechen.) Bleiben Sie voller Hoffnung und *erwarten* Sie, dass die Dinge sich ändern.

~ 6. Oktober ~

Es kann ganz plötzlich geschehen

Plötzlich erschien ein strahlendes Licht in der Zelle, und ein Engel des Herrn stand vor Petrus.

Apostelgeschichte 12,7

WENN SIE ERLEBEN wollen, dass Gott Ihnen ersetzt, was Ihnen genommen wurde, dann beginnen Sie jeden Tag in der Erwartung, dass Gutes geschehen wird. Sie müssen wissen, dass Gott von einem Augenblick zum anderen alles herumdrehen kann. Ganz plötzlich könnte Ihr Wunder geschehen. Ganz plötzlich könnte Gott einen neuen Menschen in Ihr Leben bringen. Ganz plötzlich könnten Sie die neue, bessere Position bekommen. Ein einziges „Plötzlich" ist alles, was dafür erforderlich ist. Im Bruchteil einer Sekunde, durch einen Hauch seiner Gnade, kann alles anders werden.

Aktivieren Sie Ihren Glauben, und rufen Sie sich ins Gedächtnis, dass Gott Sie mit Gutem segnen will. Unsere Haltung sollte sein: *Ich werde nicht herumsitzen und darüber jammern, was ich verloren habe. Ich bin vielleicht zu Boden geworfen worden, aber ich werde wieder aufstehen. Denn ich weiß, dass der allmächtige Gott auf meiner Seite ist, und wenn Gott für mich ist, wer kann da noch gegen mich sein?*

~ 7. OKTOBER ~

Wenn nichts mehr Sinn macht

Und Gott gab Hiobs Schicksal eine neue Wendung,
weil er Fürbitte für seine Freunde getan hatte, ja,
er schenkte ihm doppelt so viel, wie er vorher besessen hatte! ...
So segnete der Herr Hiobs weitere Lebenszeit noch viel mehr
als sein vorheriges Leben.

HIOB 42,10.12A

HIOB WAR EIN frommer Mann, der Gott liebte. Trotzdem verlor er seine Viehherden, seine Familie und seine Gesundheit. Es hätte nicht mehr schlimmer kommen können, und ich bin sicher, dass er versucht war, verbittert zu werden. Er hätte sagen können: „Das ist nicht fair, Gott. Ich verstehe nicht, warum mir das passiert."

Aber Hiob wusste, dass Gott jede Situation herumdrehen konnte. Seine Einstellung war: *Selbst wenn ich sterben muss, werde ich Gott vertrauen. Noch auf dem Sterbebett werde ich das Beste hoffen.* Und nachdem alles gesagt und getan war, gab Gott Hiobs Schicksal nicht nur eine neue Wendung, er schenkte ihm sogar doppelt so viel, wie er vorher besessen hatte.

~ 8. OKTOBER ~

Durchtragender Glaube

Er aber kennt meinen Weg. Und wenn er mich wie Gold im Feuer prüfte, würde ich davonkommen.

HIOB 23,10

GESTERN MORGEN HABEN Sie von Hiob gelesen. Er verlor nicht nur seine Kinder, seinen Besitz und seine Gesundheit, seine eigene Frau sagte ihm sogar: „Sag dich von Gott los und stirb!“ (Hiob 2,9). Aber Hiob wusste, dass Gott ein Gott ist, der Verlorenes wiedererstattet.

Ich habe herausgefunden, dass es zwei Arten von Glauben gibt – einen *befreienden* Glauben und einen *durchtragenden* Glauben. Befreiender Glaube zeigt sich dann, wenn Gott Ihre Situation von einem Moment zum anderen herumdreht. Wenn das geschieht, ist das toll. Aber es ist mehr Glaube und eine innigere Gemeinschaft mit Gott erforderlich, um durchtragenden Glauben zu entwickeln. Durchtragender Glaube ist das, was Sie durch die dunklen Nächte der Seele hindurchbringt, wenn Sie wie Hiob nicht wissen, wohin Sie sich wenden oder was Sie tun sollen ... und dennoch voller Vertrauen an Gott festhalten. Der Glaube sagt uns, dass das Beste noch kommt.

~ 9. OKTOBER ~

Ihnen steht Gutes bevor

Statt doppelte Scham und Schande tragen zu müssen, werdet ihr über euer Teil jubeln, denn den doppelten Anteil eures Landes werdet ihr erben und euch wird ewige Freude zuteil.

JESAJA 61,7

HABEN SIE IM Leben unfaire Situationen erlebt, in denen Ihnen jemand unrecht getan oder Sie schlecht behandelt hat? Vielleicht haben Sie Probleme in Ihrer Ehe oder einer anderen zwischenmenschlichen Beziehung oder mit einem Ihrer Kinder. Oder vielleicht haben Sie finanziell zu kämpfen und sehen keine Möglichkeit, wie Sie jemals aus dieser Lage herauskommen sollen. Ihr Leben war eine einzige Serie von Rückschlägen. Wenn Ihnen das bekannt vorkommt, habe ich eine gute Nachricht für Sie: Gott will Ihnen alles erstatten, was Ihnen genommen wurde. Er will Ihnen Ihre Freude, Ihren Frieden, Ihre Gesundheit, Ihr Geld und Ihre Familie zurückgeben. Und wenn Gott Ihnen etwas erstattet, bedeutet das nicht, dass es Ihnen hinterher wieder so geht wie damals, bevor all dies geschah. Nein, er sorgt dafür, dass Sie hinterher besser dastehen als je zuvor.

~ 10. OKTOBER ~

Gutes im Überfluss

Ich habe seine Wege sehr wohl gesehen,
aber ich werde es trotzdem heilen und leiten! Ich werde meinem Volk
einen Trost bringen, der alle Trauernden erreicht.

JESAJA 57,18

GOTT WILL NICHT, dass Sie fix und fertig und am Boden zerstört sind, nachdem er Sie aus Ihren Schwierigkeiten herausgeholt hat. Nein, Sie sollen nicht einfach nur überleben, Sie sollen „einen überwältigenden Sieg davontragen". Er will, dass Sie hinterher viel besser dastehen als zuvor und alles, was Sie brauchen, im Überfluss besitzen. Und darüber hinaus will er den Feind bezahlen lassen für das, was er Ihnen, einem Kind Gottes, angetan hat. Gott möchte, dass Sie Ihren Lebensweg im Triumph beenden.

Wenn Sie heute in einer schwierigen Situation stecken, müssen Sie eine Wiederherstellungs-Mentalität entwickeln. Ermutigen Sie sich selbst mit dem Gedanken, dass Gott Ihre Situation umdrehen wird. Machen Sie sich bewusst, dass Sie nicht nur den Feind besiegen werden – Sie werden ihm seine gesamte Beute wieder abjagen. Ihre Einstellung sollte sein: *Vater, ich danke dir, weil ich weiß, dass ich hinterher stärker, gesünder und glücklicher sein werde als je zuvor.*

Es ist Gottes Wesensart, zu geben

Stets war ich euch ein Vorbild, wie ihr durch harte Arbeit den Armen helfen könnt. Behaltet die Worte von Jesus, dem Herrn, in Erinnerung: „Es ist segensreicher, zu geben, als zu nehmen.“

Apostelgeschichte 20,35

HEUTE LEBEN VIELE Menschen ganz offenkundig und ohne sich zu schämen für sich selbst. Die Gesellschaft lehrt uns, uns selbst an die erste Stelle zu setzen. „Was springt für mich dabei heraus?“ Wir geben offen zu, dass wir eine Generation von Egoisten sind, und dieselbe selbstbezogene Haltung kommt oft auch in unserer Beziehung zu Gott, unseren Angehörigen und unseren Mitmenschen zum Ausdruck. Paradoxerweise verurteilt uns jedoch gerade diese selbstsüchtige Haltung zu einem schalen, unerfüllten Leben. Wie viel wir auch für uns selbst erreichen mögen – wir sind nie befriedigt.

Es ist Gottes Wesensart, zu geben, und wenn Sie Freude in ungeahnten Ausmaßen kennenlernen wollen, wenn Sie erleben wollen, dass Gott Sie mit seiner Gunst und seinen Segnungen überschüttet, dann müssen Sie lernen, ein „Geber“ zu sein, kein „Nehmer“.

Geschaffen, um zu geben

Denn Gott hat die Welt so sehr geliebt,
dass er seinen einzigen Sohn hingab,
damit jeder, der an ihn glaubt, nicht verloren geht,
sondern das ewige Leben hat.

Johannes 3,16

WENN WIR *JETZT* das Beste aus unserem Leben machen möchten, wird uns vor allem eine Herausforderung zu schaffen machen: die Versuchung, selbstsüchtig zu sein. Wenn wir glauben, dass Gott das Beste für uns will, dass er uns Wachstum und Gedeihen schenken möchte, kann es leicht passieren, dass wir in die raffinierte Falle der Selbstsucht tappen. Es gibt jedoch eine Möglichkeit, wie Sie nicht nur dieser Falle aus dem Weg gehen können, sondern mehr Freude erleben werden, als Sie sich je haben träumen lassen: indem Sie *leben, um zu geben.* Das ist ein weiterer wichtiger Schritt auf dem Weg, Ihr volles Potenzial auszuschöpfen.

Gott hat uns nicht geschaffen, damit wir fortwährend um uns selbst kreisen und über unsere eigenen Bedürfnisse nachdenken. Nein, wir wurden geschaffen, um zu geben. Und Sie werden sich niemals wirklich erfüllt fühlen, solange Sie nicht gelernt haben, sich selbst zu verschenken. Fragen Sie sich jeden Morgen: *Wem kann ich heute ein Segen sein?*

~ 13. OKTOBER ~

Beginnen Sie, Samen auszusäen

„Wann haben wir dich je krank oder im Gefängnis gesehen und haben dich besucht?" Und der König wird ihnen entgegnen: „Ich versichere euch: Was ihr für einen der geringsten meiner Brüder und Schwestern getan habt, das habt ihr für mich getan!"

MATTHÄUS 25,39-40

ES IST IHNEN vielleicht nicht bewusst, aber es ist extrem egoistisch, wenn man fortwährend um seine eigenen Probleme kreist, ständig daran denkt, was man selbst will oder braucht, und die vielen Nöte seiner Mitmenschen kaum je zur Kenntnis nimmt. Wenn Sie ein Problem haben, ist das Beste, was Sie tun können, dass Sie einem anderen Menschen helfen, sein Problem zu lösen. Wenn Sie möchten, dass Ihre Träume in Erfüllung gehen, dann helfen Sie einer anderen Person, ihre Träume zu verwirklichen. Beginnen Sie, Samen auszusäen, damit Gott Ihnen eine Ernte schenken kann.

Denken Sie heute über Folgendes nach: Gott wird eine verschlossene Hand nicht mit Gutem füllen.

~ 14. Oktober ~

Wir sind keine „einsamen Wölfe“

Dem Großzügigen geht es gut und er ist zufrieden;
wer anderen hilft, dem wird selbst geholfen werden.

Sprüche 11,25

WIR WURDEN ERSCHAFFEN, um zu geben, nicht, um nur uns selbst zu gefallen. Wenn Sie an dieser Wahrheit vorbeileben, werden Sie an dem überfließenden, glücklichen Leben vorbeileben, das Gott für Sie hat. Aber wenn Sie sich um andere Menschen kümmern, die in Not sind, wird Gott dafür sorgen, dass Ihre eigenen Bedürfnisse gestillt werden. Wenn Sie mutlos und deprimiert sind, beschäftigen Sie sich nicht mit Ihrer eigenen Not. Vergessen Sie sich selbst und begegnen Sie der Not eines anderen.

Vielleicht haben Sie das Gefühl, dass Sie nichts zu geben haben. Doch, das haben Sie! Sie können ein Lächeln verschenken. Sie können jemanden in die Arme nehmen. Sie können jemandem einen kleinen Gefallen tun, der für denjenigen viel bedeutet. Sie können jemanden im Krankenhaus besuchen oder für jemanden kochen, der ans Haus gefesselt ist. Sie können jemandem einen ermutigenden Brief schreiben. Irgendjemand braucht Ihre Freundschaft. Gott hat uns als freie Menschen geschaffen, aber es war nicht sein Plan, dass wir als „einsame Wölfe“ leben. Wir brauchen einander!

Leben Sie, um zu geben

Wer seine Ohren vor den Bitten der Armen verschließt,
dem wird auch nicht geholfen werden, wenn er selbst in Not ist.

Sprüche 21,13

ALLZU VIELE MENSCHEN befassen sich heutzutage ausschließlich mit dem, was sie wollen, was sie brauchen und was ihnen ihrer Ansicht nach am meisten nützt, und sie bekommen es nie. Hören Sie auf, sich darüber Gedanken zu machen, was andere für Sie tun können – beginnen Sie, darüber nachzudenken, was Sie für andere tun können, und dann gehen Sie los und tun Sie es. Besuchen Sie ein Pflegeheim oder ein Kinderkrankenhaus. Rufen Sie eine Freundin an und machen Sie ihr Mut. Wenn Sie finanzielle Probleme haben, dann helfen Sie jemandem, der noch schlechter dran ist als Sie. Sie könnten zum Beispiel für jemanden Rasen mähen oder etwas reparieren, was in seinem Haus kaputt ist. Irgendjemand braucht gerade das, was Sie zu geben haben. Irgendjemand braucht Ihre Liebe und Ihre Ermutigung.

Wenn Sie wollen, dass Gott Sie segnet, dann leben Sie, um zu geben.

~ 16. OKTOBER ~

Ermutigen Sie Ihre Mitmenschen

Ermutigt einander jeden Tag, solange es „Heute" heißt, damit keiner von euch von der Sünde überlistet wird und hart wird gegen Gott!

HEBRÄER 3,13

WENN SIE NUR um sich selbst kreisen, verpassen Sie nicht nur das Beste, was Gott für Sie hat, Sie enthalten anderen Menschen auch den Segen und die Freude vor, die Gott ihnen durch Sie schenken möchte. Es ist leicht, zu kritisieren und zu verurteilen und andere auf ihre Fehler und Schwächen hinzuweisen. Aber Gott will, dass wir unsere Mitmenschen aufbauen, dass wir ihnen zum Segen werden und Worte des Glaubens und des Sieges in ihr Leben hineinsprechen.

Wie lange dauert es, jemandem ein Kompliment zu machen? Wie lange dauert es, Ihrer Frau zu sagen: „Ich liebe dich. Du bist toll. Ich bin so froh, dass du meine Frau bist"? Wie lange dauert es, Ihrem Angestellten zu sagen: „Sie machen das ganz prima. Ich weiß es sehr zu schätzen, dass Sie sich so einsetzen"? Tun Sie es heute!

~ 17. OKTOBER ~

Überreich gesegnet

Ich möchte, dass ihr euer Essen mit den Hungrigen teilt
und heimatlose Menschen gastfreundlich aufnehmt.
Wenn ihr einen Nackten seht, dann kleidet ihn ein.
Verleugnet euer eigenes Fleisch und Blut nicht.
Wenn du so handelst, wird dein Licht aufleuchten wie die Morgenröte.
Deine Heilung wird schnelle Fortschritte machen.
Deine Gerechtigkeit geht dir dann voraus
und die Herrlichkeit des Herrn folgt dir nach.

JESAJA 58,7–8

ES REICHT NICHT, Komplimente nur zu denken; wir müssen sie aussprechen. Ein altes Sprichwort besagt: „Liebe ist erst dann Liebe, wenn du sie verschenkst." Wir sollten jeden Morgen mit der Einstellung aufstehen: *Heute werde ich irgendjemanden glücklich machen. Heute werde ich irgendjemandem helfen.* Etwas Übernatürliches geschieht, wenn wir den Blick von uns selbst abwenden und auf die Bedürfnisse unserer Mitmenschen richten. Wenn Sie sich darum bemühen, anderen zu helfen, die in Not sind, dann wird Gott dafür sorgen, dass *Ihnen* geholfen wird und dass *Sie* auf wunderbare Weise gesegnet werden.

~ 18. Oktober ~

Saat und Ernte

Sät nach dem Maß der Gerechtigkeit, erntet nach dem Maß der Liebe!

Hosea 10,12 (Gute Nachricht)

1981 ERFUHR MEINE Mutter, dass sie unheilbar an Krebs erkrankt war. Nachdem sie aus dem Krankenhaus entlassen worden war, bestand die Gefahr, dass sie in ein tiefes Loch fiel und sich in Selbstmitleid erging. Aber sie hielt den Blick nicht auf sich selbst gerichtet und beschäftigte sich nicht fortwährend mit ihrer Krankheit. In der Zeit ihrer größten Not ging sie in die Gemeinde und betete für andere, die krank oder in Not waren. Und es geschah genau das, was Gott versprochen hat: Während sie begann, anderen zu helfen, die in Not waren, wurde sie selbst geheilt.

Ich bin davon überzeugt, dass viele Menschen das Wunder empfangen würden, für das sie beten, wenn sie den Blick von sich selbst abwenden und sich stattdessen darauf konzentrieren würden, anderen Menschen zum Segen zu sein. Wir müssen nach Möglichkeiten Ausschau halten, wie wir andere Menschen an Gottes Liebe, seinen Gaben und seiner Güte teilhaben lassen können.

~ 19. Oktober ~

Gott will Sie überreich beschenken

Ehre den Herrn mit deinem Besitz und schenke ihm das Beste, was dein Land hervorbringt. Dann werden sich deine Scheunen mit Korn füllen und deine Fässer von Wein überfließen.

Sprüche 3,9–10

WENN SIE JETZT das Beste aus Ihrem Leben machen wollen, müssen Sie lernen, einen Lebensstil des Gebens zu entwickeln: *leben, um zu geben, statt leben, um zu bekommen.* Lassen Sie uns an dieser Stelle ganz praktisch werden. Wenn Sie Dinge in Ihrem Haus oder in Ihrer Abstellkammer herumliegen haben, die Sie nie wieder benutzen werden, warum geben Sie sie dann nicht jemandem, der sie gebrauchen kann?

Unser Verstand lässt sich die unmöglichsten Ausreden einfallen, wenn Gott anfängt, unsere Finger von Dingen zu lösen, von denen wir uns einfach nicht trennen können. Die menschliche Natur will einfach alles festhalten. Aber Sie haben vermutlich alle möglichen Dinge, die Sie seit Jahren nicht mehr benutzen. Wenn Sie etwas nicht wirklich brauchen, verwandeln Sie es in einen Samen, den Sie ausstreuen. Denken Sie daran: Wir ernten, was wir säen.

~ 20. OKTOBER ~

Gesegnet, um ein Segen zu sein

Von dir wird ein großes Volk abstammen.
Ich will dich segnen und du sollst in der ganzen Welt bekannt sein.
Ich will dich zum Segen für andere machen.

1. MOSE 12,2

DAS VERSPRACH GOTT dem alttestamentlichen Patriarchen Abraham, und oft, wenn wir solche Versprechen Gottes lesen, denken wir: „Okay, Gott! Nur zu, überschütte mich mit deinen Segnungen!" Aber es ist ein Haken bei der Sache. Wir müssen etwas tun, oder noch besser: Wir müssen etwas *sein.* Gott impliziert hier, dass wir nicht gesegnet werden, damit wir ein verschwenderisches, selbstgefälliges Leben führen können. Wir werden gesegnet, um ein Segen *zu sein.* Und solange wir nicht bereit sind, ein Segen zu sein, wird Gott seine Gunst und seine Güte nicht in unser Leben ausgießen. Wir werden Gottes Segnungen in dem Ausmaß empfangen, in dem wir bereit sind, selbst anderen Menschen zum Segen zu sein.

Wenn wir genauer hinhorchen würden, würden wir vielleicht hören, dass Gott zu uns sagt: „Wann wirst du anfangen, ein Segen *zu sein?*"

~ 21. Oktober ~

Fangen Sie da an, wo Sie sind

Wer dem Armen hilft, leiht dem Herrn –
und er wird ihm zurückgeben, was er Gutes getan hat!

Sprüche 13,17

VIELLEICHT DENKEN SIE jetzt: *Ja, wenn ich Geld hätte, würde ich anderen helfen.* Nein, das sehen Sie falsch. Sie müssen da anfangen, wo Sie sind. Sie müssen treu sein mit dem, was Sie haben, dann wird Gott Ihnen mehr anvertrauen. Vielleicht haben Sie nicht viel Geld übrig, das Sie verschenken können, aber Sie können ab und zu einmal jemandem ein Abendessen bezahlen. Sie können jemandem ein freundliches Wort sagen. Sie können sich einmal wirklich Zeit nehmen und für jemanden, der in Not ist, intensiv beten.

Geben ist ein geistliches Prinzip. Was immer Sie geben, wird Ihnen wiedergegeben werden. Wenn Sie ein Lächeln verschenken, werden andere Menschen Ihnen zulächeln. Wenn Sie großzügig zu Menschen sind, die sich in einer Notlage befinden, wird Gott dafür sorgen, dass andere großzügig zu Ihnen sind, wenn Sie in Not geraten. Das, was Sie für andere tun, wird Gott für Sie tun.

~ 22. Oktober ~

Helfen Sie anderen, die es schwer haben

Wenn ihr gebt, werdet ihr erhalten.
Was ihr verschenkt, wird zusammengepresst und gerüttelt, in einem vollen, ja überreichlichen Maß zu euch zurückfließen.

Lukas 6,38

WIR STEHEN GOTT nie näher als dann, wenn wir anderen helfen, die es schwer haben. Gott freut sich, wenn wir singen und beten. Aber die größte Freude bereiten wir ihm, wenn wir uns um eines seiner Kinder kümmern.

John Bunyan, der Autor des Klassikers „Die Pilgerreise", hat gesagt: „Du hast heute nicht gelebt, solange du nicht etwas für jemanden getan hast, der es dir nicht vergelten kann." Halten Sie nach jemandem Ausschau, den Sie segnen können. Irgendjemand braucht das, was Sie zu geben haben. Vielleicht ist es nicht Ihr Geld; vielleicht ist es Ihre Zeit. Vielleicht ist es Ihr Ohr. Vielleicht ist es Ihre ermutigende Umarmung. Vielleicht ist es Ihr aufmunterndes Lächeln. Wer weiß? Vielleicht können Sie einfach Ihren Arm um jemanden legen und ihm dadurch zeigen, dass er Ihnen etwas bedeutet. Und vielleicht kann gerade das der Auslöser dafür sein, dass das Herz jenes Menschen zu heilen beginnt.

~ 23. OKTOBER ~

Seien Sie liebevoll und hilfsbereit

Seht zu, dass niemand Böses mit Bösem vergilt, sondern versucht immer, einander und auch allen anderen Gutes zu tun.

1. THESSALONICHER 5,15

WIE SIE ANDERE Menschen behandeln, kann einen großen Einfluss darauf haben, in welchem Ausmaß Sie Gottes Gunst und seine Segnungen erleben. Sind Sie gut zu anderen? Sind Sie freundlich und rücksichtsvoll? Sprechen und handeln Sie liebevoll und sind Ihre Mitmenschen in Ihren Augen wertvoll und einzigartig? Sie können nicht Ihre Mitmenschen schlecht behandeln und dann erwarten, dass Sie gesegnet werden.

Paulus schrieb, dass wir immer versuchen sollen, unseren Mitmenschen Gutes zu tun. Das bedeutet, wir müssen aktiv sein. Wir sollten bewusst nach Möglichkeiten Ausschau halten, wie wir anderen Menschen Gottes Güte, seine Freundlichkeit und sein Erbarmen entgegenbringen können. Und wir müssen auch dann liebevoll und hilfsbereit sein, wenn jemand unfreundlich zu uns ist. Böses wird niemals mit Bösem überwunden.

~ 24. Oktober ~

Bleiben Sie freundlich

Liebt eure Feinde. Tut denen Gutes, die euch hassen.
Betet für das Glück derer, die euch verfluchen.
Betet für die, die euch verletzen.

Lukas 6,27–28

WENN SIE VON jemandem schlecht behandelt werden, ist das für Sie eine großartige Chance: Sie können dazu beitragen, dass ein verwundetes Herz geheilt wird. Denken Sie daran: Wenn Menschen andere verletzen, liegt das oft daran, dass sie selbst verletzt wurden und leiden. Wenn jemand unhöflich oder rücksichtslos ist, können Sie fast sicher sein, dass derjenige irgendwelche ungelösten Probleme mit sich herumträgt. Das Letzte, was solche Menschen brauchen, ist, dass Sie die Sache noch verschlimmern, indem Sie zornig reagieren.

Gehen Sie den rechten Weg und bleiben Sie freundlich und entgegenkommend. Seien Sie liebevoll und behalten Sie eine positive Haltung bei. Gott sieht, was Sie tun, und in der Bibel steht, dass er unser Vergelter ist. Er wird dafür sorgen, dass Ihre positive Einstellung und Ihr gutes Verhalten das Böse überwinden. Wenn Sie unbeirrbar daran festhalten, das Richtige zu tun, werden Sie am Ende viel besser dastehen, als wenn Sie Böses mit Bösem vergolten hätten.

Gießen Sie kein Öl aufs Feuer

Wenn jemand von euch verlangt, eine Meile weit mit ihm zu gehen, dann geht zwei Meilen mit ihm.

Matthäus 5,41

WENN IHR KOLLEGE an Ihnen vorbeigeht, ohne Sie zu grüßen, dann erwartet Gott von Ihnen, dass Sie die „zweite Meile" gehen und trotzdem freundlich zu ihm sind. Wenn die Kassiererin im Supermarkt Sie ohne Grund angiftet, dann besteht Ihre erste Reaktion vielleicht darin, es ihr mit gleicher Münze heimzuzahlen. Das ist der leichte Weg; jeder kann das tun. Dabei sind gerade solche Situationen wunderbare Gelegenheiten, andere etwas von Gottes Gnade und Barmherzigkeit spüren zu lassen.

Bemühen Sie sich, freundlich zu sein, und sagen Sie solch einem Menschen ein Wort der Ermutigung. Sie wissen ja gar nicht, was er gerade durchmacht. Vielleicht erlebt er die Hölle auf Erden. Wenn Sie noch Öl aufs Feuer gießen, dann kommt es vielleicht zu einer heftigen Eskalation, oder Ihre Reaktion ist der letzte Tropfen, der das Fass zum Überlaufen bringt und dazu führt, dass die betreffende Person aufgibt und völlig verzweifelt. Gott möchte weder das eine noch das andere.

~ 26. Oktober ~

Freundlichkeit macht sich bezahlt

Die Liebe fügt niemandem Schaden zu;
deshalb ist die Liebe die Erfüllung von Gottes Gesetz.

Römer 13,10

WENN SIE MENSCHEN schlecht behandeln, die *Sie* schlecht behandeln, machen Sie die Sache dadurch nur schlimmer. Wenn Sie auf jemanden, der wütend auf Sie ist, Ihrerseits wütend reagieren, gießen Sie damit Öl aufs Feuer. Nein, wir überwinden das Böse durch das Gute. Wenn jemand Sie verletzt, dann können Sie das nur dadurch überwinden, dass Sie dieser Person Barmherzigkeit erweisen, ihr vergeben und selbst das tun, was richtig ist.

In der Bibel heißt es, dass Gott unser Vergelter ist. Er wird nicht zulassen, dass Sie beraubt werden. Sie denken vielleicht, dass Sie den Kürzeren ziehen, aber wenn alles gesagt und getan ist, wird Gott sicherstellen, dass Sie nichts verlieren, was wirklich wertvoll ist. Er wird dafür sorgen, dass Sie Ihre gerechte Belohnung erhalten. Ihre Verantwortung besteht darin, ruhig und friedfertig zu bleiben, auch wenn die Menschen um Sie herum es nicht sind.

~ 27. OKTOBER ~

Seien Sie barmherzig

Was mich betrifft, hat Gott alles Böse, das ihr geplant habt, zum Guten gewendet. Auf diese Weise wollte er das Leben vieler Menschen retten.

1. MOSE 50,20

WENN JEMAND JE das Recht hatte, Rache zu nehmen, dann war das zweifellos Josef. Seine Brüder hassten ihn so sehr, dass sie ihn zunächst töten wollten und ihn dann stattdessen in die Sklaverei verkauften. Jahre vergingen und Josef musste alle möglichen Probleme und Nöte durchmachen. Aber er behielt eine gute Einstellung bei, und Gott fuhr fort, ihn zu segnen. Nachdem er einige Jahre wegen eines Vergehens im Gefängnis gewesen war, das er gar nicht begangen hatte, griff Gott auf übernatürliche Weise ein und beförderte ihn zum zweitmächtigsten Mann von Ägypten.

Können Sie sich vorstellen, welche Angst seine Brüder packte, als sie nach Ägypten kamen und plötzlich feststellen mussten, dass ihrer aller Leben in Josefs Hand war? Das war Josefs Gelegenheit, es seinen Brüdern heimzuzahlen. Aber er erwies ihnen Barmherzigkeit. Ist es ein Wunder, dass Gottes Gunst auf so außergewöhnliche Weise mit ihm war? Josef wusste, wie man seine Mitmenschen behandeln soll.

~ 28. OKTOBER ~

Überwinden Sie das Böse mit Gutem

Die Liebe ist nicht selbstsüchtig. Sie lässt sich nicht reizen, und wenn man ihr Böses tut, trägt sie es nicht nach.

1. KORINTHER 13,5

VIELLEICHT GIBT ES Menschen in Ihrem Leben, die Ihnen großes Unrecht angetan haben, und Sie haben allen Grund, wütend und verbittert zu sein. Aber wenn Sie sich entscheiden, Ihren Groll loszulassen und diesen Menschen zu vergeben, können Sie dieses Böse mit Gutem überwinden. Irgendwann werden Sie so weit sein, dass Sie den Personen, die Sie verletzt haben, ins Gesicht sehen und ihnen das Böse mit Gutem vergelten können. Wenn Sie das tun, wird Gott Ihnen auf ganz neue Weise seine Gunst zuwenden. Er wird Sie ehren; er wird Sie belohnen und er wird das Unrecht wiedergutmachen.

Gott will, dass seine Kinder helfen, verwundete Herzen zu heilen.

~ 29. OKTOBER ~

Bringen Sie Gottes Güte zum Ausdruck

Ist es dir gleichgültig, wie freundlich, geduldig und nachsichtig Gott mit dir ist? Siehst du nicht, wie Gottes Freundlichkeit dich zur Umkehr bewegen will?

RÖMER 2,4

WENN JEMAND SIE schlecht behandelt, dann strengen Sie sich besonders an, und seien Sie zu dieser Person noch freundlicher als sonst. Wenn Ihr Mann nicht an Gott glaubt, dann schlagen Sie ihm nicht die Bibel um die Ohren. Halten Sie ihm keine Predigten, meckern Sie nicht an ihm herum, und zwingen Sie ihn nicht, Sie zum Gottesdienst zu begleiten. Nein, fangen Sie an, besonders nett zu ihm zu sein. Beginnen Sie, ihn auf ganz neue Weise zu lieben. Dann wird Gottes Güte, die durch Sie zum Ausdruck kommt, über kurz oder lang das Böse überwinden. Liebe scheitert nie!

Wenn Sie Ihre Feinde segnen können und denen Gutes tun, die Sie ausgenutzt oder missbraucht haben, dann wird Gott jenes Böse nehmen und etwas Gutes daraus machen. Denken Sie daran, dass Gott alles in seiner Hand hat. Und wenn Sie Ihre Feinde segnen, werden Sie niemals verlieren. Gott wird Sie immer dafür entschädigen.

~ 30. OKTOBER ~

Vertrauen Sie Gott

Abraham zweifelte nicht und vertraute auf die Zusage Gottes. Ja, sein Glaube wuchs sogar noch, und damit ehrte er Gott.

RÖMER 4,20

GOTT BEFAHL ABRAHAM, seine Siebensachen zu packen und sich auf den Weg in ein anderes Land zu machen. Abraham nahm all seine Herden mit, seine nahen und sogar die entfernten Angehörigen. Nachdem sie eine Zeit lang an ihrem neuen Bestimmungsort gelebt hatten, merkten sie, dass es in dem Land, in dem sie sich niedergelassen hatten, nicht genug Nahrung und Wasser für all diese Menschen und ihr Vieh gab. Daher sagte Abraham zu seinem Neffen Lot: „Wir müssen uns trennen. Entscheide du, welchen Teil des Landes du gern hättest“ (vgl. 1. Mose 13). Lot nutzte die Freundlichkeit seines Onkels aus und entschied sich für ein wunderschönes Tal mit saftigen grünen Wiesen, sanften Hügeln und klaren Seen.

Abraham erwiderte: „Gut. Geh dorthin und sei gesegnet.“ Er hätte auch sagen können: „Gott hat zu mir gesprochen, Lot, nicht zu dir. Ich sollte die erste Wahl haben.“ Aber das tat Abraham nicht. Er wusste, dass Gott ihn entschädigen würde, und genau das tat Gott auch.

~ 31. Oktober ~

Schauen Sie sich um

Nachdem Lot fortgezogen war, sprach der Herr zu Abram: „Schau dich nach allen Seiten um. Dieses ganze Land, das du siehst, werde ich dir und deinen Nachkommen für immer zum Besitz geben."

1. Mose 13,14–15

ICH GLAUBE, NACHDEM Lot das beste Land genommen hatte und für Abraham nur dürres, verlassenes Ödland übrig geblieben war, war er doch ein bisschen enttäuscht. Bestimmt dachte er: *Gott, warum nutzen die Leute meine Güte immer so aus? Dieser Lot hätte überhaupt nichts, wenn ich es ihm nicht gegeben hätte.*

Aber Gott sah, wie anständig Abraham sich verhalten hatte, und sagte zu ihm: „Weil du deinen Neffen freundlich behandelt hast, werde ich dir überfließenden Segen schenken. Ich werde dir Tausende und Abertausende von Hektar schenken. Alles, was du sehen kannst, wird dir gehören" (vgl. 1. Mose 13,15). Das hat Gott für Abraham getan und dasselbe kann er auch für Sie tun.

~ 1. NOVEMBER ~

Gott wird Sie belohnen

Gott ist nicht ungerecht. Er wird nicht vergessen, wie ihr für ihn gearbeitet und eure Liebe zu ihm bewiesen habt und weiter beweist durch eure Fürsorge für andere, die auch zu Gott gehören.

HEBRÄER 6,10

VIELLEICHT HABEN SIE das Gefühl, dass in einer bestimmten Situation nur Sie der oder die Gebende sind. Vielleicht sind Sie die Mutter eines undankbaren Kindes. Vielleicht hat ihr Exmann Sie bei der Scheidung übers Ohr gehauen. Vielleicht geht das Gerücht um, Ihr Arbeitgeber wolle Arbeitsplätze abbauen, und das, nachdem Sie die besten Jahre Ihres Lebens in diesen Betrieb gesteckt haben. Weil die Menschen wissen, dass Sie nett, großzügig und freundlich sind, neigen sie dazu, Sie auszunutzen oder nicht wertzuschätzen.

Aber Gott sieht Ihr Herz. Ihm entgeht nichts von dem, was Sie tun. Er führt genau Buch und er wird Sie zur rechten Zeit belohnen. Wenn Sie einen anderen segnen, können Sie niemals verlieren. Selbst wenn jemand Ihre Anständigkeit ausnutzt, können Sie unbesorgt sein – Gott wird Sie für Ihre Großzügigkeit belohnen.

~ 2. NOVEMBER ~

Werden Sie nicht müde

Und was euch betrifft, liebe Brüder, so hört nicht auf damit, Gutes zu tun.

2. THESSALONICHER 3,13

MANCHMAL, WENN WIR gut zu anderen sind und die zweite Meile gehen, neigen wir doch dazu, insgeheim zu denken: *Ich lasse mir einfach alles bieten. Ich lasse zu, dass sie mich ausnutzen. Sie nehmen, was eigentlich mir zusteht.*

Nein, sagen Sie stattdessen: „Niemand nimmt mir irgendetwas weg. Ich gebe es ihnen gern. Ich segne sie ganz bewusst, denn ich weiß, Gott wird mich dafür entschädigen." Gott ist ein gerechter Gott, und er sieht nicht nur, was Sie tun, sondern auch, warum Sie es tun. Gott beurteilt nicht nur unsere Handlungen, sondern auch unsere Motive. Und weil Sie selbstlos sind, weil Sie andere höher achten als sich selbst, weil Sie sich bemühen, freundlich zu sein, wird Gott Sie eines Tages für Ihre Haltung segnen.

~ 3. NOVEMBER ~

Haben Sie ein offenes Herz

Schließlich sollt ihr alle einig sein, voller Mitgefühl
und gegenseitiger Liebe.
Seid barmherzig zueinander und demütig.

1. PETRUS 3,8

HEUTZUTAGE TREFFEN SIE überall Menschen, die leiden und in Not sind. Viele haben den Mut verloren; andere haben erleben müssen, dass ihre Träume zerstört wurden. Sie haben Fehler begangen und nun ist ihr Leben verkorkst. Sie müssen Gottes Barmherzigkeit und seine bedingungslose Liebe spüren. Sie brauchen niemanden, der sie richtet und kritisiert. Sie brauchen jemanden, der Hoffnung bringt, der Heilung bringt, jemanden, der sie Gottes Gnade und Erbarmen fühlen lässt. Was sie suchen, ist ein Freund, jemand, der da ist, um sie zu ermutigen, der sich Zeit nimmt, ihre Geschichte anzuhören, und dem wirklich etwas an ihnen liegt.

Wenn Sie jetzt das Beste aus Ihrem Leben machen wollen, müssen Sie dafür sorgen, dass Ihr Herz offen für Ihre Mitmenschen ist. Wir müssen nach Personen Ausschau halten, denen wir zum Segen werden können. Wir müssen bereit sein, uns ab und zu stören zu lassen, um jemandem zu helfen, der in Not ist.

~ 4. NOVEMBER ~

Gott hat Ihnen seine Liebe ins Herz gelegt

Doch wenn einer genügend Geld hat, um gut zu leben, und einen anderen in Not sieht und sich weigert zu helfen – wie soll die Liebe Gottes in ihm bleiben?

1. JOHANNES 3,17

DIESE WELT SEHNT sich verzweifelt danach, Gottes Liebe und Erbarmen zu erfahren. Sie schreit nach Menschen, die mitfühlend und barmherzig sind, nach Menschen, die bedingungslos lieben, nach Menschen, die sich ein bisschen Zeit nehmen, um ihren Mitbewohnern auf diesem Planeten zu helfen. Ich bin davon überzeugt, dass Gott uns allen seine übernatürliche Liebe ins Herz gelegt hat, als er uns erschuf. Er hat Sie mit der Fähigkeit ausgestattet, freundlich, mitfühlend, sanft und liebevoll zu sein. Weil Sie nach dem Bild Gottes geschaffen sind, ist es möglich, dass Sie Gottes Liebe und Erbarmen in Ihrem Herzen verspüren.

Sie haben die Möglichkeit, einen Unterschied im Leben anderer Menschen zu machen. Sie müssen lernen, der Liebe, die Gott in Ihr Herz gelegt hat, zu folgen. Ignorieren Sie sie nicht. Handeln Sie. Irgendjemand braucht genau das, was Sie zu geben haben.

~ 5. NOVEMBER ~

Jesus war für die Menschen da

Er hatte tiefes Mitleid mit den vielen Menschen, die zu ihm kamen,
denn sie hatten große Sorgen und wussten nicht,
wen sie um Hilfe bitten konnten. Sie waren wie Schafe ohne Hirten.
Deshalb sagte er zu seinen Jüngern: „Die Ernte ist groß,
aber es sind nicht genügend Arbeiter da. Betet zum Herrn und bittet ihn,
mehr Arbeiter zu schicken, um die Ernte einzubringen.“

MATTHÄUS 9,36–38

WENN SIE SICH näher mit dem Leben Jesu beschäftigen, werden Sie entdecken, dass er sich für seine Mitmenschen immer Zeit nahm. Er war nie so auf sich selbst und seine eigenen Pläne fixiert, dass er nicht bereit gewesen wäre, stehen zu bleiben und einem Menschen zu helfen, der in Not war. Er hätte allen Grund gehabt zu sagen: „Hör mal, ich bin beschäftigt. Ich muss meinen Terminplan einhalten.“ Aber nein, Jesus hatte Mitleid mit den Menschen. Er nahm Anteil an dem, was sie durchmachten, und er nahm sich bereitwillig Zeit, um zu helfen. Er war gern für sie da. Und ich glaube, dasselbe erwartet er auch von denjenigen, die heute von sich behaupten, seine Nachfolger zu sein.

~ 6. November ~

Seien Sie anderen ein Freund

Jesus hatte Mitleid mit ihm und berührte ihn. „Ich will es tun", sagte er. „Sei gesund!" Im selben Augenblick verschwand der Aussatz und der Mann war geheilt.

Markus 1,41–42

WENN SIE DAS überfließende Leben erfahren möchten, das Gott Ihnen schenken möchte, müssen Sie damit beginnen, sich Zeit für andere Menschen zu nehmen. Manchmal könnten wir schon allein dadurch, dass wir uns die Zeit nehmen, jemandem zuzuhören, dazu beitragen, dass in seinem Leben ein Heilungsprozess in Gang gesetzt wird. So viele Menschen tragen Schmerzen und Verletzungen mit sich herum. Sie haben niemanden, mit dem sie sprechen können; es gibt niemanden mehr, dem sie wirklich vertrauen. Wenn Sie einem solchen Menschen Ihr Herz öffnen und ihm ein Freund sind (ohne über ihn zu richten oder ihn zu verurteilen) und ihm einfach nur zuhören, können Sie diese schwere Last vielleicht etwas leichter machen.

Sie werden staunen, welch einen positiven Einfluss Sie auf Ihre Umwelt haben können, wenn Sie lernen, ein guter Zuhörer zu sein. Lernen Sie, dem Strom der Liebe zu folgen, die Gott Ihnen ins Herz gelegt hat.

~ 7. NOVEMBER ~

Geben Sie die Liebe Gottes weiter

Und Liebe heißt, sich nach den Geboten Gottes zu richten.
Er hat uns geboten, einander zu lieben,
so wie ihr es von Anfang an gehört habt.

2. JOHANNES 6

WIR HABEN ALLE so viel zu tun. Wir haben unsere wichtigen Pläne und Prioritäten und Terminkalender. Oft denken wir nur: *Ich will nicht gestört werden. Lass mich mit deinen Problemen in Ruhe. Ich hab genug eigene Probleme.* Allzu oft handeln wir selbstsüchtig und verschließen unser Herz vor unseren Mitmenschen.

Wie können Sie feststellen, ob Ihr Herz offen oder verschlossen ist? Das ist einfach. Nehmen Sie Anteil am Leben anderer Menschen oder interessieren Sie sich nur für sich selbst? Nehmen Sie sich Zeit, um anderen Menschen Gutes zu tun, sie zu ermutigen, sie aufzuheitern, ihr Selbstwertgefühl zu stärken? Folgen Sie dem Strom der Liebe, die Gott Ihnen für jemanden ins Herz gelegt hat, der in Not ist? Immer?

~ 8. November ~

Seien Sie ein guter Zuhörer

Liebe Freunde, seid schnell bereit, zuzuhören, aber lasst euch Zeit, ehe ihr redet oder zornig werdet.

Jakobus 1,19

MENSCHEN, DIE IHR Herz verschlossen haben, werden selbstbezogen und egozentrisch. Das Einzige, was sie interessiert, ist das, was *sie* wollen und – ihrer Ansicht nach – brauchen. Sie hören anderen kaum jemals richtig zu und tun selten einmal etwas für jemand anderen.

Wir müssen lernen, gute Zuhörer zu sein. Lassen Sie sich ruhig ein bisschen Zeit, bevor Sie Ihre Meinung sagen. Entwickeln Sie ein Gespür dafür, was die Person, der Sie helfen möchten, wirklich braucht. Allzu oft wollen wir ihr nur ein schnelles Wort der Ermutigung sagen, einen halbwegs passenden Bibelvers zitieren und ein 15-Sekunden-Gebet sprechen, damit wir uns umdrehen und mit dem weitermachen können, was wir eigentlich tun wollen. Machen Sie es anders – nehmen Sie sich heute ganz bewusst Zeit, um jemandem wirklich zuzuhören und ihm zu zeigen, dass Ihnen wirklich etwas an ihm liegt.

~ 9. NOVEMBER ~

Ändern Sie Ihren Blickwinkel

Wer großzügig gibt, wird dabei immer reicher;
wer aber sparsamer ist, als er sein sollte, wird immer ärmer dabei.

SPRÜCHE 11,24

DER GRUND, WARUM viele Menschen nicht wachsen, ist, dass sie nicht säen. Sie kreisen um sich selbst. Solange sie nicht sich selbst aus dem Mittelpunkt rücken und sich um andere kümmern, wird sich wahrscheinlich nichts an ihrem Zustand ändern: Sie werden traurig, arm und einsam bleiben und sich geistlich nicht weiterentwickeln.

Das Prinzip von Saat und Ernte zieht sich durch die ganze Bibel. Paulus schreibt: „Denn was ein Mensch sät, wird er auch ernten" (Galater 6,7). Ebenso wie ein Bauer Samen ausstreuen muss, wenn er etwas ernten möchte, müssen auch wir gute Saat in die „Felder" unserer Familie, unseres Berufslebens, unserer Finanzen und unserer Beziehungen säen. Wenn Sie Glück ernten wollen, müssen Sie ein paar „Glückssamen" ausstreuen, indem Sie andere Menschen glücklich machen. Wenn Sie finanziellen Segen ernten wollen, müssen Sie finanzielle Samen in das Leben anderer hineinsäen. Als Erstes kommt immer die Saat!

~ 10. NOVEMBER ~

Gott liebt Menschen, die gerne geben

Denkt daran: Ein Bauer, der nur wenig Samen aussät, wird auch nur eine kleine Ernte einbringen. Wer aber viel sät, wird auch viel ernten. Jeder von euch muss selbst entscheiden, wie viel er geben möchte. Gebt jedoch nicht widerwillig oder unter Zwang, denn Gott liebt den Menschen, der gerne gibt.

2. KORINTHER 9,6–7

WÄHREND DAS LAND Kanaan einmal von einer großen Hungersnot heimgesucht wurde, tat Isaak etwas, das viele, denen die rechte Einsicht fehlte, vielleicht ziemlich seltsam fanden – er säte Getreide aus. Und die Bibel berichtet: „In diesem Jahr erntete Isaak hundertmal mehr Getreide, als er ausgesät hatte, denn der Herr segnete ihn" (1. Mose 26,12). Als Isaak sich in dieser Notlage befand, saß er nicht herum und erwartete, dass jemand anderer ihm zu Hilfe kommen würde. Nein, er handelte im Vertrauen auf Gott und Gott vervielfältigte seine Saat auf übernatürliche Weise.

Vielleicht befinden auch Sie sich heute in einer Art Hungersnot. Vielleicht handelt es sich um eine finanzielle Hungersnot oder Sie hungern nach Freundschaft. Was auch immer Sie brauchen – streuen Sie ein paar Samen aus und bringen Sie eine reichliche Ernte ein.

Tun Sie etwas Gutes

Vertraue auf den Herrn und tue Gutes, dann wirst du im Lande sicher leben, und es wird dir gut gehen.

Psalm 37,3

Es reicht nicht zu sagen: „Gott, ich hoffe auf dich. Ich weiß, du wirst all meinen Mangel ausfüllen." Dann würden Sie so handeln wie der Bauer, der keinen Samen aussät und dann erwartet, eine großartige Ernte einzubringen. Die Bibel weist darauf hin, dass wir zwei Dinge tun müssen: Erstens müssen wir uns auf Gott verlassen und zweitens müssen wir Gutes tun. Machen Sie sich auf und säen Sie eine Saat. Wenn Sie ein finanzielles Wunder brauchen, bezahlen Sie morgen früh jemandem eine Tasse Kaffee, oder legen Sie in der Gemeinde ein bisschen mehr in die Kollekte als gewöhnlich. Wenn Sie gar kein Geld haben, dann helfen Sie jemandem dadurch, dass Sie eine praktische Aufgabe für ihn erledigen. Mähen Sie den Rasen; jäten Sie Unkraut; putzen Sie Fenster. Backen Sie jemandem einen Kuchen. Tun Sie irgendetwas, um ein paar Samenkörner in die Erde zu bringen.

Wenn Sie niemals Samen ausstreuen, werden Sie vergeblich auf eine Ernte warten.

~ 12. NOVEMBER ~

Werden Sie aktiv

Denn er versorgt die Durstigen und gibt den Hungrigen reichlich zu essen.

PSALM 107,9

MANCHE LEUTE SAGEN: „Ich habe eine Menge Probleme, Joel. Ich habe kein Interesse daran, Samen auszustreuen. Ich will wissen, wie *ich* aus meiner verkorksten Situation herauskomme." Gerade *das* ist der Weg, wie Sie herauskommen! Wenn Sie wollen, dass Gott Ihre Probleme löst, dann helfen Sie mit, das Problem eines anderen zu lösen.

Wenn Sie einsam sind oder keine Freunde haben, dann sollten Sie nicht Monat für Monat zu Hause herumsitzen und sich selbst bemitleiden. Gehen Sie ins Altenheim oder ins Krankenhaus, und finden Sie jemanden, den Sie aufmuntern können. Wenn Sie damit beginnen, Freundschaftssamen auszusäen, wird Gott einen wunderbaren Menschen in Ihr Leben führen. Wenn Sie andere Menschen glücklich machen, wird Gott dafür sorgen, dass Ihr Leben von Freude erfüllt ist. Denken Sie mehr „saatorientiert" und weniger „notorientiert". Denken Sie darüber nach, was für eine Saat Sie säen können, um aus dieser Notlage herauszukommen.

Notzeiten sind Saatzeiten

Alle Gläubigen kamen regelmäßig zusammen und teilten alles miteinander, was sie besaßen. Sie verkauften ihren Besitz und teilten den Erlös mit allen, die bedürftig waren.

APOSTELGESCHICHTE 2,44–45

ALS ICH EIN kleiner Junge war, begann die *Lakewood*-Gemeinde ihr erstes Bauprojekt. Wir hatten nicht viel Geld, und am anderen Ende der Straße gab es eine kleine spanische Gemeinde, die ebenfalls bauen wollte. Eines Sonntagmorgens verkündete mein Vater der Gemeinde, dass wir jetzt ein spezielles Opfer einsammeln würden, und zwar nicht für unser eigenes neues Gebäude, sondern für jene spanische Gemeinde. An diesem Morgen kamen mehrere Tausend Dollar zusammen und wir schickten den Betrag umgehend ans andere Ende der Straße. Die Wahrheit ist, dass wir das Geld dringender brauchten als sie, aber Daddy wusste, dass wir eine Saat aussäen mussten. Und tatsächlich – nicht lange danach hatten wir all das Geld, das wir brauchten, um unser Bauprojekt in Angriff zu nehmen. Seit dieser Zeit haben wir immer nach diesem Prinzip gelebt, und Gott hat uns alles geschenkt, was wir brauchten.

~ 14. NOVEMBER ~

Gott sieht Ihre Gaben

*Er wird euch großzügig mit allem versorgen,
was ihr braucht, und ihr werdet sogar noch etwas übrig behalten,
das ihr mit anderen teilen könnt.*

2. KORINTHER 9,8

IN DER BIBEL steht eine Geschichte von einem römischen Hauptmann namens Kornelius. Soweit wir wissen, waren Kornelius und seine Familie die ersten Heiden, die nach der Auferstehung Jesu die Gute Nachricht für sich in Anspruch nahmen und errettet wurden. Warum ließ Gott gerade Kornelius eine solche Ehre zuteilwerden? In der Bibel steht, dass Kornelius in einer Vision einen Engel sah, der zu ihm sagte: „Deine Gebete und Geschenke für die Armen sind Gott nicht verborgen geblieben!“ (Apostelgeschichte 10,4).

Lassen Sie sich von niemandem einreden, dass es völlig gleichgültig sei, ob Sie geben oder nicht. Ich meine damit nicht, dass wir uns Wunder erkaufen könnten. Ich sage nicht, dass Sie Gott bezahlen müssten, damit er Ihre Bedürfnisse stillt; ich sage nur, dass Gott Ihre Gaben sieht. Er sieht Ihre guten Taten. Es gefällt Gott, wenn Sie geben, und er wird seine Gnade ganz neu in Ihr Leben ausgießen.

~ 15. NOVEMBER ~

Ihre Großzügigkeit wird sich bezahlt machen

Wirf dein Brot hin aufs Wasser!
Denn nach einiger Zeit wird es wieder zu dir zurückkommen.
Verteil dein Vermögen auf sieben oder sogar acht, denn du weißt nicht,
welches Unglück über die Erde hereinbrechen wird.

PREDIGER 11,1–2

GOTT FÜHRT BUCH über jede gute Tat, die Sie jemals getan haben. Sie denken vielleicht, dass niemand es bemerkt hat, aber Gott hat es gesehen. Und wenn Sie einmal in Not geraten, wird er dafür sorgen, dass jemand da ist, der Ihnen hilft. Ihre großzügigen Gaben werden zu Ihnen zurückkommen. Gott hat jedes Lächeln gesehen, das Sie einem traurigen Menschen geschenkt haben. Er hat Sie jedes Mal beobachtet, wenn Sie Mühen auf sich genommen haben, um jemand anderem behilflich zu sein. Gott war dabei, wenn Sie ein finanzielles Opfer gebracht haben. Er hat versprochen, dass Ihre großzügigen Gaben zu Ihnen zurückkommen werden (vgl. Lukas 6,38). Wenn Sie ein großzügiger Mensch sind, wird Gott Himmel und Erde in Bewegung setzen, wenn Sie in Not geraten, damit Ihnen geholfen wird.

~ 16. November ~

Lindern Sie die Not anderer

Auf diese Weise geschehen gleich zwei gute Dinge: Die Not der Gemeinde in Jerusalem wird gelindert, und sie werden Gott voller Freude danken.

2. Korinther 9,12

IM 1. JAHRHUNDERT nach Christus mussten die Christen in der griechischen Stadt Korinth ums Überleben kämpfen. Paulus schreibt, dass sie schwere Zeiten durchmachten und bitterarm waren (vgl. 2. Korinther 8,2). Und was taten sie in dieser Notsituation? Haben sie gesagt: „Gott, warum müssen wir uns mit all diesen Schwierigkeiten herumschlagen"? Nein, ganz und gar nicht. Paulus berichtet weiter, dass sie voll Freude geblieben sind und trotz ihrer Armut viel gegeben haben. Sie wussten, wenn sie dazu beitragen würden, die Not anderer zu lindern, würde Gott *ihrer* Not abhelfen.

Machen Sie es genauso, wenn Sie schwierige Zeiten durchmachen. Erstens: Verlieren Sie nicht Ihre Freude. Zweitens: Säen Sie eine Saat aus. Helfen Sie jemand anderem, dann wird Ihnen geholfen werden.

~ 17. NOVEMBER ~

Säen Sie eine außergewöhnliche Saat

Die Augen des Herrn blicken über die ganze Erde, um die zu stärken, deren Herzen ganz ihm gehören.

2. CHRONIK 16,9

VIELLEICHT HABEN SIE den Wunsch, ein Haus zu bauen oder Ihre Schulden loszuwerden. Säen Sie eine besondere Saat, die im Zusammenhang mit Ihrem speziellen Bedürfnis steht. Wir können uns die Güte Gottes nicht erkaufen, aber wir können unseren Glauben trainieren, indem wir geben.

Als Victoria und ich ein paar Jahre verheiratet waren, beschlossen wir, unser Reihenhaus zu verkaufen und ein freistehendes Haus mit Garten zu kaufen. Wir boten unser Reihenhaus acht Monate lang zum Verkauf an, aber wir bekamen kein einziges ernsthaftes Angebot. Wir zahlten damals die doppelte monatliche Rate für unsere Hypothek ab, um auf diese Weise schneller schuldenfrei zu sein. Nun beschlossen wir, nur noch die eine vorgeschriebene Monatsrate zu bezahlen und die zweite Hälfte des Geldes als Saat auszusäen. Das taten wir mehrere Monate lang treu und wir beteten auch weiterhin im Glauben für den Verkauf unseres Reihenhauses. Und Gott schickte uns nicht nur einen Käufer, sondern wir verkauften unser Haus für mehr Geld, als wir gehofft hatten.

~ 18. NOVEMBER ~

Bereiten Sie den Weg vor

Freu dich am Herrn, und er wird dir geben, was dein Herz wünscht.

PSALM 37,4

MANCHE LEUTE WERDEN Ihnen einreden wollen, dass es keinen Unterschied macht, ob Sie geben oder nicht, und dass es überhaupt keinen Zweck hat, großzügig zu sein. Hören Sie nicht auf diese Lügen. Gott wird Ihre guten Taten genau bemerken.

Wenn Sie jetzt das Beste aus Ihrem Leben machen wollen, dann horten Sie nicht, was Gott Ihnen gegeben hat. Lernen Sie, es im Glauben auszusäen. Bekräftigen Sie Ihre Gebete durch Taten. Tun Sie etwas Außergewöhnliches, um Ihrem Glauben Ausdruck zu verleihen. Wenn Sie dafür beten, befördert zu werden, dann beschränken Sie sich nicht darauf zu sagen: „Ich zähle auf dich, Herr." Streuen Sie Samen aus. Tun Sie mehr, als nur zu beten. Geben Sie den Armen zu essen, oder säen Sie auf eine andere Weise Samenkörner aus, die Gott segnen kann. Denken Sie daran: Wenn Sie geben, dann bereiten Sie den Weg dafür vor, dass Gott Ihnen heute und in Zukunft all das gibt, was Sie benötigen.

~ 19. NOVEMBER ~

Glücklichsein ist eine Entscheidung

Dies ist der Tag, den der Herr gemacht hat.
Lasst uns jubeln und fröhlich sein.

PSALM 118,24

ES IST EINE einfache, aber bedeutsame Wahrheit: Glücklichsein ist eine Entscheidung. Sie müssen nicht warten, bis in Ihrer Familie oder in Ihrem Beruf alles hundertprozentig Ihren Vorstellungen entspricht oder bis all Ihre Probleme gelöst sind. Sie dürfen nicht erst dann glücklich sein, wenn Sie abgenommen haben, aufgehört haben zu rauchen und all Ihre Ziele erreicht haben. Sie haben es in der Hand, schon hier und jetzt glücklich zu sein.

Darum können Sie sich ebenso gut entscheiden, froh zu sein und Ihr Leben zu genießen! Wenn Sie das tun, werden Sie sich nicht nur besser fühlen, Ihr Glaube wird auch dazu führen, dass Gott auf der Bildfläche erscheint und auf wunderbare Weise in Ihr Leben eingreift. Damit dies möglich ist, müssen Sie aufhören, sich um die Zukunft zu sorgen. Leben Sie einen Tag nach dem anderen; besser noch: Holen Sie das Beste aus jedem Augenblick heraus. Es ist natürlich gut, sich Ziele zu setzen und Pläne zu schmieden, aber wenn Sie ständig in der Zukunft leben, werden Sie die Gegenwart nie so genießen können, wie Gott sich das für Sie wünscht.

~ 20. NOVEMBER ~

Leben Sie im Heute

Ich lasse euch ein Geschenk zurück – meinen Frieden.
Und der Friede, den ich schenke,
ist nicht wie der Friede, den die Welt gibt.
Deshalb sorgt euch nicht und habt keine Angst.

JOHANNES 14,27

WIR MÜSSEN UNS klarmachen, dass Gott uns die Gnade gegeben hat, im Heute zu leben. Er hat uns nicht die Gnade von morgen gegeben und darum sollten wir uns deswegen keine Sorgen machen. Lernen Sie, einen Tag nach dem anderen zu leben. Gebrauchen Sie Ihren Willen, und entscheiden Sie sich ganz bewusst dafür, dass Sie *jetzt* damit beginnen werden, Ihr Leben zu genießen. Lernen Sie, Ihre Familie zu genießen, Ihre Freunde, Ihre Gesundheit, Ihre Arbeit; genießen Sie alles an Ihrem Leben. Glück ist eine Entscheidung, die Sie treffen, kein Gefühl, das Sie empfinden. Gott hat uns seinen Frieden geschenkt, aber wir müssen uns ganz bewusst danach ausstrecken, seinen übernatürlichen Frieden auch in Anspruch zu nehmen.

Wenn Sie jetzt das Beste aus Ihrem Leben machen wollen, dann entscheiden Sie sich dafür, heute Morgen glücklich zu sein. Das Leben ist zu kurz, um nicht jeden einzelnen Tag zu genießen.

~ 21. NOVEMBER ~

Mit Frieden im Herzen leben

Euren Herzen wünschen wir den Frieden, der von Christus kommt. Denn als Glieder des einen Leibes seid ihr alle berufen, im Frieden miteinander zu leben.

KOLOSSER 3,15

WIR ALLE HABEN mit Schwierigkeiten und Herausforderungen zu kämpfen, aber wenn wir den Fehler machen zuzulassen, dass unsere Umstände über unser Glück bestimmen, laufen wir Gefahr, das überfließende Leben zu verpassen, das Gott für uns geplant hat. Er hatte nie die Absicht, dass wir an einem Tag auf „Wolke sieben“ schweben und am nächsten Tag deprimiert und verzweifelt am Boden liegen, weil wir Probleme haben. Gott möchte, dass unser Leben Beständigkeit aufweist und dass wir jeden einzelnen Tag unseres Lebens genießen.

Wenn wir uns zu sehr auf die Zukunft konzentrieren, sind wir oft frustriert, weil wir nicht wissen, was auf uns zukommt. Diese Ungewissheit erhöht natürlich unseren Stresspegel und schafft ein Gefühl der Unsicherheit. Wenn wir morgen aufwachen, werden wir die Kraft haben, den Tag durchzustehen. Gott wird uns geben, was wir brauchen. Aber wenn wir uns heute schon Sorgen über morgen machen, werden wir unweigerlich frustriert und mutlos werden.

~ 22. NOVEMBER ~

Es liegt in Ihrer Hand

*Vergesst nicht, dass die Prüfungen, die ihr erlebt,
die gleichen sind, vor denen alle Menschen stehen. Doch Gott ist treu.
Er wird die Prüfung nicht so stark werden lassen,
dass ihr nicht mehr widerstehen könnt.
Wenn ihr auf die Probe gestellt werdet,
wird er euch eine Möglichkeit schenken, trotzdem standzuhalten.*

1. KORINTHER 10,13

ZWEIFELLOS GEHEN WIR alle durch Zeiten, in denen wir mit negativen Dingen konfrontiert sind oder die Umstände sich nicht so entwickeln, wie wir gehofft hatten. Dann liegt es in unserer Hand, uns zu entscheiden, unglücklich zu sein und mit einem mürrischen Gesicht herumzulaufen, oder trotz unserer Umstände fröhlich zu bleiben.

„Das kann ich nicht, Joel“, wenden Sie vielleicht ein. „Ich bin einfach ein temperamentvoller Mensch, ich rege mich schnell auf.“ Nein, Sie haben die Freiheit zu reagieren, wie auch immer Sie reagieren *wollen*. Gott hat gesagt, er würde uns nie etwas durchmachen lassen, das unsere Kräfte übersteigt. Wenn Sie wirklich ruhig bleiben wollen, wird Ihnen das auch gelingen, ganz egal, was Ihnen im Leben widerfährt.

~ 23. NOVEMBER ~

Behalten Sie Ihren Frieden

Überlasst all eure Sorgen Gott,
denn er sorgt sich um alles, was euch betrifft.

1. PETRUS 5,7

ICH BESASS EINMAL einen weißen Lexus, Baujahr 1995, und obwohl der Wagen allmählich in die Jahre gekommen war, hatte er kaum einen Kratzer. Eines Tages fuhr Victoria ihn durch die Waschanlage, die wir immer benutzen – eine von denen, die angeblich so weiche Bürsten haben, dass sie das Auto kaum berühren. Unglücklicherweise war jedoch mit der Aufhängung der oberen Bürste irgendetwas nicht in Ordnung, denn sie hinterließ einen Kratzer, der von der vorderen Stoßstange übers Dach bis zum Rückfenster führte! Als ich den Schaden sah, musste ich sofort eine Entscheidung treffen: Ich konnte wütend werden und zulassen, dass dieser Vorfall mir meine Freude raubte, oder ich konnte meinen Frieden behalten und mir bewusst machen, dass Gott immer noch alles unter Kontrolle hatte. So beschloss ich, das Ganze positiv zu sehen. Ich sagte zu Victoria: „Ich bin bestimmt der Einzige in Houston, der einen Lexus hat mit einem Rallyestreifen direkt in der Mitte."

Auch wenn wir im Leben unter Druck geraten, können wir uns dafür entscheiden, in dem Frieden zu bleiben, den Gott uns geschenkt hat.

~ 24. NOVEMBER ~

Dies ist der Tag

Passt auf, wenn ihr behauptet:
„Heute oder morgen werden wir in eine bestimmte Stadt gehen und ein Jahr dortbleiben. Wir werden dort Geschäfte machen und Gewinne erzielen." Woher wollt ihr wissen, was morgen sein wird? Euer Leben gleicht doch dem Nebel am Morgen – schon nach kurzer Zeit ist er wieder verschwunden.

JAKOBUS 4,13–14

WENN UNS NEGATIVE Dinge passieren, dann hilft es uns überhaupt nichts, wenn wir schreien und toben, jammern und uns beklagen. Wir können ebenso gut unser inneres Gleichgewicht behalten und glücklich bleiben.

Das Leben ist so kurz – verschwenden Sie keinen Tag damit, wütend, unglücklich oder besorgt zu sein. In Psalm 118,24 steht: „Dies ist der Tag, den der Herr gemacht hat. Lasst uns jubeln und fröhlich sein." David hat nicht geschrieben: „Morgen werde ich fröhlich sein", oder: „Nächste Woche werde ich jubeln." Nein, er sagte: „Dies ist der Tag." Dies ist der Tag, an dem Gott möchte, dass Sie sich dafür entscheiden, glücklich zu sein.

~ 25. November ~

Gott hat alles unter Kontrolle

Vertraue von ganzem Herzen auf den Herrn
und verlass dich nicht auf deinen Verstand.
Denke an ihn, was immer du tust,
dann wird er dir den richtigen Weg zeigen.

Sprüche 3,5–6

VIELLEICHT IST DAS eine oder andere in Ihrem Leben noch nicht vollkommen. Aber wenn Sie dorthin gelangen möchten, wo Sie einmal sein wollen, müssen Sie dort glücklich sein, wo Sie gerade stehen. Viele Leute denken, dass sie erst dann glücklich sein können, wenn sich ihre Situation ändert – wenn sich ihr Ehepartner ändert, wenn sie eine größere Wohnung bekommen oder wenn sie alle ihre Probleme gelöst haben.

Machen Sie diesen Fehler nicht. Genießen Sie Ihr Leben gerade dort, wo Sie im Moment stehen. Vielleicht liegen einige größere Hindernisse auf Ihrem Weg, aber es hilft Ihnen überhaupt nicht, wenn Sie deswegen den Mut verlieren. Sie müssen sich klarmachen, dass Gott die Kontrolle über Ihr Leben hat. Er lenkt Ihre Schritte, und Sie stehen genau dort, wo er Sie haben will.

~ 26. NOVEMBER ~

Gott verfolgt eine bestimmte Absicht

Wahrer Glaube und die Fähigkeit, mit wenigem zufrieden zu sein, sind tatsächlich ein großer Reichtum.

1. TIMOTHEUS 6,6

DER APOSTEL PAULUS schrieb: „Ich habe gelernt, mit dem zufrieden zu sein, was ich habe“ (Philipper 4,11). Er sagte damit praktisch: „Ich habe die Entscheidung getroffen, in meinem Leben glücklich zu sein.“

Zufrieden zu sein bedeutet nicht, dass Sie sich ziellos durchs Leben treiben lassen sollen und nicht den Wunsch haben dürfen, Ihre Situation zu verbessern. Es bedeutet vielmehr, dass Sie Ihren Umständen nicht gestatten, Ihnen Ihre Freude zu rauben und Sie daran zu hindern, glücklich zu sein. Machen Sie sich bewusst, dass Gott nur dann Schwierigkeiten in Ihrem Leben zulässt, wenn er eine ganz bestimmte Absicht damit verfolgt. Wenn Sie die richtige Einstellung beibehalten, wird Gott diese Situation zu Ihrem Vorteil gebrauchen, und Sie werden hinterher besser dastehen als zuvor.

~ 27. NOVEMBER ~

Wie Sie Dürreperioden überstehen

Alles hat seine Zeit, alles auf dieser Welt hat seine ihm gesetzte Frist:
Geborenwerden hat seine Zeit, wie auch das Sterben.
Pflanzen hat seine Zeit, wie auch das Ausreißen des Gepflanzten.

PREDIGER 3,1–2

WIR ALLE MACHEN in unserem Leben Dürreperioden durch, in denen sich nichts zu tun scheint. Vielleicht haben Sie gebetet und geglaubt, aber Ihre Gebete werden nicht erhört. Oder Sie geben großzügig, aber Sie scheinen nichts dafür zurückzubekommen. Vielleicht tun Sie Ihr Bestes, um Ihre Mitmenschen anständig zu behandeln. Sie gehen die „zweite Meile", um anderen zu helfen, aber niemand macht irgendwelche Anstalten, sich für *Sie* einzusetzen. Wie ist das einzuordnen? Sagt die Bibel die Unwahrheit? Funktioniert das Prinzip von Saat und Ernte nicht?

Nein, diese Dürreperioden sind Prüfungszeiten. Gott will sehen, wie Sie reagieren. Wie gehen Sie damit um, wenn Sie das Richtige tun und Ihnen dennoch das Falsche passiert?

~ 28. NOVEMBER ~

Fahren Sie fort, das Richtige zu tun

Ich hoffe auf den Herrn von ganzem Herzen,
und ich vertraue auf sein Wort. Ich warte auf den Herrn,
mehr als die Wachen auf den Morgen, ja,
mehr als die Wachen auf den Morgen.

PSALM 130,5–6

ENDE DER FÜNFZIGERJAHRE war mein Vater der erfolgreiche Pastor einer großen Gemeinde, die gerade ein neues Gemeindezentrum errichtet hatte. Zu dieser Zeit kam meine Schwester mit einem Geburtsfehler zur Welt, einer Art zerebralen Lähmung. Das war eine der schwärzesten Stunden im Leben meiner Eltern. Sie forschten in der Bibel, und Gott öffnete ihnen die Augen dafür, dass er auch heute noch Menschen heilen möchte. Aber die Botschaft von einem Gott, der heute noch Wunder tut, wurde von der Gemeinde nicht gut aufgenommen. Obwohl es meinem Vater beinah das Herz brach, musste er schließlich als Pastor zurücktreten, und mit etwa neunzig anderen gründete er eine neue Gemeinde, die sich in einem alten Kolonialwarenladen traf.

In dieser dunklen Stunde fuhr mein Vater fort, das zu tun, was er als richtig erkannt hatte. Und Gott nutzte diese Gelegenheit, um ihn auf eine größere Aufgabe vorzubereiten.

~ 29. NOVEMBER ~

Gott bereitet Sie vor

Bin ich auch krank und völlig geschwächt,
bleibt Gott der Trost meines Herzens,
er gehört mir für immer und ewig.

PSALM 73,26

AM MUTTERTAG 1959 gründeten meine Eltern in einem abgewirtschafteten Gebäude mit Löchern im Fußboden die *Lakewood*-Gemeinde. Während der nächsten dreizehn Jahre wuchs diese kleine Gemeinde kaum. Es war eine extreme Dürreperiode im Leben meines Vaters. Er war es gewohnt, zu Tausenden von Menschen zu sprechen, und nun arbeitete er praktisch im Verborgenen. Aber Gott war dabei, an ihm zu wirken, und diese Jahre waren eine wichtige Prüfungszeit. Daddy wusste, wenn er in diesen schwierigen Zeiten treu bleiben würde, würde Gott ihm irgendwann Erfolg schenken. Und genau das ist schließlich auch geschehen: Millionen von Menschen sind durch die Arbeit der *Lakewood*-Gemeinde gesegnet worden.

Wenn Sie gerade eine lange Dürreperiode durchmachen und in Ihrem Leben anscheinend nichts Gutes geschieht, dann bleiben Sie treu. Behalten Sie ein Lächeln auf dem Gesicht, und fahren Sie fort, das zu tun, was Sie als richtig erkannt haben. Gott ist dabei, Sie auf größere Aufgaben vorzubereiten.

~ 30. NOVEMBER ~

Entscheiden Sie sich dafür, sich zu freuen

Ein frohes Herz macht ein glückliches Gesicht ... für ein fröhliches Herz ist jeder neue Tag ein Fest.

SPRÜCHE 15,13A.15B

DER APOSTEL PAULUS schrieb einen großen Teil seiner Briefe, während er im Gefängnis saß, oft in winzigen Zellen, die nicht größer waren als ein kleines Badezimmer. Manche Historiker und Bibelkenner glauben, dass durch einen der Kerker, in die er eingesperrt war, Abwässer geleitet wurden. Dennoch machte er solche erstaunlichen Glaubensaussagen wie: „Denn alles ist mir möglich durch Christus, der mir die Kraft gibt, die ich brauche" (Philipper 4,13), und: „Freut euch im Herrn. Ich betone es noch einmal: Freut euch!" (Philipper 4,4).

Wir sollen uns also in jeder Lebenssituation freuen und glücklich sein. Wenn Sie in Schwierigkeiten sind und manches nicht so läuft, wie Sie sich das wünschen, dann entscheiden Sie sich dafür, dennoch voller Freude zu bleiben.

~ 1. Dezember ~

In der Freude liegt Ihre Kraft

Ein fröhliches Herz ist die beste Medizin,
ein verzweifelter Geist aber schwächt die Kraft eines Menschen.

Sprüche 17,22

SIE MÜSSEN SICH klarmachen, dass der Teufel es im Grunde nicht auf Ihre Träume, Ihre Gesundheit oder Ihr Geld abgesehen hat. Er ist nicht in erster Linie hinter Ihrer Familie her. Er hat es auf Ihre Freude abgesehen. Die Bibel macht deutlich: „Die Freude am Herrn ist eure Stärke" (Nehemia 8,10; Luther). Ihr Feind weiß, dass Sie nicht die körperliche, seelische oder geistige Kraft aufbringen werden, seinen Angriffen zu widerstehen, wenn er Sie dazu bringen kann, ein trübseliges, deprimiertes Leben zu führen.

Wenn Sie sich inmitten Ihrer Schwierigkeiten freuen, versetzen Sie dem Feind dadurch einen empfindlichen Schlag. Er weiß nicht, was er mit Menschen machen soll, die trotz ihrer Umstände fortfahren, Gott zu preisen. Lernen Sie, zu lächeln und zu lachen. Seien Sie nicht länger angespannt und gestresst. Entscheiden Sie sich dafür, Ihr Leben heute in vollen Zügen zu genießen.

~ 2. DEZEMBER ~

Vertrauen Sie Gott in jeder Situation

Wie könnten wir den Weg, den wir gehen, begreifen?
Es ist der Herr, der unsere Schritte lenkt.

SPRÜCHE 20,24

ES FÄLLT UNS leicht zu glauben, dass Gott uns führt, solange wir von einem Berggipfel zum nächsten marschieren und von den Sorgen und Nöten, die die Menschen in den Tälern unter uns bedrücken, verschont bleiben. Wir müssen jedoch begreifen, dass der Herr unsere Schritte auch dann lenkt, wenn die Dinge nicht nach unseren Vorstellungen laufen. Möglicherweise stecken Sie heute Morgen in einer belastenden Situation. Vielleicht denken Sie: *Das ist nicht fair, Herr. Ich verstehe das einfach nicht.*

Darf ich Ihnen etwas sagen? Sie werden niemals alles begreifen, was Sie in diesem Leben durchmachen, oder vollkommen verstehen, warum Ihnen manche Dinge widerfahren. Sie müssen einfach lernen, Gott trotzdem zu vertrauen. Sie müssen lernen, eine gute Einstellung zu behalten und in der Gewissheit zu ruhen, dass alles in Gottes Hand ist, auch wenn Ihre Situation Ihnen verwirrend und chaotisch erscheint.

~ 3. Dezember ~

Gott lenkt unsere Schritte

Ein Mensch kann seinen Weg planen, seine Schritte aber lenkt der Herr.

Sprüche 16,9

ENDE DER NEUNZIGERJAHRE verpassten zwei junge Männer, die früher einmal auf dem College Basketball gespielt hatten, ihren Anschlussflug nach Kenia. Die nächste Maschine ging erst neun Stunden später und die einzigen freien Plätze waren in der ersten Klasse. So wurden die beiden großen Kerle ganz vorn im Flugzeug untergebracht. Etwa auf halber Strecke ging die Maschine plötzlich in den Sturzflug über und raste mit Höchstgeschwindigkeit auf die Erde zu. Währenddessen waren aus dem Cockpit Geräusche zu hören, die auf einen Kampf schließen ließen. Eine Stewardess öffnete die Cockpit-Tür, und die Reisenden erblickten einen riesigen, geistesgestörten Mann, der die Piloten überwältigt hatte. Die beiden Basketballspieler warfen den Angreifer zu Boden und schleppten ihn aus dem Cockpit. Ohne ihr Eingreifen wäre die Maschine innerhalb weniger Sekunden zerschellt, denn sie war von 9.000 m Flughöhe bereits auf 1.200 m gefallen.

Gott hatte aus einem bestimmten Grund zugelassen, dass die beiden jungen Männer ihren Anschlussflug verpassten, und er sorgte dafür, dass sie direkt hinter dem Cockpit saßen und so das ganze Flugzeug retten konnten. Wenn Gott uns anders führt, als wir es erwarten, hat er einen Grund dafür.

~ 4. Dezember ~

Gott sieht den Gesamtzusammenhang

Dann wird dich der Herr beständig leiten und dir selbst in Dürrezeiten innere Zufriedenheit bewahren. Er wird deinen Körper erfrischen, sodass du einem soeben bewässerten Garten gleichst und bist wie eine nie versiegende Quelle.

Jesaja 58,11

Manchmal wird Gott Sie in eine unangenehme Lage bringen, damit Sie jemand anderem helfen können. Vielleicht kommen Sie gerade mit Ihrem Ehepartner oder einem Ihrer Kinder nur schwer aus. Vielleicht werden Sie am Arbeitsplatz ungerecht behandelt. Aber glauben Sie mir: Gott weiß, was er tut. Er sieht den Gesamtzusammenhang, die Zukunft. Und er lässt Sie heute genau an dem Platz sein, an dem er Sie haben will.

Hören Sie auf, Gott infrage zu stellen; beginnen Sie, ihm zu vertrauen. Seien Sie gewiss, er hat alles in seiner Hand. Er will nur Ihr Bestes, und er wird dafür sorgen, dass Sie zur rechten Zeit am rechten Ort sind.

Geben Sie Ihr Bestes

Tut eure Arbeit mit Eifer und Freude,
als würdet ihr Gott dienen und nicht Menschen.
Vergesst nicht, dass der Herr euch mit dem himmlischen Erbe
belohnen wird. Dient dem Herrn Jesus Christus!

Kolosser 3,23–24

VIELE MENSCHEN WOLLEN nur so viel tun, wie nötig ist, um durchzukommen. Aber Gott hat uns nicht dazu geschaffen, Durchschnittsmenschen zu sein. Er will nicht, dass wir „gerade so" über die Runden kommen oder das tun, was alle tun. Er hat uns dazu berufen, aus der Menge herauszuragen und Menschen zu sein, die jederzeit ihr Bestes geben und sich absolut korrekt verhalten. Und nur, wenn wir das tun, werden wir jemals wirklich glücklich sein können. Wenn wir in dieser Hinsicht Kompromisse machen, werden wir niemals ein wirklich siegreiches Leben führen und Großes erreichen können.

Denken Sie daran: Sie sind ein(e) Repräsentant(in) des allmächtigen Gottes. Wie Sie leben, wie Sie Ihr Geschäft führen oder Ihre Arbeit erledigen, all dies spiegelt etwas vom Wesen Gottes wider. Wenn Sie jetzt das Beste aus Ihrem Leben machen wollen, dann beginnen Sie damit, bei allem, was Sie tun, Ihr Bestes zu geben.

Machen Sie keine Kompromisse

Kennst du wirklich fähige Arbeiter?
Sicherlich dienen sie eher Königen als geringen Menschen.

SPRÜCHE 22,29

MENSCHEN, DIE JEDERZEIT ihr Bestes geben und um Korrektheit bemüht sind, gehen die zweite Meile, um zu tun, was richtig ist. Sie halten ihr Wort auch unter schwierigen Bedingungen. Sie erscheinen pünktlich am Arbeitsplatz. Sie geben ihren Arbeitgebern volle Leistung für vollen Lohn; sie gehen nicht früher nach Hause und melden sich nicht krank, wenn sie es nicht sind. Ihre Geisteshaltung spiegelt sich in der Qualität ihrer Arbeit und in der Einstellung wider, mit der sie diese erledigen.

Menschen, die zu Gott gehören, geben jederzeit ihr Bestes. Wenn wir es in dieser Hinsicht nicht so genau nehmen, bringen wir uns selbst um den vollen Segen, den Gott für uns bereithält. Bei allem, was wir tun, sollten wir unser Bestes geben und es so tun, als täten wir es direkt für Gott. Gott hat versprochen, uns dafür zu belohnen, wenn wir mit dieser Einstellung an unsere Aufgaben herangehen. Und zudem werden unsere Mitmenschen anfangen, sich für Gott zu interessieren und sich zu öffnen.

~ 7. Dezember ~

Prüfen Sie sich selbst

Ich übertrug die Verantwortung für Jerusalem meinem Bruder Hanani und Hananja, dem Befehlshaber der Burg, denn er war ein zuverlässiger Mann, der Gott mehr achtete als die meisten anderen.

Nehemia 7,2

Viele Leute erscheinen eine Viertelstunde zu spät am Arbeitsplatz, laufen im Büro herum, holen sich einen Kaffee und halten da und dort ein Schwätzchen. Wenn sie endlich an ihrem Schreibtisch oder ihrem Computerarbeitsplatz sitzen, ist bereits eine halbe Stunde vergangen. Sie verbringen den halben Tag damit, private Telefongespräche zu führen, Computerspiele zu spielen oder über das Internet Witze zu verschicken, und dann fragen sie sich: *Gott, warum segnest du mich nie? Warum werde ich nie befördert?*

Es können natürlich auch noch andere Faktoren mitspielen, aber eins ist sicher: Gott segnet nicht Faulheit. Gott segnet Zuverlässigkeit und Fleiß. Wenn Sie das Gefühl haben, sich irgendwie im Kreis zu drehen, während andere sich ständig weiterentwickeln und von Gott gesegnet werden, dann denken Sie mal darüber nach, ob Sie dieses Problem nicht selbst verursacht haben. Sind Sie ein Mensch, der jederzeit sein Bestes gibt und sich stets um Integrität bemüht?

~ 8. Dezember ~

Tun Sie ein bisschen mehr

Wer ein vorbildliches Leben führt, ist sicher,
wer aber krumme Wege geht, wird bestraft.

Sprüche 10,9

ICH BEKOMME OFT zu hören: „Aber das machen doch alle, Joel! Jeder in meiner Firma kommt zu spät. Alle surfen im Internet, wenn der Chef weg ist. Alle überziehen ihre Mittagspause." Das mag schon sein, aber Sie sind nicht wie alle anderen. Sie sind dazu berufen, ein vorbildliches Leben zu führen. Fangen Sie an, sich in jedem Bereich Ihres Lebens darum zu bemühen, Ihr Bestes zu geben – auch in ganz alltäglichen Dingen wie zum Beispiel, Ihre Rechnungen pünktlich zu bezahlen. Tun Sie ein bisschen mehr als das, was unbedingt erforderlich ist. Wenn Sie um acht am Arbeitsplatz sein sollen, dann kommen Sie zehn Minuten früher, und bleiben Sie zehn Minuten länger. Gehen Sie die zweite Meile. Und gehen Sie nicht ungewaschen und mit ungepflegter, schmutziger Kleidung aus dem Haus – achten Sie darauf, immer sauber und ordentlich auszusehen.

Bemühen Sie sich, in allem, was Sie tun, das Wesen Gottes widerzuspiegeln.

~ 9. DEZEMBER ~

Erledigen Sie Ihre Arbeit mit Sorgfalt

„Gut gemacht", rief der König.
„Du bist ein vertrauenswürdiger Diener. Du warst mit dem wenigen treu, das ich dir anvertraut habe; deshalb werde ich dich zur Belohnung als Statthalter über zehn Städte setzen."

LUKAS 19,17

PFLEGEN SIE DAS, was Gott Ihnen anvertraut hat. Vielleicht fahren Sie ein altes Auto, aber das ist keine Entschuldigung dafür, es nicht sauber und ordentlich zu halten. Oder vielleicht leben Sie in einem kleinen, älteren Haus. Sorgen Sie trotzdem dafür, dass man auf den ersten Blick erkennt: Hier wohnt jemand, der etwas auf sich hält.

Menschen, die zu Gott gehören, heben sich von anderen ab, weil sie sich dafür entscheiden, alles mit Sorgfalt zu tun. Vielleicht befinden Sie sich heute in einer Situation, in der alle um Sie herum fünfe gerade sein lassen und es sich so leicht wie möglich machen. Lassen Sie nicht zu, dass das auf Sie abfärbt. Seien Sie die Person, in der ein anderer Geist wohnt. Erledigen Sie Ihre Arbeit mit Sorgfalt. Pflegen Sie das, was Gott Ihnen geschenkt hat, und leben Sie so, dass Ihre Mitmenschen, wenn sie Sie sehen, von dem Gott angezogen werden, an den Sie glauben.

~ 10. Dezember ~

Verhalten Sie sich in jeder Hinsicht tadellos

Wer in kleinen Dingen treu ist, wird auch in großen treu sein.
Und wer schon in geringen Angelegenheiten betrügt,
wird auch bei größerer Verantwortung nicht ehrlich sein.

Lukas 16,10

GOTT WILL, DASS wir Menschen sind, die sich in jeder Hinsicht tadellos verhalten und denen man absolut vertrauen kann. Wir sollen immer offen und ehrlich sein und keine Hintergedanken hegen. Wir brauchen keinen schriftlichen Vertrag – wir sind an unser Wort gebunden. Menschen nach dem Herzen Gottes verhalten sich zu Hause genauso wie in der Öffentlichkeit. Sie tun, was richtig ist, ob jemand zusieht oder nicht.

Gott wird uns nur dann mehr anvertrauen, wenn wir mit wenigem treu gewesen sind. Denken Sie daran: Unser Leben ist ein offenes Buch für Gott. Er kennt unser Herz und unsere Motive. Es gibt keine Grenzen für das, was Gott in Ihrem Leben tun wird, wenn er weiß, dass er Ihnen vertrauen kann.

Tun Sie das, was richtig ist

Fangt uns die Füchse, die kleinen Füchse, die den Weinberg verwüsten, denn unsere Reben stehen in voller Blüte.

Hoheslied 2,15

WENN SIE KEINE persönliche Integrität besitzen, werden Sie niemals Ihr volles Potenzial ausschöpfen können. Integrität ist der Grundstein, auf dem ein wirklich erfolgreiches Leben aufgebaut ist. Jedes Mal, wenn Sie sich nicht ganz korrekt verhalten, jedes Mal, wenn Sie nicht ganz ehrlich sind, bekommt Ihr Fundament einen kleinen Riss. Wenn Sie damit fortfahren, solche faulen Kompromisse zu schließen, wird dieses Fundament nie das tragen können, was Gott aufbauen will. Sie können vielleicht einige kurzfristige Erfolge verbuchen, aber Sie werden Gottes Gunst nie in vollem Ausmaß zu spüren bekommen, wenn Sie nicht den richtigen Weg einschlagen und sich in jeder Situation dafür entscheiden, das zu tun, was korrekt ist. Wenn Sie sich jedoch jederzeit von ganzem Herzen um Integrität bemühen, werden die Segnungen Gottes Sie verfolgen und überholen.

Manchmal müssen Sie vielleicht einen Preis dafür zahlen, das Richtige zu tun. Seien Sie dazu bereit – Sie werden es nicht bereuen.

~ 12. Dezember ~

Sie werden beobachtet

Herr, du hast mein Herz geprüft und weißt alles über mich.
Wenn ich sitze oder wenn ich aufstehe, du weißt es.
Du kennst alle meine Gedanken.

Psalm 139,1–2

HABEN SIE JEMALS das Gefühl gehabt, dass Sie irgendjemand beobachtet? Ob es Ihnen bewusst ist oder nicht – die Leute beobachten Sie. Sie beobachten, wie Sie sich anziehen, wie Sie Ihre Wohnung in Ordnung halten, wie Sie andere Menschen behandeln. Sie versuchen herauszufinden, ob Ihre Worte mit Ihrem Lebensstil übereinstimmen. Was sehen Ihre Mitmenschen? Repräsentieren Sie Gott so, dass es ihm Ehre macht? Sind Sie immer und in jeder Hinsicht bemüht, Ihr Bestes zu geben? Oder lassen Sie öfter mal fünfe gerade sein, wenn es um sogenannte Kleinigkeiten geht?

Und auch Ihr himmlischer Vater beobachtet Sie. Was sieht er? Stehen Sie zu Ihrem Wort oder haben Sie Hintergedanken und versteckte Motive? Sind Sie nett zu Ihren Freunden und gehen mit Ihren Angehörigen unhöflich und respektlos um? Leben Sie heute in dem Bestreben, Gott zufriedenzustellen – dann werden Sie auch mit sich zufrieden sein.

~ 13. Dezember ~

Sagen Sie die Wahrheit

Belügt einander nicht, denn ihr habt eure alte, verdorbene Natur mit ihrem bösen Tun abgelegt.

Kolosser 3,9

UNSERE INTEGRITÄT WIRD jeden Tag auf die Probe gestellt. Wenn die Kassiererin im Supermarkt Ihnen zu viel Geld herausgegeben hat, sind Sie dann so ehrlich, zurückzugehen und die Sache in Ordnung zu bringen? Rufen Sie im Büro an und melden sich krank, damit Sie zu Hause bleiben und Ihrem Nebenjob nachgehen oder baden oder Golf spielen können? Wenn Ihr Chef Sie fragt, wie die Geschäfte laufen, fälschen Sie dann die Statistik zu Ihren Gunsten? Wenn das Telefon klingelt und jemand dran ist, mit dem Sie nicht sprechen wollen, verlangen Sie dann von Ihrem Kind, zu lügen und zu sagen, Sie wären nicht zu Hause?

„Ach, das sind doch kleine Notlügen", sagen Sie jetzt vielleicht. Aber in Gottes Augen gibt es keine unterschiedlichen Kategorien von Lügen. Wenn Sie nicht die Wahrheit sagen, sind Sie unehrlich. Früher oder später wird Sie das einholen. Eines Tages werden Sie ernten, was Sie gesät haben.

~ 14. Dezember ~

Seien Sie ehrlich

Suche die Wahrheit und gib sie niemals preis;
und bemühe dich um Weisheit, Selbstbeherrschung und Einsicht.

Sprüche 23,23

SIE MÜSSEN EINS verstehen: Wenn Sie in Bezug auf Kleinigkeiten lügen, werden Sie über kurz oder lang auch in Bezug auf wichtigere Dinge lügen. Immer wieder liest man von großen Unternehmen, die durch Betrug und finanzielle Delikte in den Ruin getrieben wurden. Die Verantwortlichen haben nicht damit angefangen, dass sie Beträge in Millionenhöhe stahlen. Anfänglich haben sie nur hundert Dollar hier und tausend Dollar dort abgezweigt. Und dann, als sich die Gelegenheit ergab, haben sie Millionen beiseitegeschafft.

Machen Sie sich nichts vor. Wenn Sie in kleinen Dingen unaufrichtig sind, werden Sie schließlich auch in größeren, wichtigeren Dingen unehrlich sein. Sie geraten in eine Abwärtsspirale hinein, aus der Sie nicht mehr herauskommen. Ein Diebstahl ist ein Diebstahl, ob es sich um einen oder um tausend Dollar handelt. Wenn Sie Büromaterial aus Ihrer Firma mit nach Hause nehmen, bestehlen Sie damit Ihren Arbeitgeber. Und wenn Sie ihm für einen vollen Tag Gehalt keinen vollen Tag Arbeit geben, tun Sie dasselbe. Wenn Sie eine Halbwahrheit sagen müssen, um jemanden als neuen Kunden zu gewinnen, ist das Betrug. Gott wird all dies nicht segnen.

~ 15. Dezember ~

Integrität und Gedeihen gehen Hand in Hand

So wirst du leicht erkennen können, ob ich ehrlich bin oder nicht, wenn du kommst, um meinen Lohn nachzuprüfen.

1. Mose 30,33

WIR MÜSSEN VOR Gott und unseren Mitmenschen integer leben. Irgendjemand hat einmal treffend gesagt: „Tun Sie nichts, bei dem Sie sich unwohl fühlen würden, wenn es am nächsten Tag in der Zeitung stünde." Das ist nicht immer einfach. Bezahlen wir unsere Schulden? Sind wir offen und ehrlich in Bezug auf unsere geschäftlichen Entscheidungen? Behandeln wir andere Menschen mit Achtung und Respekt?

Integrität und Gedeihen verhalten sich zueinander wie die beiden Seiten einer Medaille. Sie können das eine nicht ohne das andere haben. Vielleicht erinnert Gott Sie daran, eine Rechnung zu bezahlen, die Sie einfach ignoriert und beiseitegelegt haben. Vielleicht geht es darum, dass Sie Tag für Tag pünktlich zur Arbeit kommen sollen; vielleicht müssen Sie lernen, ehrlicher zu Ihrer Frau zu sein. Beginnen Sie, diese Dinge in Ordnung zu bringen. Streben Sie in diesen Bereichen nach mehr Integrität.

~ 16. Dezember ~

Lernen Sie, auf Ihr Gewissen zu hören

Aus diesem Grund versuche ich immer, mir vor Gott und den Menschen ein reines Gewissen zu bewahren.

Apostelgeschichte 24,16

VIELLEICHT DENKEN SIE, dass es nicht wichtig sei, ob Sie Ihre Rechnungen rechtzeitig bezahlen oder ob Sie Ihre Freunde auf die eine Weise behandeln und Ihre Angehörigen auf eine andere. Aber wenn Sie nicht lernen, diese kleinen Prüfungen zu bestehen, wird Gott Sie nicht voranbringen. Denken Sie daran: Unser Leben ist für Gott ein offenes Buch. Er sieht unser Herz. Er sieht, was uns antreibt. Gott sieht es jedes Mal, wenn Sie die zweite Meile gehen, um das Richtige zu tun. Und er sieht es auch, wenn Sie fünfe gerade sein lassen und sich für den Weg des geringsten Widerstandes entscheiden.

Lernen Sie, auf Ihr Gewissen zu hören. Gott hat es Ihnen geschenkt, damit Sie einen inneren Maßstab haben, der Ihnen zeigt, was richtig und was falsch ist. Wenn Sie anfangen, kleine Zugeständnisse zu machen, werden Sie hören, wie in Ihrem Innern eine Alarmglocke schrillt. Ignorieren Sie sie nicht. Tun Sie das, was Sie in Ihrem Herzen als das Richtige erkannt haben.

~ 17. DEZEMBER ~

Leben Sie voller Begeisterung

... dann brennt dein Wort in meinem Herzen wie ein Feuer,
ja, es glüht tief in mir.
Ich habe versucht, es zurückzuhalten, aber ich kann es nicht!

JEREMIA 20,9 (HOFFNUNG FÜR ALLE)

LASSEN SIE UNS realistisch sein: Der Druck, dem wir in der heutigen Gesellschaft ausgesetzt sind, fordert seinen Tribut und kann uns schnell unsere Begeisterung rauben. Wahrscheinlich kennen Sie einige Menschen, die sich für nichts mehr begeistern können. Sie haben ihre Lebensfreude verloren. Früher blickten sie voller Hoffnung in die Zukunft, aber nun ist das Feuer erloschen. Mir ist aufgefallen, dass das besonders dann geschieht, wenn jemand sich allzu sehr an die Güte Gottes gewöhnt hat. Dann ist es für die betreffende Person nichts Besonderes mehr, aus der Gnade Gottes zu leben.

Das Wort *Enthusiasmus* hat die griechische Wurzel *éntheos,* und das bedeutet: „inspiriert von Gott". Jetzt das Beste aus Ihrem Leben zu machen bedeutet, voller Enthusiasmus zu leben und von dem Leben begeistert zu sein, das Gott Ihnen geschenkt hat. Es bedeutet, daran zu glauben, dass noch viel Gutes auf Sie wartet, und gleichzeitig den gegenwärtigen Augenblick voll und ganz zu genießen. Fangen Sie noch heute damit an!

Gottes Güte ist nicht selbstverständlich

Und in dieser Hoffnung werden wir nicht enttäuscht werden. Denn wir wissen, wie sehr Gott uns liebt, weil er uns den Heiligen Geist geschenkt hat, der unsere Herzen mit seiner Liebe erfüllt.

Römer 5,5

EINER DER HAUPTGRÜNDE, warum wir unsere Begeisterung verlieren, ist, dass wir undankbar werden; wir nehmen das, was Gott für uns getan hat, als selbstverständlich hin. Lassen Sie nicht zu, dass Ihre Beziehung zu ihm schal wird oder dass seine Güte so alltäglich für Sie wird, dass sie Sie nicht länger berührt. Und nehmen Sie das allergrößte Geschenk, das Gott Ihnen gemacht hat, nicht als selbstverständlich hin – er hat Ihnen sich selbst zum Geschenk gemacht.

Wir müssen uns Tag für Tag bewusst nach Gott ausstrecken und seine Gaben in Empfang nehmen. Ebenso wie die Israeliten in der Wüste, die jeden Morgen aufs Neue das Manna aufsammeln mussten, das Gott ihnen schenkte, können auch wir nicht von dem leben, was wir gestern bekommen haben. Unser Enthusiasmus muss Tag für Tag erneuert werden. Unser Leben muss jeden Tag aufs Neue von der Güte Gottes inspiriert und erfüllt werden. Seien Sie heute voller Hoffnung.

~ 19. DEZEMBER ~

Die glücklichsten Menschen auf Erden

Werdet nicht nachlässig, sondern lasst euch ganz vom Geist erfüllen und setzt euch für den Herrn ein.

RÖMER 12,11

WIR CHRISTEN SOLLTEN die glücklichsten Menschen auf Erden sein. So begeistert und voller Freude, dass andere Menschen haben wollen, was wir haben. Und warum? Weil wir nicht nur eine großartige Zukunft vor uns haben, sondern unser Leben schon heute von ganzem Herzen genießen können. Das ist es, was ich damit meine, wenn ich sage, dass wir jetzt das Beste aus unserem Leben machen sollen.

Lassen Sie nicht zu, dass Ihr Leben nur noch pure Routine ist. Treffen Sie den Entschluss, dass Sie keinen einzigen Tag mehr leben werden, ohne sich an Gott zu freuen, ohne Liebe, Frieden und Leidenschaft zu empfinden, ohne von Ihrem Leben begeistert zu sein. Und machen Sie sich bewusst, dass nichts Außergewöhnliches in Ihrem Leben passieren muss, damit Sie begeistert sein können. Vielleicht leben Sie nicht in einer perfekten Umgebung oder Sie haben nicht den perfekten Arbeitsplatz oder die perfekte Ehe. Aber Sie können sich trotzdem entscheiden, jeden Tag voller Begeisterung darüber zu sein, dass Sie zu Gott gehören und er Ihnen nahe ist.

~ 20. Dezember ~

Lassen Sie sich täglich neu erfüllen

Lasst euch vielmehr von Gottes Geist erfüllen.
Singt miteinander Psalmen, und lobt den Herrn mit Liedern,
wie sie euch sein Geist schenkt.
Singt für den Herrn, und jubelt aus vollem Herzen!

Epheser 5,18b–19 (Hoffnung für alle)

Es ist nicht immer leicht, voller Begeisterung zu leben. Vielleicht sind Sie einmal begeistert von Ihrer Ehe gewesen. Sie waren heftig verliebt und voller Leidenschaft, aber nun ist Ihre Ehe irgendwie schal und abgestanden. Oder vielleicht waren Sie begeistert von Ihrem Arbeitsplatz. Sie sind voller Eifer zur Arbeit gegangen, aber in der letzten Zeit ist alles nur noch langweilige Routine. Vielleicht waren Sie einmal begeistert davon, Gott zu dienen. Sie konnten es kaum abwarten, zum Gottesdienst zu gehen. Es gab für Sie kaum etwas Schöneres, als in der Bibel zu lesen, zu beten und Zeit mit anderen Christen zu verbringen. Aber in der letzten Zeit haben Sie oft gedacht: *Das bedeutet mir alles kaum noch etwas. Ich bin überhaupt nicht mehr mit dem Herzen dabei.*

Die Wahrheit ist, das Leben besteht zu einem großen Teil aus Routine. Es kann leicht passieren, dass wir innerlich stagnieren. Darum müssen wir darauf achten, mit dem Heiligen Geist erfüllt zu bleiben, denn nur so kann auch unser Geist Tag für Tag erneuert werden.

~ 21. DEZEMBER ~

Machen Sie das Beste aus allem

Achtet sorgfältig darauf, wie ihr lebt; handelt nicht unklug, sondern bemüht euch, weise zu sein. Nutzt jede Gelegenheit, in diesen üblen Zeiten Gutes zu tun. Handelt nicht gedankenlos, sondern versucht zu begreifen, was der Herr von euch will.

EPHESER 5,15–17

SIND SIE VOLLER Eifer und vom Heiligen Geist entflammt? Sie können es sein! Stehen Sie morgens voller Freude auf, gespannt auf den Tag, der vor Ihnen liegt? Haben Sie Träume, die Sie begeistern? Gehen Sie jeden Tag voller Enthusiasmus zur Arbeit?

„Nein, ich mag meinen Job nicht besonders“, beschwert sich nun vielleicht jemand. „Ich hasse es, im Berufsverkehr zu fahren. Ich kann die Leute nicht leiden, mit denen ich zusammenarbeite.“ Wenn Ihnen das bekannt vorkommt, müssen Sie Ihre Einstellung ändern. Sie sollten dankbar sein, dass Sie überhaupt einen Arbeitsplatz haben. Sie sollten die Möglichkeiten, die Gott Ihnen geschenkt hat, wertschätzen. Wo immer Sie im Leben stehen – machen Sie das Beste daraus, und erledigen Sie Ihre Aufgaben so gut, wie Sie nur können.

~ 22. Dezember ~

Arbeiten Sie voller Eifer

Da setzte er sich hin, rief die zwölf Jünger zu sich und sagte zu ihnen: „Wenn jemand der Erste sein will, muss er den letzten Platz einnehmen und allen dienen.“

Markus 9,35

WENN IHRE AUFGABE im Augenblick darin besteht, Ihre Kinder großzuziehen, tun Sie es mit Leidenschaft. Stehen Sie morgens nicht mit der Einstellung auf: „Pah! Meine Freundinnen sind jetzt unterwegs und tun irgendetwas Bedeutendes, irgendetwas Wichtiges, irgendetwas Aufregendes. Und das Einzige, was ich tue, ist, mich um diese Kinder zu kümmern.“ Die Arbeit einer Mutter gehört zu den wichtigsten Aufgaben auf der ganzen Welt. Aber vielleicht haben Sie niemanden, der Ihnen aufmunternd auf den Rücken klopft. Vielleicht ist Ihr Tag nicht gespickt mit außergewöhnlichen Ereignissen. Sie müssen Windeln wechseln, Essen machen, waschen, bügeln und putzen – langweilige Routineaufgaben, mit denen Sie nie fertig werden.

Aber Sie können sich entscheiden, inmitten dieser alltäglichen Dinge eine besondere Einstellung zu Ihrer Arbeit zu haben. In der Bibel steht, wir sollen alles, was wir tun, mit unserem ganzen Herzen tun und nie in unserem Eifer nachlassen (vgl. Römer 12,11; Gute Nachricht).

~ 23. Dezember ~

Seien Sie ein Vorbild

Denn ihr wisst, dass ihr unserem Vorbild folgen sollt ... Wir haben Tag und Nacht schwer gearbeitet, um euch nicht zur Last zu fallen.

2. Thessalonicher 3,7–8

WENN SIE HEUTE zur Arbeit gehen, dann speisen Sie Ihren Chef nicht mit einem halbherzigen Einsatz ab. Verschwenden Sie seine Zeit und sein Geld nicht mit endlosen Telefongesprächen. Wenn Sie einen Schacht graben, dann verbringen Sie nicht den halben Tag damit, sich auf Ihre Schaufel zu stützen – geben Sie Ihr Bestes und arbeiten Sie mit Begeisterung!

„Ach, die bezahlen mir doch eh viel zu wenig. Da brauche ich mir wirklich kein Bein auszureißen!"

Wenn Sie solch eine Einstellung haben, wird Gott Sie nicht segnen. Er will, dass Sie alles geben, was Sie haben. Seien Sie enthusiastisch. Seien Sie ein Vorbild für andere. Erledigen Sie Ihre Arbeit so vorbildlich, dass Ihre Mitmenschen allein durch Ihre gute Arbeitsmoral auf den Gott aufmerksam werden, dem Sie dienen. Seien Sie so voller Freude, dass andere Menschen auch haben wollen, was Sie besitzen.

~ 24. DEZEMBER ~

Folgen Sie dem Beispiel Christi

Ich habe euch ein Beispiel gegeben, dem ihr folgen sollt.
Tut, was ich für euch getan habe. Es ist nur zu wahr:
Ein Diener ist nicht größer als sein Herr.
Genauso sind die Boten nicht wichtiger als der, der sie gesandt hat.
Ihr wisst das alles – nun handelt auch danach. Das ist der Weg des Segens!

JOHANNES 13,15–17

FRAGEN SIE SICH: „Ist die Art und Weise, wie ich lebe, für andere Menschen anziehend und lassen sie sich davon anstecken? Wirken meine Worte, meine Einstellung, mein Aussehen und die Art, wie ich mit Problemen und Rückschlägen umgehe, auf andere so, dass sie sich wünschen, auch das zu haben, was ich habe?" Mit anderen Worten: Ziehen Sie durch Ihre Freude, Ihre Freundlichkeit, Ihre Begeisterung und Ihr Vertrauen zu Gott andere Menschen an, sodass sie sich auch Gott zuwenden wollen? Oder treiben Sie die Menschen von ihm weg, weil Sie ständig negativ eingestellt, mutlos, bitter oder sarkastisch sind? Niemand hat gern Kontakt mit so jemandem. Wenn Sie Menschen auf Gott hinweisen wollen oder einfach nur darauf, dass es eine bessere Art zu leben gibt, dann bringen Sie ein bisschen Enthusiasmus auf, und seien Sie begeistert vom Leben.

~ 25. Dezember ~

Erfüllen Sie Ihre Bestimmung mit Begeisterung

Wenn sich dir die Gelegenheit bietet, etwas zu tun, dann tu es mit vollem Einsatz.

Prediger 9,10 (Gute Nachricht)

Als Kind war ich von einem Verkehrspolizisten fasziniert, der an einer besonders belebten Kreuzung in Houston arbeitete. Im Berufsverkehr musste man oft 10 bis 15 Minuten warten, um diese Kreuzung überqueren zu können. Wenn man die Leute in den Autos beobachtete, sah man auf den ersten Blick, dass sie wegen der langen Wartezeiten ziemlich gereizt waren. Doch sobald sie sich dem Schutzmann näherten, änderte sich ihre Haltung vollkommen. Dieser Polizist regelte nicht einfach den Verkehr. Er gab eine Vorstellung! Er tanzte förmlich bei seiner Arbeit; er wedelte wild mit beiden Armen, gestikulierte mit den Händen und glitt mit den Füßen über die ganze Kreuzung. Er konnte gleichzeitig den Verkehr regeln und den *Moonwalk* tanzen! Es war ganz erstaunlich: Nachdem sie so lange im Schritttempo vorangekrochen waren, stellten sich viele Autofahrer in eine der Parklücken an der Straße, nur um dem Polizisten bei seiner Vorführung zuzuschauen. Geben Sie sich nicht damit zufrieden, einfach nur zur Arbeit zu erscheinen und mechanisch Ihre Pflicht zu tun. Erfüllen Sie Ihre Aufgabe mit Begeisterung.

~ 26. Dezember ~

Geben Sie sich einen Ruck

Du hast mir größere Freude geschenkt als denen, die viel Wein und Korn ernten.

Psalm 4,8

IM NEUEN TESTAMENT ermutigt der Apostel Paulus seinen jungen Mitarbeiter Timotheus, „die Gnadengabe Gottes wieder anzufachen“ (2. Timotheus 1,6; Schlachter), die er empfangen hatte. Paulus ermutigte seinen Stellvertreter, voller Begeisterung zu leben. Geben auch Sie Ihr Bestes! Geben Sie sich nicht mit Mittelmäßigkeit zufrieden. Geben Sie sich einen Ruck; fachen Sie das Feuer an, das Gott in Sie hineingelegt hat.

Vielleicht leben oder arbeiten Sie mit Menschen zusammen, die von Natur aus negativ eingestellt sind und dazu neigen, Sie herunterzuziehen. Lassen Sie nicht zu, dass sie mit ihrer mangelnden Begeisterung Ihre Leidenschaft ersticken. Wenn Ihr Ehepartner sich von nichts mehr begeistern lässt, dann treffen Sie die Entscheidung, dass Sie trotzdem glücklich und enthusiastisch sein werden. Wenn Ihre Eltern oder Ihre Kollegen ständig negativ eingestellt sind, dann versuchen Sie, diese Negativität dadurch zu überwinden, dass Sie positiv, ermutigend und optimistisch sind. Fachen Sie die Flamme noch stärker an als sonst, damit das Feuer nicht ausgeht.

Bringen Sie ein bisschen Enthusiasmus auf

Denn die Kinder Gottes besiegen diese Welt; sie siegen durch den Glauben an Christus.

1. Johannes 5,4

MÖCHTEN SIE, DASS Ihr Leben heute eine Auswirkung auf andere hat? Sie können die Atmosphäre in Ihrer Familie oder in Ihrer gesamten Firma ändern, wenn Sie ein kleines bisschen Enthusiasmus aufbringen. Entscheiden Sie sich, glücklich zu sein. Geben Sie den ganzen Tag lang Ihr Bestes und verhalten Sie sich stets korrekt. Gehen Sie mutig und beschwingt durchs Leben, mit einem Lächeln auf dem Gesicht, das Ihren Mitmenschen sagt, dass Sie das Leben genießen, das Gott Ihnen geschenkt hat!

Wenn alle anderen deprimiert und niedergeschlagen sind, wenn Sie ganz allein dastehen und niemand da ist, der Sie ermutigt, dann ermutigen Sie sich einfach selbst. Gehen Sie mit der Einstellung an die Situation heran: *Ganz egal, was irgendjemand anderer tut oder nicht tut – ich werde mein Leben mit Begeisterung leben! Ich werde mein Feuer behalten. Ich werde die Glut nicht ausgehen lassen. Ich werde voller Leidenschaft darauf warten, dass meine Träume in Erfüllung gehen.*

~ 28. Dezember ~

Freude – die Frucht des Geistes

Wenn dagegen der Heilige Geist unser Leben beherrscht,
wird er ganz andere Frucht in uns wachsen lassen:
Liebe, Freude, Frieden, Geduld, Freundlichkeit, Güte,
Treue, Sanftmut und Selbstbeherrschung.
Nichts davon steht im Widerspruch zum Gesetz.

Galater 5,22–23

LEUTE, DIE MICH im Fernsehen sehen, schreiben mir manchmal und fragen: „Joel, warum lächeln Sie immer so viel? Warum sind Sie so glücklich?" – „Ich bin froh, dass Sie fragen", antworte ich dann, und das öffnet mir die Tür, um ihnen von meiner Beziehung zu Gott zu erzählen und davon, wie auch sie eine Beziehung zu ihm bekommen können.

Mich hat einmal ein Mann in New York auf der Straße angehalten und gefragt: „Hey, sind Sie dieser lächelnde Prediger?" Ich lachte und entgegnete: „Ja, das stimmt. Das bin ich. Ich bin der lächelnde Prediger." Ich betrachte das als Kompliment. Ja, das lasse ich mir gern vorwerfen: Ich bin ein glücklicher Mensch. Ich blicke voller Begeisterung in die Zukunft. Genau das bedeutet es, seinen Eifer zu behalten. Lassen Sie das Feuer nicht ausgehen! Was auch immer Sie tun, tun Sie es mit Begeisterung!

~ 29. DEZEMBER ~

Gott will, dass Ihr Leben erfüllt ist

Wenn ihr mir bereitwillig gehorcht,
werdet ihr die Früchte des Landes essen.

JESAJA 1,19

GOTT WEIST UNS hier darauf hin, dass wir das Beste bekommen sollen, was dieses Leben zu bieten hat – und mehr als das! Die Voraussetzung dafür ist jedoch, dass wir ihm *bereitwillig gehorchen.*

Glauben Sie mir – Gott will nicht, dass Sie sich niedergeschlagen und deprimiert durchs Leben schleppen. Was auch immer Sie durchgemacht haben, wessen Fehler das auch immer war, wie unmöglich Ihre Situation auch aussieht, die gute Nachricht ist: Gott will in Ihr Leben eingreifen und Ihnen alles zurückgeben, was Ihnen genommen wurde. Er will Ihre Ehe wiederherstellen, Ihre Familie, Ihre Karriere. Er will Ihre zerbrochenen Träume wiederbeleben. Er will Ihnen neue Freude schenken und so viel Frieden und Glück, wie Sie noch nie verspürt haben. Und vor allem, er will Ihre Beziehung zu ihm wiederherstellen. Gott will, dass Ihr Leben erfüllt ist.

~ 30. DEZEMBER ~

Sieg und Erfüllung in jeder Hinsicht

Und ihr könnt auch die Liebe erkennen, die Christus zu uns hat; eine Liebe, die größer ist, als ihr je begreifen werdet.

EPHESER 3,19

GOTT GEHT ES um dauerhafte Wiederherstellung. Er möchte, dass Ihr Leben vor Glück und Freude nur so überfließt. Er will nicht nur, dass Sie Ihre Ehe einigermaßen überleben. Er will Ihre Ehe verwandeln und Ihnen eine starke, gesunde, erfüllende Beziehung schenken. Gott will nicht nur, dass Ihre Firma sich in der derzeit so düsteren Wirtschaftslage gerade so über Wasser hält. Er will, dass Ihr Geschäft alle Segel setzt und richtig Fahrt aufnimmt! Wenn Gott wiederherstellt, dann ist sein Ziel, Ihnen in jeder Hinsicht Sieg und Erfüllung zu schenken!

Halten Sie an der neuen, großartigen Vision fest, die Gott Ihnen geschenkt hat. Beginnen Sie zu erwarten, dass sich die Dinge zu Ihren Gunsten ändern. Haben Sie den Mut, kühn zu erklären, dass die Mächte der Finsternis Ihnen nichts anhaben können. Geben Sie sich nicht mit einem mittelmäßigen Leben zufrieden!

~ 31. DEZEMBER ~

Ihr bestes Leben fängt heute an

Aus diesem Grund erinnere ich dich daran,
die Gnadengabe Gottes wieder anzufachen,
die durch Auflegung meiner Hände in dir ist.

2. TIMOTHEUS 1,6 (SCHLACHTER)

ICH SAGE IHNEN eines: Wenn Sie die Gunst Gottes erleben wollen, dann tun Sie alles mit ganzem Herzen. Tun Sie es mit Feuer und Leidenschaft. Geben Sie Ihr Bestes. Sie werden sich nicht nur besser fühlen, das Feuer wird auch um sich greifen, und bald werden andere Menschen haben wollen, was Sie haben. Wo immer Sie im Leben gerade stehen – machen Sie das Beste daraus und setzen Sie sich voll und ganz ein.

Erweitern Sie Ihren Erwartungshorizont. Rechnen Sie voller Leidenschaft damit, dass Ihre Träume in Erfüllung gehen. Unser Glaube ist die Kraft, die den Arm Gottes in Bewegung setzt. Lassen Sie uns aufhören, ihm mit unserem kleinkarierten Denken Grenzen zu setzen. Wir wollen Großes von ihm erwarten. Gott will Dinge für Sie und durch Sie tun, die Sie sich nie hätten träumen lassen. Ihr bestes Leben fängt heute an!

~ Notizen ~

~ Notizen ~

~ Notizen ~

~ NOTIZEN ~

~ Notizen ~

~ Notizen ~

~ Notizen ~

~ Notizen ~